世紀の遺書

愛しき人へ

新字体・現代仮名遣い版

巣鴨遺書編纂会

ハート出版

世紀の遺書

——愛しき人へ

目次

ビルマ

マレー

凡例

一、本書は、巣鴨遺書編纂会編『世紀の遺書』（昭和二十八年十二月一日発行）に収められた七百一篇の遺書・遺稿のうち八十五篇を収録したものです。
二、原則として、旧字は新字に、旧仮名遣いは新仮名遣いに改めました。
三、漢字片仮名交じり文は漢字平仮名交じり文に改めました。
四、難読と思われる漢字に、ふりがなを追加しました。
五、明らかな誤字脱字は訂正しました。
六、注意書きは〔　〕で括りました。
七、原書「補遺」遺稿にタイトルを付け加えました。
八、一部氏名の読みは、連合軍側資料に基づきました。

〔編集部より〕
当社で復刻を希望される書籍がございましたら、本書新刊に挟み込まれているハガキ等で編集部まで情報をお寄せください。今後の出版企画として検討させていただきます。

巣鴨

紫すみれの押花

吉沢国夫

東京都出身。元陸軍軍曹。昭和二十三年八月二十一日、巣鴨に於て刑死。三十歳。

五月十三日(木)　曇　薄ら寒し

どうしたのだろう。私が又日記を書き始めるなんて?……と佳き女《ひと》が首をかしげて……「そう、なんとなく書き度くなったもんだから……それに今日の佳き女の手紙が実に素晴らしかったんだ。何故かって、紫スミレの押花は未だ精気溢れて艶やかだし、それにマチ子のお人形像がレターペーパーの一行の一ヶ所に無造作に書き込まれてあった。それに希望に明るく五月晴の青天を思わせる佳き女の心が文中ににじみ出ていたものだから」紫すみれの押花はどうしよう、夕食の飯粒で紙に貼りつけてセロハンで……とってあったセロハンを捜してみたがみあたらない、栞《しおり》にしよう。そして私の今勉強机の蒲団の上にいつもかざっておこう。この押花で何を連想させようとしたのかしら。私は紫が好きだ。殊に妻がリボンに紫色を使ったとき、その時から特別自覚してこの色を好むようになった。今この紫菫《すみれ》をみるとそのリボンを想い出す。そして今日のこの押花が又紫色から連想させる強い印象となることでもあろう。〔中略〕

紫菫を押花に囚獄便を孤灯の下に綴る妻、私の心はその愛情に暖くうるんでいる。私より偉い立派な女、その女を妻としてその佳き女にはげまされつつ私は今生きている。妻は文書く孤灯に希望の灯をみつめたであろうか、私は希望の道標を妻の手紙の中に見出すのだが。夕食後「紫菫」を今日の赤い封筒にセロハンで貼付《てんぷ》し、マチ子の人形像と共にこのページを埋めることにした。中島さんが羨《うらやま》しそうにみている。彼にはさっぱり手紙が来ない。「記念になるね」彼は私の趣向に駄目を押してくれた。その一瞬間だけでも私は幸福な笑声をもらすのである。

紫の菫と咲きて妻の来し
やさしさを紫こめしすみれ哉《かな》
しみじみと紫すみれ語りなん
紫のすみれ恋咲く囚獄夫《ひとやつま》
妻秘めし紫すみれ口づけの香

五月十九日（水）曇晴れ

手錠に繋がって歩く散歩だけれど、戸外の新鮮さは空気に触れ、大地を歩き、草木をながめる丈で私の身体の中に溶け込んで来る。そこに生の喜を感ずる。自然の微生物に至るまでの愛着を感ずる。大地を踏んで僅々《きんきん》十分許《ばか》りのちっぽけな自由だけれども、その自由にはいい表せない程複雑な感情がぶら下っている。雲の動き一つにもそれは何と鋭敏な感受性を発揮することだろう。私乍《なが》ら今まで経験したこともない感覚の尖鋭さに驚く。石ころが下駄に鳴る音、杉葉の赤茶けた落葉が雨上りの黒土に敷つめられ雨時の小川の跡をみせている図案、雑草の間に見覚のある蓬《よもぎ》たんぽぽ、クロバーの蹐《せぐくま》っている道端、初夏のなつかしい風の匂、頭に触れる杉の葉末《はずえ》、落莫たる冬枯のくぬぎに青葉の何時ともしらぬ粧《よそおい》、その風にそよぐ風情、肌にしめっぽい風にも胸をふくらましたい衝動……初夏の風物に私の神経が過敏に働く。そこに何か病的な感覚が作用しているようにも思われる。

だが今迄ただ漠然と自然の良さを季節毎に感じていたあの大まかな感覚から微析された感覚が派生して来たと思われないこともない。詩人は自然の懐に抱かれて自然を分析して行く。そして思いもよらぬ主観的な表現によって自然に偶像を与えている。私は自然から隔離されて始めて自然の神秘を知った。その神秘を発揮している造物主に実に驚異を感じた。私がこのような境遇にならなかったとしたら私の自然に対する自覚はいつ私に訪れて来るであろうか。私は漱石の晩年を思い出す。彼が唱えた「則天去私《そくてんきょし》」に多分の暗示があるではないか、それでも彼の「則天去私」は私に云わせると行きついたところに行ったという安心感は感じられない。宗教に入るのも自然から入るのが一番良いのではなかろうか。この場合の良いという意味は最も人間性に適しているという意味だ。何人も浅かれ深かれ自然に対して憧憬をもっている。その情緒が向上され精神的に飛躍したとき精神哲学が生れてくる。その哲学の探究は遠く宗教の分野に繋りを有するのだ。私は「自然」に教えられることの如何に多いかを知った。「自然に還る」一それが人間の生きる途である。即ち人間が人間本来所謂《いわゆる》自然に還元することである。そこに天命がありそこに歩まんとする途がひらける。英字新聞が舞い込んだ。世界情勢の探究に出掛けよう。初夏が再び訪れて夕方の部屋に入日の明さが流れる。

五月二十日（木）　晴

〔前略〕今日の手紙でまち子の其の後の発育状態がわかった。君は私にこんなにまでして娘のことを身近に感じさせようとしている。「ワンワン居マチュ、（ゾウをみながら）大ケイワンワン居マチュ」私はその通りの発音で口の中に云った。微笑が私の頬ぺたを盛り上がらせて眼がしめっぽくなった。病気を知らせられて愕然としていた私の気持に微笑を与えた程君の心遣が胸にひしと迫った。「チレイネエチャン居マチュ、オベベデチュ」「チャランチュ居マチュ」この言葉は註をみなくては判然としなかった。茶箪笥と知ってびっくりした。口がまわらないのも可笑しかったけどつくづく女の子の「おませ」を考えさせられた。「ネコイマチュ、ニャコ〳〵ネコニャゴ居マチュ」コンナ調子に子供が生き〳〵と私の瞼に浮ぶ。君は次第に母親になって来た。私は時たま父親らしく（実にらしくだ）意識する。そしてこんな手紙を受取ったときは苦楽を共にした父親になりすましてみる。だけど君にすまないと思う程私は父親の意識の陰に恥かしさを味わう。それは自分乍ら子供ぽい恥らいだ。「ヨチラマーチャン」その声を私が実際にこの耳で受取ったならば私はドキンとするであろう。たまらなく抱きとってしまいたくなるであろう。「まち子は大事です」の短かい感想に私の娘に対する愛情も含まれているような感銘を受けた。「ヨシザワマチコチャン、オトーチャマダイスキナオトーチャマ」この件《くだ》りに至ったとき私は君の心をしっかりと握りしめてしまった。君の心遣が私の胸に高鳴った。

〔下略〕

六月二日（水）　雨後曇

死を考えるのにもってこいの陰欝な梅雨模様である。私はもう少し死について語らなければなるまい。そして現在の私が死を語るのに少しのためらいもないのを喜ぶ。「死」を語る前に先《ま》ず順序として「生」を語らなければならない。何故かといえば、生あっての死であるからだ。何のために人間は生を享《う》けたのであろうか、人生目的はなにか。苦痛の充満している浮世、死なくてはならぬ現世になど生れなけりゃよかったじゃないか、等々の生に対する抗議或は疑問は一体如何に解答づけられるものであろうか。私は最近その解答を発見した。何故生れたか、目的は何か、そんなことは考える必要がないのだ。ただ「生れてしまったから仕方がないじゃないか」と答えればいい。

〔中略〕生れて来てしまった以上生れなかったらよかったとは愚痴であり、もっとも劣等な繰言である。生れた以上は仕方がないではないか、生れた以上は仕方がないんだから生きる目的を有意義に創作することが肝要である。そこによりよき人生の創作があり、よりよき社会の発達があり文明の展開が約束されるのである。ところが悲しいかな、死が吾々の前に現存している。人間理想の完成にはあまりにも苛酷な障碍《しょうがい》ではないか。その死がなかったら人間は確かに人類の理想を神仏の理想と一致具現せしめたに相違ない。しかしそんな仮定は口にするにも馬鹿げたことである。死はあくまで冷厳な現実であるからだ。有限の人生の中に膨脹して止まるところを知らざる無限の理想は遂に相会《あいかい》することの出来ざる運命にある。これは何と幸福なことではなかろうか。もしも理想と人生の結局が合致し相会し得るものであるならば人間的感情は冷却し金石にも比するものになってしまうであろう。求めても得られざる膨脹理想なればこそ高根の花は希望の象徴と匂うのである。疲れざる探究の人生は一生を旅にも喩《たと》うべく、自己の死も忘却して純情の行路を辿り得るのである。希望は種々なる段階に於て区切りを与えつつ熱情と幸を満しつつ人生を鼓舞しつつ絶えず人生を指導して行く。求めれば与えられ、与えられて喜び、喜びが又向上を求め人生は可能的理想を充実した生活意識の下に前進的に追求して行くのである。人間の幸福はそこにある。無限の中に有限の幸福を求めて行くのだ。死がいくら突然と現出したとしても区切られた幾多の幸福はその運命をととのつまり自己満足の中に包みこんでしまうであろう。仏教で無明《むみょう》と云い煩悩といい畢竟《ひっきょう》執着に外ならぬものであるが私はそれを断じてしまえとは云いたくない。理想にはあくまで執着せねばならぬ。

死は好むと好まざるとに拘らず執着を断じてくれる。執着は「苦」の因であるという、小乗仏教では故に執着を断ぜよという。生の執着を断ぜんがために彼等は遁世《とんせい》する。しかし厳密に云って彼等が食物によって生命を保っている以上生に執着しているのではなかろうか。本当に執着を断つのであれば作為的死より外にない筈である。煩悩は之を断つ必要はないと思う。煩悩があってこそ人間は主観的幸福を味わい得るのである。それは勿論相対的な苦に対する楽である。人間たる以上それ以外の幸福はあり得ない。執着大いに結構であると思う。苦しみは避けるべきものにあらずこれを甘受すべきものである。即ち苦しみに執着すればいいのだ。苦しみを断じようとするときに苦しみは倍加される。ところがいくら人間が執着せんと意識したとしてもその意識内容はそれを守ることが出来ないのである。意識は絶えざる浮動的流れであり変転極りないものである。同一目的に執着せんとすることとは意識の注意力にとってたまらざる努力であり消耗的な暴挙であるだろう。一つの意識焦点を一分と保持し得るものではない。そこに執着しているかにみえてしかも執着し得ぬ心理的な妙味があるのである。〔中略〕同様にして凡ゆる苦痛は死を別にして執着若《も》しくは不着に拘らずそれを逃避せざるところに即ち否定しないところに苦を消滅させる妙味が存《そん》する。苦は苦に入りて苦を吸収同化し得るのだ。私は確信している、更に別の方角から論ずるならば煩悩は人間を証明するということだ。煩悩がない人間は皆無である。煩悩を断たんとすることはだから人間性を否定し人間を廃棄することである。私は最近種々の煩悩を自覚している。そしてその度に人間であるのを意識している。宗教を噛り出したときは所謂「空」にとらわれて何物も皆否定してみた。ある程度可能であるような気もしたし又それによって死も逃避出来ると信じたからである。しかしそれは「頑冥」であると分って来た。「真空妙有《しんくうみょうう》」その言葉が最近呑込めて来たのである。私は煩悩を喜ぶ、苦を堪能する。感情に陶酔する。そして意識のまに私は私の人生を歩き始めた。人は云うかも知れぬ、それは本能主義だと。又畜生と同断するかもしれぬ。然《しか》しその人はその人が有する如き理性を私から奪い去ってしまったからだ。私には理性がある。私なりの善悪判断がある。私なりの道徳がある。それが構成する人生、それが人間を忘れず人間を否定せざる私本来の人生であるのだ。私の現在の修養はありのままの人生の創作である。本来の私の具現である。愛情を解し詩情を発揮し、悪を矯《た》めて幾分なりとも善化せんとしているのだ。もはや木石《ぼくせき》であり得ない。死は恐怖である。恐怖を恐怖として受けとる。恐怖があるからこそ人間ではないか。死にたくないと思う、生への愛着だ。それが人間ではなかろうか。若し軽々しく死を讃仰するものがあればそれは人間を失った動物であろう。人生を否定して希望のある道理がない。生れてしまった以上如何によりよく生きるかその希望を創作し得ぬ人である。私はその人々を悲しむ。死は死に飛びこんで解決し得る。苦は苦に入って解決し得るが如くに。だがそれは死を求めよということではない。死を作為せよということではない。他人の死に依って無常を感じた時に於て死の解決の一歩が始まるかもしれぬ。しかしその無常が自己の死を求める心によっては誤まれる第一歩ともなろう。死は如何にして解決し得るか。生は生れた以上仕方がないではないかと私は言った。では更にそれを推し進めて人間は一度は死ななければならないんだから仕方がないではないかと解答してみたい気もする。だが死は余りにも通り一遍の理窟には負えぬ厳粛な代物ではなかろうか。生の苦痛は生の喜びに相対的ではあるが、死の苦痛は死の喜に相対的ではない。だが生の歓喜は死の恐怖に相対的である。死を知ってこそ生の喜は躍動する。ではその不可思議な生の象ともいうべき死は？　私は又々運命の二字に押しつけようとしている。運命それは楽天家の一つの生の泉であり又死の解決でもあろうか。

〔下略〕

六月四日（金）　晴

朝は幾分肌寒く冬のシャツを重ねて毛布を膝布としたが午後からは腋の下に汗がにじむ程の暑気を覚えた。午後始めて囚人同志の面会が許された。突然口の締りが無くなったように口から出まかせの雑談を心ゆく許りだべりつづけて身中の垢を洗いさった感がした。その上におまけにかてて加えて何と突然の快ニュースだったことだろう。家族の面会が今日から再び許可になったと知った。東条判決が終らなければ面会はあるまいと観念していた丈に夢ならずやの感激と心臓の躍動を覚えた。

〔中略〕まち子の成長がみられる。妻の顔にもお目に掛かれる。その第一印象に彼等の三ヶ月間の生活の全体を汲みとることも出来よう。まち子にお砂糖を余り喰べてはいけませんよと云おう。お母様の云うことはよくきくんですよといおう。私の心は喜にうずく。空想が腋の下に熱気を呼ぶ。健康で健全な精神の私の姿が又明朗で愛情のしたたる私の妻の姿がお互に面会所の網の目を通してどんな火花を散らすだろうか。空はあくまで碧い。クローバの白い花を摘んで鼻にあてた。散歩時午前の日が十分に散歩場に影を落さぬ頃私はもう今日のこの喜を予感していたのだろうか。だって余りにも気持のよい散歩だったから。

六月五日（土）　曇

梅雨時に俘囚の肌の寒さ哉
君待ちて俘囚は梅雨に濡れにけり
恋濡れて囚獄が杉の語り顔

六月八日（火）　晴

この檻の獣は去勢されてしまったのか
一日中ちんと跼まったまま
塵埃《ほこ》りっぽい空気を吸い乍ら
考えるでもないうつろな眼をみ開いている

この檻の獣は生活があるのだろうか
何の運動もせずに朝は欠伸に起き
昼はごろりと横になり
鉄の扉をあけて貰いたいとも思わずに
初夏の太陽の恵も忘れてしまったかのように
生活意欲もない陰鬱な顔で
ただ一日の終りを待っているような奴
餌を差入れる扉があいて
三度の食餌があてがわれても
無表情に食欲もないくい方をしている
時たま夕方のだれでも郷愁を感ずる頃
それでも歌のような詩のような怒声を発する
だがなんとはりも魅力もない声だろう

この檻の獣は思索を持たないのだろうか
それとも月並の感情位はあるのだろうか
本心から馬鹿のような顔をして平気なら
まだまだこの獣の理性は失われてもいまいか
この檻の中の獣に青春を与えてやりたい

午後四時十分前待望の面会があった。もう今日は来ないと思ったのに何か虚を衝かれた感じだった。面会したときに先ずどう云ったらいいかなど考えていたことも実際になると何といったか忘れてしまった程しどろもどろの体だった。君の鼻の柱の汗が印象的に私の眼に残った。まち子がきょとんと私の顔をみつめて勝手が違ったか、むずかり出して君も困ったが私も困った。何から話したらいいやら、今になると未だ話したりなかったことを後悔している位だ。だが若し私と君との間に精神的な間隙が別離によって生じていなかったとしたら、以心伝心的な無言劇が活潑に展開したことを疑わない。今日の私は自分で恥しい位もたもたしてしまった。だけど君が僕の健康を知ったように私が君とまち子の健康を知ったその喜は大きい。君が生活を心配しないように云ったことと共に私には大きな力強さだ。だが私は生活云々の言葉を素直に受取っていいのかどうか屢々《しばしば》逡巡の体だった。先生の話は嬉しい。お会いしたいとつくづく思う。どうか私が健全である如く君達も健全であることを祈っている。私は今日の喜を来月の面会迄持続するだろう。生きる力がもりもりと盛り上って来た。それが希望というものだろう。夕食は胸がつまって半食、私の喜が私の胃袋を制限したのだろう。

七月四日　晴（最後の面会日）

何とうかつな私だったのだろうか。遂に時は来た。ああその恐るべき時が来たのだ。客年《かくねん》の二月二十一日に死を宣告されて一年と六ヶ月余、私は不可思議な生命を生き長らえ来たのに、その生の感謝もようやく色褪せて来た今日此の頃、嗚呼、死は私の身体も魂もゆすぶって突如として私に襲い掛った。ああこの衝動こそあの判決の時のあの心境だった。私の仏教は鋪道が瓦礫と変ってしまったように無惨に破壊し去ってしまった。死がなんと鮮かに大写しされたことだろう。私の想像の絞首台が眼前に浮ぶ。そこに歩みゆく私、ああその道中に恐怖が充溢している。頭に血が逆上して身体の力が抜け出してしまった。七月四日午後二時半頃、君は面会に来てくれた。君の白粉《おしろい》気のない顔、眼は私に鋭く注がれ君の息ははずんで私の胸の中に飛び込んで来た。汗が迸《ほとばし》って君の顔は真剣さがふき出していた。黒の洋服がこの場面に如何程似合ったことか、丁度母の葬儀の時、私の隣りに立った君の清楚な黒の喪服姿の様に……その君の顔がああ永遠に私の胸に焼きついたのだ。ああその君の身体全体が私の心の中に移り住んで呉れたのだ。ああその君の魂の声が私の魂の中に永遠に浸み込んで呉れたのだ。妻よ、かくして君は私の心の中に同化し私は君を独占することが出来たのだ。私が死んだとしても（いや確かに近き将来に死ぬだろう）君は私と永遠に魂の世界の中に生きて行くのだ。私は今こそ君を君の全部を独占した喜に胸がふるえる。それこそ永遠の歓喜だ。正直にいえば夕食は殆んど私の口に入らなかった。妻よ笑ってくれ。私の臆病さを。だが喜んでくれ。私の人間性を。私は無能な愚なとるに足らぬ人間として終るのだよ。夕食後の念仏前私は自己をみつめた。ああ私の感情は涙に濡れて咽喉《のど》が熱く盛り上った。妻よ、私の言葉いやこの日記は皆君への愛情の遺言だと思って読んでくれ給え。そして殊更今日から、今、今、に生きて行く私の気持を味わってくれ給え。今宵刑場に拉致されてもいいように私の日記は毎日を（若し可能なら）終って行くことだろう。君に対する私の愛情はもう十分に判ってくれたことと思う。若し時間が許すなら再三再四と反覆するに違いない。しかし百万言をよし費し得たとしても私の気持は筆に表現されないかも知れない。そう私は確信している。私が君に贈った「提灯」こそ私達の現実生活の感謝の文章だったのだ。そこに盛られている内容は私の偽らぬ君への愛情の告白だ。そして「提灯」と云うタイトルに私の楽天的なユーモアが盛り込まれてもいるのだよ。だがそれは私が巣鴨に入るまでの生活なのだ。私が収容され死の判決を受けて今日まで暮したその生活感情は過去の夫婦協同生活の延長だと信ずることは出来ないかも知れない。それは肉体的別離だったからだ。だから私は君に対して今日までの君の至情に如何に感激しているか、それを述べなければ私の気持が許さないのだ。だが時間がない。もう今日も間もなく暮れてしまうのだもの、ああその焦眉を、この私の全体を投げこんだ絶対的愛情を、妻よ、素直に受けてくれ給え。その愛情は又絶対的な信頼なのだよ。ああその愛情と信頼こそ男が有し得る最大の幸福なのだよ。私は君を得てこそこの幸福を知ることが出来たのだ。だが思えば短かい夫婦生活だった。幾才を出でずして私は私の運命を歩み、君は君の運命を歩み、私達夫婦は私達夫婦の運命をかくの如く歩み来たのだ。母の死、空襲、疎開、疎開先の君の活動、父の死、ああその上私の死、君の人生は私が破壊し去ってしまったのだ。済まぬ、本当に申訳がない。更に更に私は君の御両親に対して何と云っていいか分らないのだ。御両親の悲歎は察して余りがある。君をかくの如き運命に追い込むために君を愛育してくれたのではないのだから、私は君の不幸、君の偉大な努力、それに対する私からの無報酬、君の両親弟妹の悲劇、それ等に対する耐えざる私の悲哀《ひあい》を何と解釈したらいいのだろうか。いやそれより大きなこと、死別、永遠の別離、それに対して、私の地上からの消滅に対して、それから派生する凡ゆる苦悩に対して、何とお詫びしたらいいのだろうか、妻よ、御両親様よ、姉弟よ、私は云う、夫は云う、子は云う、兄は云う、ただ「運命」だと。私の運命観は前にたどたどしい筆で書いてある。読んで下さい。生来吉沢国夫と羽田家との縁は運命の軌道に浮んでいたのだ。そしてかく死別する悲劇も後生も、もっと具体的に云えばお浄土の生活も、この絶対的運命の白道の一貫している場処であり生活であるのです。お父さん、お母さん、みどりよ、皆さん、ああすべては悪因縁と諦めて下さい。お願いします。さて話を前に戻して私がお念仏前に感激の涙に濡れた心理状態をお話しましょう。私は永遠に妻を独占したと書きましたね、それなのです。私はじっと瞑想していました。私の心臓が恐怖に震動しているのを落着かせようとしたのです。みどり君、私は君の事を考えたのだ。死にたくないと思う。ああ生きて今一度現実の君の懐に帰りたいと思う。だけどだけどその希望のなんとか細いことでしょう。いや希望は忽然として消え去りました。この現実、ああ鉄の扉のなんと冷たく光ることでしょう。絶対にこの現実は逃避することが出来ません。死を待つばかりの現実は希望の灯をあっさりと吹き消してしまいます。死、死……ああその時私は君の心に生き返るのだと知ったのです。ああその時の喜び、私の死は君の心の中への更生だったのです。このまま生別の現実より今即時に君の心に生き返るその喜は何物にも増して大きいと知りました。私は霊魂の永遠性を信じます。そして君の心に生き返ることを信じます。君が私を想い出してくれたとき、君が私をまち子の中に見出してくれたとき、ああ私は立派に君と共にあります。そこには肉体的な間隙はありません。魂の同化です。君は君の皮膚の中に私を抱擁してくれるのです。

私の肉体がなくなった許りに私は君の魂の中に永住出来るのです。こんな大きな喜はありますまい。若し君が喜ぶとき、若し君が悲むとき、若し君がなやむとき、私は君と共に喜び、悲しみ、なやむのです。私は君を君の生涯を守り通すことでしょう。そして君に死が来たとき私も君と共に死ぬことでしょう。そして極楽に生き返ることでしょう。現世の因縁は短かったとしても未来の私達は永遠に結ばれることでしょう。然し間違ってはいけません、君は自ら死を求めてはなりません。あくまでも生き抜くことです。まち子のためにも。そして更に更にお願いしたいことは未亡人の生涯を固執してはならぬことです。君の前途に多幸あれと祈っている私は君の新生活の運命的発展を心から望んでいるのです。君が新しい家庭の良妻となったとしても私がなんで恨みましょう。それこそ私が望んでいることですから、そして君をあくまで保護し続けて行くことでしょう。私の肉体(仮身)

が消滅したお蔭で私は君に生き御両親様に生き親愛なる弟妹に生きるのです。よくよく考え諦めて下さい。私が死んでも墓などいりません。葬式も命日の勤行《ごんぎょう》も一切不要です。私は君達よりもっと幸福な来世（浄土）に行くのですから。まち子は可哀相です。だがこれも運命でしょう。父は――ああまだ私はその言葉に恥しさを覚えます。まち子ちゃんの前途を多幸あれと祈っています。まち子が物心ついたなら戦災孤児の境遇を話して上げて下さい。一番望んでいることは素直な娘になることです。出来るならピアノでも英語でも本人の好きなように習わせてあげて下さい。個性を伸長して立派な日本婦人になって下さい。父はまち子ちゃんが三つの大きく可愛らしくなったのをみて、とってもとっても喜んでいたのですよ。お母様を、可哀相なお母様を大切にして孝行して下さいね。親類の皆様、国夫は御迷惑のかけ放しで逝きます。何卒《なにとぞ》家族の或る将来まで御面倒をみて下さい。会社の皆様には君より宜敷《よろし》くいって下さい。御世話になったまま死ぬのは非常に心苦しく思います。

先生、先生、私は先生を知って有意義な人生を終ることが出来ました。先生の御教訓は私と共に永遠に生きることでしょう。

「松風遠く淋しきは常磐《ときわ》の里の夕《ゆうべ》かや……」の句はまだすっかり覚えています。英語は勉強しました。毎日英字新聞は欠かさず読みました。「MAN AND POLITICS」「TODAY AND TOMORROW」はかならず読みました。驚く程智識がつきました。そして同時に先生のために出てからは死んで御報いしたいと思っていました。私が先生を知らなかったら私はつまらぬ一生を終ってしまったことでしょう。知識欲は未だ熾烈《しれつ》です。先生ただもう一度お逢いしたかったです。今日まで先生の言葉に生き先生の面影に希望を見出していました。感謝します。尚妻を御教導御鞭撻《べんたつ》して下さいまして有難う御座いました。

何卒今後共お願いします。そして彼女の後を御処置下さい。ああもう時間がない。云いたいことは一杯ある。頭の中に逆上したような血の匂を感ずる。頭が重い。

私は君の言葉を信じて死の瞬間まで元気よく生きます。それが最後の君への愛情だと思う。幸あれかし妻よ、娘よ、私の知っている限りの親愛なる人々よ、私は皆様の御多幸と御健康を心の中から祈って居ります。学友諸君、紫水会の想い出は私の最後の青春の血を湧き立たせてくれます。会いたい会いたい、頑張れ、祖国再建のために。

妻よ、私は父母の下に行く。私の生母とかいう人、その人に逢わないことを亡母への唯一最後の孝養と思う。だが一目逢いたかった。それに異父弟妹にも、そして一人の弟にも、だがいつか浄土であえるだろう。そう思っています。妻よ、最後に私は誇らかに君に云うよ。私の肉体は清浄に少しの健康を害《そこな》うこともなく君のために維持されたということを。私は今うっとりと私の白い肌をながめている。女のようなと自分で考える程、実に美しいその肌を——この肌は君の肌に触れたあの時のままの肌だ。すべてを君に捧げます。さようなら、心より心より御多幸を祈る（午後九時半）

行年三十才　吉沢国夫

幼き子へ

満《ま》淵《ぶち》正明

神戸市。神宮皇学館本科第一部卒業。元神職。元陸軍大尉。昭和二十一年九月六日、巣鴨に於て刑死。三十三歳。

昭彦よ、私がお前の生れたのを知ったのは昨年の四月北千島から内地転属となり旭川の連隊に入ってしばらくしてからであった。北海道につく前船が敵の潜水艦に撃沈されて九死に一生を得たが持物の全部を失ったので早速家に要請のたよりを出したところの返事に、私の父から三月男の子が誕生して母子とも健全、有馬の産院だったので其夜神戸では大空襲があったが何の事もなかったとの事をきいてよかったと思うと共になんだか泣きたいような衝動にかられたことを覚えて居る。私の母の希望でつけたと云う昭彦の名もよくできていると感心した。

はじめてお前をみたのは終戦後千葉県から復員した九月十九日の夕方疎開先の飾磨郡八木村木場と云う海浜の里を訪ねた時だった。伊勢と云う町家の店の間に戦災にあった乾の祖母と同居しておった。あいにく二、三日前から暴風雨で断線のためあかりなしのうす暗いへやで、みな蚊帳の中でふせっていた。節子があわてて抱いて出て、かわいい顔をしているでしょうといって差出され、家の人がつけてくれたロウソクの灯でまずお前のうすい毛のはえた大きな頭が目につき、それから目鼻立の整った色白の顔が目にうつった。頬の肉はなく、口より下は見えない位小さかったが私の顔をじっと見て居るのを見ると感慨無量だった。それ迄もお前の母はずいぶん苦労をしていたのだ。窮迫した食糧事情で乳も足りなかったし、頻繁な空襲毎の待避もなみ大抵ではなかっただろうと思う。私が軍隊から持ってかえったキャラメルを乾パンのはいったうすい布の袋に包んでふくませると、お前はいかにもおいしそうにチュウチュウ吸った、私はそれではじめて父親の愛情を味ったものだった。

それから私は休養かたがた数日を木場で過した。乾の祖母が居たのでお前が泣きかけるとよく交代してもらったが私もあの川辺や海岸を歌いながらよく抱いて歩いた。〔中 略〕

そしていよ〳〵引揚げると云う前日弁当持で母がおぶって近くの姫路に出かけた。お城はのこっていたが帰りには雨にふられて背負った上から私の持って居た将校マントをかぶせて歩いたので異様な風体は人に怪しまれたようだ。もしお前が将来このお城にのぼることがあったら生れて半年ぐらいだった頃、なき父にだかれてこの天守の五階の窓から四方を見たことがあったのだとどうか思いだしておくれ。〔中略〕

十月の初め私の勤先だった三重県の多度に向った。あいかわらず輸送難で電車に乗るとき、つぶされはせぬかと母がずいぶん気をもんだものだ。むずかりかけると例のキャラメルをふくませて機嫌をとった。多度についたときは既に暗くなっていた。それから多度神社のすぐ下の古風な家で親子三人水入らずの楽しい生活が始った。私は昼は社務所に、母もよく薪とりや菜園の手入などで外へ出たのでお前は一日の大半ひとりで居ることが多かった。さいわいまだ這い出さなかったので広間や表の細長い部屋で小さな布団の上にねかされていたのだ。神戸の家ならば誰かに守《もり》してもらえるだろうにと可哀想に思ったがどうしようもなかった。私が昼食や退庁後に帰って見るとよく布団からころがり出て涙だらけの顔をしてないていたものだ。そとで家のわきを通るときはさかんに泣声が聞えて居るが門を入って玄関のたたきにかかると足音をききつけてぴたりと止まる。障子をあけて部屋に入ると、キョロキョロ見廻して姿をさがす様子はとてもいじらしく白衣のままよく抱き上げたものだった。たまの休暇で昼も家に居る時は全く楽しかった。こんな時は母も外に出ず一日中下におかれずもりしてもらえた。色々の関係で遠くへ出掛けることは殆んどなかったが一度だけ電車にのって養老公園に行った。十一月初めで紅葉にまだ早かったが駅から滝迄の道中大部分私が抱いて歩いた。その頃まだお前は肉もつかず私の手がちっともだるくならない位軽かった。肥えて居ても病気する児があるとか、こんな時には楽でいいとか母と話し合って笑ったものだ。

お前と一緒に暮したのは僅かに四ヶ月今から思えばその短い期間が私の人生の花だった。一月の下旬私が戦犯容疑者としてこちらへ来ることになった時、せめて親子そろって記念写真をと思って出かけたのだが写真師の都合でそれも叶わなかったのは残念だ。その後家からのたよりでお前は神戸の祖父の許《もと》にひきあげてめきめきとふとってきたときいた。よく其姿を瞼に画きながら、殊に刑がきまってからは他の人と話も出来ない孤独のつれづれなるままにいつもお前とあそんでいるつもりになってはねんねんころりの子守歌を童謡でうたって過した。

お前と最後に逢ったのは六月の三日、ここの面会所においてであった。目のこまかい金網をへだてていたがお前は母にだかれていて網の向うがわの棚の上に足をなげだして横むきにすわっていた。私を見ると何と云うことなしにニッコリと笑ったが頬に肉がついたのが目立ちその白い顔が白い服によく映ってとても可愛らしく見えた。私の生後百日目にとったとか云う写真を思い出してよく似ていると思った。きめられた時間は三〇分だった。お前はわりに機嫌よく遊んでいた。時々むずかってはお菓子をもらって口のまわりを黒くしながらよく私の方を向いた。つたい歩きはするとのことだったがいよ〳〵別れるとき棚の上に立上って母に支えられながら只ニコニコと笑ってみていた姿は死ぬ迄私の脳裏にやきついている。こう云ったとてお前にはとても思い出す事も出来ないであろう。また何もしらないで幸福だと思うと私は独房に帰ってから涙が出て出て仕様がなかった。

昭彦よ、やがてお前は父がどうして死んだか教えられるときがこよう。父は米軍の軍事法廷で死刑の宣告をうけたのだ。

昨年の五月二十六日のあけ方まだ日米の戦いのたけなわだった頃東京を空襲したアメリカB29の

一機がちょうど私の隊の駐屯した村におちて来た。それは落下傘が開かず翼の傍《そば》に落ちた男で大腿骨折その他ショック症状をおこしていた。かけつけた軍医も之は駄目と云い処置の仕様もないと云って帰り、憲兵隊長もこれはつれていっても途中で死ぬから隊で適当に処置してくれと云ってほっていったものだから、私が部下の境野曹長の意見をいれて彼に介錯さしたのだ。それはあの場合その人自身にとってもよかったことだと私は思って居るがそれは又当時の戦う国民の士気を昂揚《こうよう》する結果をもたらすのだ。そのあとで新兵の一部が幹部の指導を受けて試し突きした事実もあるが、すべては国家の危急に際して御召にあずかった軍人として、その職分を最も忠実に果したまでの事だから、私は部下の行動の責任をすべて一身に負って法廷でも決してひるまなかった。たとえ判決はどうあろうともそれは当時の敵国としての目から見てのこと、私は日本人として何ら良心にはずるところはない。それは戦死と同じだ。あるいは戦死よりも悲惨な死であるかも知れないけれど彼等から憎まれることが深かっただけ、それだけ戦う日本のためにお役にたったのだといえないこともない。何にしても敗れたものは弱い。日本の悲劇は又直ちに私の家庭の悲劇ともなったのだ。

昭彦よ、こんなことで早く父を失った悲運を徒らになげいていてはいけない。又単純に勝におごる敵をうらむようなせまい考えもいけない。日本には今新しい光がさしているのだ。たとえ武力は有しなくても世界の最高文化国として、アメリカ等も見返すような国になることによってはじめて父の恨ははらせるのであることをどうか覚えていておくれ。

昭彦よ、私は父として何にもしてやることが出来なかった。ほんとにすまないと思う。あとに残った一人の母はお前をそだてるためにきっと人一倍の苦労をされることだろう。決して無理を云って心配をかけるのではないよ。そしていつでも人にほめられるような子供、立派な日本人になって母をよろこばしてあげるのだ。どんな苦しいことがあっても決してそれにまけてはいけない。死力をつくせば必ず先はひらけます。なんと云っても身体がもとだ。まず身体をうんときたえなさい。それからどんな仕事でもいいから一生懸命にやるのだ。勉強するときは勉強、用事を云いつけられたら用事、社会に出たらまずその職業に全力をうちこめばきっと成功します。父のないお前はおじいさんやおばあさん、叔父さんや叔母さんそのほかの多くの人々からきっといろいろお世話にあずかることと思います。どうかその方々の御恩を決してわすれないように。〔中略〕

昭彦よ、父はいよいよあすあさ牲壇に上ることになった。今私の心境は丁度吉田松陰が安政の大獄で斬られるときと同じではないかと思って居る。

死の直前私は（幸に許されそうだから）次の二つのうたを高唱して死のうと思う。天皇陛下万歳三唱も最後につけ加えて。

海行かば水漬く屍山行かば草むす屍
大君の辺にこそ死なめ省みはせじ（国民歌）

身はたとへ武蔵の野辺に朽ちぬとも
　留めおかまし大和魂（朗詠）

筆をおく。今目をつむるとき瞼にうつるのは節子に抱かれたお前の可愛い笑顔、そして場面が一転して立派な青年になったお前と相変らず節子の母子相対して楽しく何か語り合って居る美しい幻だ。

昭彦よ、どうぞ元気で立派に大きくなってくれ。

さようなら

昭和二十一年九月五日

満淵正明

涙をぬぐえ

頴《え》川《がわ》幸《さち》生《お》

長崎県出身。元海軍上等兵曹。昭和二十三年八月二十一日、巣鴨に於て刑死。三十八歳。家族七人は長崎原爆にて全滅す。

遺　書

姉上様

遂々《とうとう》お別れです。泣かないで下さいね。幸生は日本人らしく堂々として逝きます。私の最後を見届ける人はありませんが、日本人の最後の立派さをアメリカ人に知らせてやります。決して見苦しい態度はとりません。誰よりも立派に堂々たる態度をくずさなかった事を信じて下さい。

私の様な性格の弱い人間が、斯《かか》る心境で死んで行けるとは自分でさえ思っていませんでした。全く不思議で自分乍ら驚く程です。約一時間半前花山信勝先生に髪と爪をとって戴き、先生の御厚志による特別なる戒名さえつけて頂きました。生きている中戒名を頂いたり、自分の埋めらるる髪や爪を切りとる事は又一つの面白い場面でもあります。今頭は前の方のみ、かり取られダンダラです。爪は自分できり面白い顔になっているでしょう。約二年振りで「ハサミ」を使用しました。花山先生とも今笑って話しを致しました。こんな気持でいられる事は全く不思議な事です。これもみ仏の有難い慈悲や亡くなった七人の家族の霊が私を救い、見守って下されているお蔭だと感謝致して居ります。裁判の始まる迄は家族の霊がきっと自分を守り無実の罪を晴してくれると信じて居りましたが、み仏は現世にて此の身を救うのでなくて永遠の生命に生かし霊を救って下さっていた事を知りました。有難いことです。

朝から良雄兄に書き遺し途中花山先生(昼食後)にお会い致したのでした。花山先生とも握手して頂きました。私の最後の温みが花山先生の手に遺されています。それから田沢の母や弟妹達に乱筆乍ら書きなぐりました。絞首刑になってから約一年間いろ〳〵書き遺しましたが四五日前没収されました。花山先生にお願いは致して置きましたが、米軍の意志にある事ですから御手許に届くや否やは不明です。だが何も書き遺さずとも、この弟が、血肉分けた弟が如何なる思いを遺して逝ったか、書かずとも姉様兄様の胸に充分響く筈です。私は安心して逝きます。処刑は今夜中十二時三十分、私が第一番です。他の九名の人達と仲良く手に手をとって昇天します。先程から遂々雨になりました。随分暑い日ですが天も憐んでか、私達の為に涙を落していてくれている様な気がします。今「ラジオ」の軽音楽が遠く近く聞えてきます。久し振りです。みんなに見送られている様です。何の因縁か三年前家族達が次々と逝った後を追い、月も同じ八月、日も節三兄さんの二十日午前五時永眠と似通って二十一日です。みんなが招いているのでしょう。実は六月面会が再開されてから、或は運賃値上り前に一度お出で下さるか、毎日あてのない日を待ち続け、先月二日八名の人達が処刑された事が新聞紙上に記載されましたから或は飛んで来て下さるかと心待ちしましたが、恐らく御多忙の為に新聞もラジオも見逃して居られた事だと諦めていましたが、昨日伊勢という人に面会があり、その人の家族に面会に一度来て下さる様お願いした処でした。

おそらく打電された事と思います。一足違いになりました。長崎の時と同様です。だが今となっては却ってお姉様にお会いせずこのまま逝った方がよかったと思います。何故なら此の最後の姿を見せては却って何時迄も胸に残ります。昔のあの元気な姿でそのまま逝く方がよいと思います。

面会に来なかった事を決して悔んで下さいますな。幸生は成程不運な男ではありましたが、皆様の愛情に包まれて今迄暮して参りました。亡き豈子〔妻〕も子供達も心から慕って呉れました。今度は親子水入らずで永遠に仲良く暮せます。自分も一日も早く逝くことが倖です。

本当に永い間有難う御座いました。大恩を受けて報いもせず逝く身が悔まれますが愚かな弟を何卒赦して下さい。不肖の子ではありましたが父母の最後の折〔長崎原爆投下の節父母の最後を葬った〕せめて僅かばかりの真心を尽す事が出来た事を悦んで居ります。私は亡き妻や子供の為にも早く死ななければなりません。私の遺髪は三分して一つは姉様、一つは田沢の母へ、残りは大雄寺にある正哉〔長男〕節子〔長女〕豈子三人の骨を一つの壺に納め、私の遺髪も入れて下さい。もう今度は永久に離れません。左右しっかりと抱いて親子四人父、母とも〲仲良く暮します。最後の我儘《わがまま》な弟の願いとしてお聞き届け下さい。

お姉様もう何も遺す言葉はありません。残り少ない姉弟仲良く、いつ〱迄も健かにお暮し下さる事をあの世とやらから祈って居ります。
では永久に〱お別れ致します。
お姉様のお顔が浮んでつい涙がにじみました。

幸生より

よね子姉上様

ふみのぼる絞首の台をえがきみて
たじろがぬわれこゝろうれしく

井上乙《おと》彦《ひこ》

神奈川県。海軍兵学校卒業。元海軍大佐。昭和二十五年四月七日、巣鴨に於て刑死。五十一歳。

遺書

昭和二十五年四月五日夜於巣鴨獄、絞首前。今

朝文彦が面会に来てくれて誠に嬉うございました。面会前今週はあぶないと感じましたので文彦にも来月千鶴子の面会は望みない旨申しておきました。

ゆくりなく初面会に来し次男
永遠の別れと知らず帰りき

文彦も一人前の立派な男になった姿を見てすっかり安心しました。千鶴子の面会の時はいつもこれが最後ではないかと思っていました。

既に戦場で幾度か死地に陥っていたのが今まで生きて来たのをもうけものだと思って下さい。二十一年の大晦日に拘引されて以来父なき家をかよわい手で支えて来たのですがこの五年間の苦しみをいつまでつづけねばならぬか判りませぬが誠心の吾が家には何時かは必ず神様のお救いがあると確信しています。私の魂はそれを祈っています。

私の魂は天にも浄土にも行きません。愛する千鶴子や和彦や文彦や千賀子といつも一緒にいるつもりです。今日までは牢獄に繋がれて手も足も出ませんでしたが魂が此の身体から抜け出せば何時でもまた何処へでもすぐ行ってあなた達を助けることが出来ます。助けの入用な時やまた苦しい時はお呼びなさい。何時でも助けになりますから。

私は齢五十一歳になって人生五十を過ぎて、命の惜しい時ではありません。また生きていても最早や米食虫に過ぎぬと思う体です。然し愛する妻子が戦犯の汚名で死刑された者の家族であると言う事を考えると可哀想です。当分は肩身の狭い思いをし、またある処では白眼視されると思うとたまらない気持がします。くよくよしてもきりがありませんから私が息をひきとる四月七日の正午を境にして気持をきりかえて再出発の覚悟をきめなおして下さい。この遺書がいつお手にとどくか判りませんが若し着かなくてもあなた達の更生の覚悟は決っていて新生活に邁進なさる事が出来るのを確信して行きます。あとで墓も不用です。お葬《とむら》いや告別式などの儀式殊に饗宴類は私の為には無用です。

貧しさと寂しさの中でこの様な形式的な慰めを求むるはあなた達が幸福になる道ではないと思います。千鶴子は幸福な家庭の人となり結婚生活の後半は忍苦の生活でありました。私の力の足らなさと運命の悲しさを今更兎や角言っても仕様がない事です。せめて三人の児を立派に完成する事によって後生の慰めにして下さい。入牢までの二十年は振りかえって見れば夢の様です。苦しかった事も今となっては皆楽しい思い出となって浮んで来ます。然し終戦後は父に逝かれ母代りの伯母を失い今また私の此の悲運を諦めよと簡単に言って片づけるには重すぎるとは思いますが私達の身に持って生れた業だと思わねばなりますまい。私には今日を除けば家庭生活はお礼の申上げ様もない感謝の生活でありました。

私の足らなかったこと、至らなかった所を今思い出して愧《は》じ入っています。

和彦、文彦はおとう様の児としては出来すぎた児です。然し父の欠陥も遺伝されていることをよく知っておいて修養して矯正して下さい。兄弟で話し合い、またお母様にお話しすれば全部判ると思います。今の能力をどちらに向けてどれだけ伸すかは相談し合えば自ら決定出来ると思います。お母様に話しておいた事は文彦の話によってよく判っている様です。一度の落第で決して落胆し給う勿《なか》れ。

千賀子は永く別れているうちによく育ってよい児になっていると聞いて喜んでいます。情操教育の最も大切なこの時機に父なく母は忙しくて可哀想です。お母様のよい性質を承けているのできっと立派な女性になると確信しています。よいお兄様達がいますからお兄様達も千賀子を今まで以上に可愛がってやって下さい。

絞刑の友〇名と準備室に曳かれて来ています。皆しっかりしているのには敬服とも感激とも言い様がありません。唯頭が下るばかりです。前から責任者である私だけにしてあとは減刑して下さいと幾度か願ったが終《つい》にこの結果になって御本人にも御遺族の方にも誠に相済みません。

公判以来弁護に歎願にたくさんの方々にお世話になりましたが御礼の方法もなく死亡通知も出せるかどうか判らず、止むを得ぬ事だと思います。

辞世

昭和二十五年四月五日夜

「笑つて行く」と署名してある壁文字を
遺書おく棚のわきに見出しぬ
絞台に吾が息たゆるたまゆらを
知らずに妻子は待ちつゝあらむ
石垣島に逝きしこゝだの戦友の
遺族思ひをり最期の夜ごろを
春雨に肌寒き今日を床のべて
今宵限りのいのちを愛しむ
独房に燭をともしてうやうやしく
神父は吾に授礼し給ふ

歎願書

マッカーサー元帥閣下

私は四月七日巣鴨監獄にて絞首刑を受ける元石垣島海軍警備隊司令井上乙彦であります。

私独りが絞首刑を執行され、今回執行予定の旧部下の六名及び既に減刑された人達を減刑されん事を三回に亘り事情を具《ぐ》して歎願致しましたが、今日の結果となりました事を誠に遺憾に存じ乍ら私は刑死してゆくのであります。

由来、日本では命令者が最高責任者でありまして受令者の行為はそれが命令による場合は極めて責任が軽い事になっています。戦時中の私達の行動は総て其の様に処理されていたのであります。

若し間に合わばこの六名を助命して戴きたいのであります。

閣下よ。今回の私達の絞首刑を以《もっ》て日本戦犯絞首刑の最後の執行とせられんことを伏して私は嘆願致します。これ以上絞首刑を続行するは米国の為にも世界平和の為にも百害あって一利なきことを確信する次第であります。また神は不公正及び偽瞞ある公判によって刑死者を続出するは好み給わぬと信じます。尚之を押し進めるならば神の罰を被るは必然と信じます。

願くは刑死しゆく私の歎願書を慈悲深く、広量なる閣下の御心に聞き届け給わん事を。

四月六日　　　　　　井上　乙彦

皆幸せに

末松一幹《かずもと》

東京都。福岡俘虜収容所所属。元陸軍大尉。昭和二十三年七月三日、巣鴨に於て刑死。四十六歳。

遺書

美子ちゃん、新彌ちゃん、秀之ちゃん、逸生ちゃん楽しく元気で、揃って学校に通って居るでしょうね。お父様は、今日まで毎日毎夜、神様の御前に、みんなが元気で良い子に大きくなりますようにと、涙をもって祈りつづけて来ました。みんなが揃って、可愛らしい小鳥のように、朗らかに楽しく遊んでいる夢を、何べん見たことでしょう。

今も四人の可愛らしい御顔を思い浮べながら、御手紙を書いております。でも、もう可愛らしいみんなに、会うことも御話することも、できなくなりました。左様ならを言わねばなりません。元気を出して、仲良く、良い子になって下さいね。

美子ちゃんと新彌ちゃんは、お姉様お兄様ですから、小さい弟たちの御手々を引いて、可愛がってやって下さいね。お母様はお一人でお仕事に忙がしいのですから、お手伝いお願い致しますよ。そしてみんなしっかりお手々をつないで、強く強く生きて行くのです。頑張るのですよ。勉強して立派な人になるのです。神様はきっとみんなを、優しいお手をのべて導き守って下さいます。御父様も神様のおそばからみんなをお守りしますよ。

お父様の死を悲しむのではありません。神様のおそばで、また可愛らしいみんなと会える日を楽しみに待って居るのです。

今夜は雨が降って居るようですね。今頃はみんなはお利口に、優しいお母様のおひざもとで勉強して居るのでしょう。お父様の目の前に、みんなの笑顔が映ってきます。

では、これから神様にお祈りします。みんなが幸福で、元気に大きくなりますように、可愛らしいみんなのお名前を、一人々々呼んで見ます。美子ちゃん、新彌ちゃん、秀之ちゃん、逸生ちゃん、元気でね。左様なら。左様なら。

も一度言いますよ。立派な人になるのです。勉強してね、お父様の最後の言葉がわかりますね。

昭和二十三年七月一日　　父より

辞世

御栄えをたたへて逝かんいざさらば
天かける御霊《みたま》のもとにまた会ふ日
妻よ子よ栄えのくにわれ待たん

一幹

金剛心

鈴木賞博《よしひろ》

新潟県出身。元陸軍軍属。昭和二十四年九月三日、巣鴨に於て刑死。三十三歳。

絶筆

最愛なる妻よ。君との生活も三年十ヶ月の僅な短い間でありました。君には何も買って与えず、誠に済まなかった。許して呉れ給え。今日からは君の待つ夫は浄土の国から見て居る。君は再婚するなり又未亡人として一生を過すなりよく〳〵考え、私の母と、きみの母と三人で相談の上進むべき道をあやまらぬ様にしてくれ。未亡人でいるなら田篠ユリ子さんを美しき鏡として仏道をよく取得して呉れ。私の君に対する最後の願いは博明である。

再婚するなり又未亡人で一生を送るにしても博明を一人前の美しい人間にして頂き度いのである。学校等成績をみて出来得るなら無理なお願いであるが中学校程度の教《おしえ》を受けさせて戴きたい。併《しか》しそれは能力の問題であるから無理な事をしてはいかん。宗教を修業さして呉れ。仏教は生きる為、死ぬ為のものである。一切の書物を見ても智慧の目を開いて観てくれ。自分をともしびとして人に頼らず人のさそいに乗らず、常に自分の心と相談して清く強く長命してくれ。君は美しい顔ではなかった。しかし君の心は美しいものとして今も最後迄君を忘れた日はない。君が悩み苦しむ時私の事を思い、念仏を唱える時は必ず君達二人の進むべき道を仏は説いてくれる故、仏教を修養して進路をあやまらぬ様にくりかえし書き記しておきます。

君は夫が殺されたと思えば怨みもあるであろう。しかし死には何ら変りはないのである故、殺されたと思わずに生あるものは死あると考えて若し夫の仇をとるなら博明を美しい人間にする事である。

　ここに私の死という事について書いてみる。裁判は正しいか否や、仏教慈悲観より見たる人間動物は悪を犯さぬものは何もない。それは生きんが為、互いに喰い合っている。その人間である故、仏教慈悲観より推しての裁判であるなら此の地球上に住む生物、動物は一切生かしておく事は出来得ないのである。裁判は真実を以って私の死をいい渡したとなると、私は殺人はして居らぬ事はここに断言出来得る。戦地に行っても弾丸は射った。しかし当ったか否かは私には見えない。又俘虜は病気で死んだ。しかし叩いたため死に、又叩いたため負傷した事も絶対にないのである。では私は殺される理由がない事になる。弱肉強食という言葉がある故、是《こ》れも因縁で止むを得ない事である。一切此の世に誠はない。誠におわしますは南無阿彌陀仏である。博明も大きくなり学校に行く様になれば子供仲間で種々父親の話が出ると思うから、右に書いた事をよく指導して呉れ給え。

　孫じいさん、孫ばあさん、叔母さん、父親、二人の弟は浄土の蓮華座で私の場所を取って待って居て呉れる故、私は淋しくないのである。阿彌陀の国に行く時間が来て居るから、これくらいで失礼さして頂きます。

最愛なる直江よ。自分を光として、迷わず、正しく長生きを頼む。

では皆々様によろしく。さようなら　合掌

刑の執行　昭和二十四年九月三日

　午前零時三〇分　於巣鴨

　　鈴木　賞博

最愛なる妻　直江殿

明暗

由利　敬《けい》

長崎県出身。元陸軍中尉。昭和二十一年四月二十六日、巣鴨に於て刑死。二十六歳。〔巣鴨での最初の刑死者〕

遺　書

御母上様

すくすくと曲りなき竹も烈風狂わば倒れ油満つれど烈風強ければ燈火滅すとか、古先の士を求めて意を柔ぐ。快なる哉。清なるかな。悲報と共に霊妙不可思議なる猛雨漣々《れんれん》として地上を覆う。是《これ》我が今を悲しむ神仏の血涙ならん。我れ全絶不滅のものに悟入しつつ、まもなく仏に帰依せんとす。

死するに非ず。大生命の本源に帰するものなり。只物質なる肉体のみ止む無くポツダム宣言の露と消えん。

此の世の呼吸も幾何《いくばく》も無く、軈《やが》て骸骨灰塵に帰するもの、只胸中述ぶるを得ず。御母上様の御声を得る術もなくして散るを悲しむ。然し今又千言云うも甲斐なし。二十六年と百八日間の桜花と共に清く武人の最後を誉れとす。嗚呼悲しかる哉。御母上様の運命、想えば涙漣々果つるを知らず。何卒敬の分も百年も二百年も強く生きられよ。

御先祖様へは然るべく伝えます。時せまれり、伊都子初め皆々様へ呉々も宜敷く伝えあれ。

海行かば水漬く屍　山行かば草むす屍
大君の辺にこそ死なめ　かへりみはせじ
君が代は千代に八千代に
さざれ石のいわほとなりて苔のむすまで

天皇陛下万歳

二十一年四月二十六日
四時四十五分

十分前　由　利　敬

遺　詠

雪わけて咲きかほりてぞ尊けれ
　故郷に咲く梅の姿よ

面影の忘らるまじき別れかな
　名残りを西の空にとゞめて

平手嘉《か》一《いち》

北海道出身。大阪外国語学校卒業。元陸軍大尉。昭和二十一年八月二十三日、巣鴨に於て刑死。二十八歳。〔野付牛中学野球部投手。北海道大会でスタルヒンと投げ合う〕

最後の音信

長々と御心配かけました。

その始めて生ずるを見て、終に死あることを知る。時到って自然に帰する。是れ人生であります。たとえ身体は何処に果てましょうと、五尺の生命死して死せざるもののあるを信じて疑いません。

聖皇《せいこう》仁王と雖《いえど》も難に当っては破邪の剣を執ると云います。嘉一は不肖ながら誠心もって任務に服した事を誰はばからず確信いたします。国敗れては国に殉ず、嘉一の本懐これに過ぎるものはありません。立派に最後まで責を果したつもりです。どうぞ御安心下さいませ。

私をして今日あらしめ、今日の覚悟につくことの出来ました父上様、亡き母上様の御高恩を心から有難く思います。唯々顧みますれば我ままのあまり、何一つ孝養の誠をつくすことが出来ませず申訳御座居ません。御ゆるし下さいませ。どうぞ御健康万々御留意下さいまして末長く御丈夫に過されますよう、兄上様、姉上様、御兄様方、久子の御多祥を祈ってやみません。

母上、公三の既におられます冥府の旅心楽しくも思われます。

国事に斃《たお》る古来幾人
死して熄《や》まず神州の正気
今日悠久の道坦然たり
我を知るは真の日本人

ますらをの道にしあればひたすらに
　務はたして今日ぞ散りゆく

昭和二十一年八月二十二日　　嘉一

父上様

遺　詠

心あらばしげくも啼くか夜半の虫
　人のゆくてふ今宵ばかりを
　　（福原大尉に捧ぐ）

生くるより死ぬるがましと隣人の
　語らふ声はわが耳をうつ

雷に送られてゆく旅路かな（八月廿二日）

混沌の底に

水口安俊

東京都。京城帝国大学医学部卒業。元医師。元陸軍軍医少尉。昭和二十四年二月十二日、巣鴨に於て刑死、三十三歳。

日　記

昭和二十二年六月二十五日（水）

食糧がどうなろうと貿易が開かれようと、ちまたに強盗が横行しようと、政界に異変があろうと、台風が来ようと来まいと、そんなことは一向おかまいなしで我等の裁判バスはひた走りに走るのだ。その護衛のものものしさにはあきれて仕舞う。仰々しいにも程がある。護衛なくとも逃げるものなぞ一人もありはしない。逃げる位なら何でこんな所へやって来るものか。本来の日本人はそんなひきょうな手合は一人もいないのだ。骨抜きにされたとはいえまだ〳〵日本人には気骨のあるものはおるのだ。巣鴨の住人が案外一番日本人らしい日本人かも知れない。地方人はもう大部と曲解された民主々義とやらにかぶれておる様だから。時々思うのだが大地震でもあってあのレンガ造りの裁判所の中でつぶれて仕舞えばよいと思う。バスが大衝突でもして木葉みじんにけしとんで仕舞いたい。さすればつまらない事をくよくよ考えることもないし永劫未来に俗世界の浮世の風に当らないですむのだが。

昭和二十二年七月一日（火）

日本人は何もわからぬオッチョコチョイだから、すっかりもう占領軍になついてしまって要するにうまい具合に飼われているのだ。此の頃の新聞のあらゆる記事に出ている占領軍とくに米国に対するエゲツナイ様なオベッカ使いのざまは何だ。新聞社の社長殿を追放する前に記者連中を全部追放してもっと実質的な土台から建直しをせねばならぬと思う。今時大きな事をぬかすのを自由と考えて勝手気ままにほざいているのは真の勇者でも何でもない。今沈黙を守っている人々に真の国士がおるのだ。国士とは日本を本当の意味のよい国家に建直して呉れる人を指すこと勿論なり。

昭和二十二年七月八日（火）

戦没東大生の手記を東大で編集すると新聞は報じている。かつて第一次欧州大戦後にドイツが出版したと同じ手である。此の様な手記になるほど勝つより負けた時の方が戦没と結びついてしみじみとあわれをとどめて愁いの深いものが出来上るであろう。只今はその当時のドイツとは異る状態で日本は連合国に占領されているから大部割愛せねばならぬ個所があろう。東大では幾人戦没したか知る由もないが社会に出て妻を子供を残して戦没した方がはるかに数は多いであろうし、実際の問題として残されたものは深刻なる悩みを悩んでいる。只今二階では荒木貞夫がジェーラーと何か声高に大口論をやっている。

昭和二十二年七月十一日（金）

裁判所の庭に日本人の子供が二、三人集っているのが目についた。乞食同然の姿で親が無く野宿している事が一見して知れる。米兵から食物でも貰うべく群っているのだろう。私は涙が出て仕方が無かった。それらの一人は米兵の靴を磨いていた。米兵は悠然と片方の足を前につき出して磨かしていた。憐れな姿だ。私は見ておれなかった。此の様な姿は私が朝鮮でしばしば見た姿で、その時はこんなに強く感じなかった。かつての其の朝鮮人の姿が今は日本人にうつって来ているのだ。四等国民と言われても仕方がないのか。子供よひがんではならぬ、すく〳〵と育ってほしい。卑屈になる勿れ。国民に食わしてやる政治は一体何時来るのだろう。

昭和二十二年七月二十二日（火）

此の裁判は明かに復讐なのだ。戦に敗れたものの当然受けるべき制裁だ。復讐であればこちらにも考えはある。思い知らしめる時の来るのを信じて疑わぬ。

今日の裁判では大森とか言う若い医者が出場した。昭和十九年九月に東大を出たと言うからにはさして内科の権威者とは思われない。私は又大学教授級のものが出て来るかと内心おそれていたが検事がどこから拾って来たのか知らぬが若僧であったのでほっとする。しかし検事は実にしつこい奴だ。刑務所におった人間の責任を収容所の軍医におしつけようとする腹がわからない。復讐ならば復讐だとはっきり明言したらよい。我等も男だ。いさぎよく復讐される用意がある。通訳は医学語になると頼りないものだ。全然だめだと言ってもよい位だ。此の調子では子供に言って聞かせる程度の話振りで医学を解説せねばならない。益々骨が折れる問題である。

昭和二十二年七月二十七日（日）

人類の愛について欠ける事が多かったとつくづく考えさせられる。人類を深く愛するという事、国境を越えての愛の手をひろげると言う考えの至らざりしを恥ずるものである。然し気付いたことはともあれ善い事である。今後は人類の愛に深く没頭して見よう。

頼子に再び便りを書く。心配していたからできるだけ心を痛めない様にと心の落ちつき方を述べておいた。たとえ手紙に書き得る程心静かだとは云えないにしても昨今はたしかに平静の状態と云い得る。肚が前よりずっと落着いて来ている。もうどんな結着になろうとも恐れない。心の準備が出来た様だ。

昭和二十二年八月一日（金）

無欲の境地にありたい。裸一貫の姿を愛する。物欲のさもしい考えをかなぐりすてる。島瀬君より便りあり、長々と他人の恋愛事件を書いてよこしてある。今自分の事で一杯なのにどうして他人の事を考えられよう。好いたの愛したの、失恋したのと云った感情は今の私にははるかかなたの世界に属する様だ。年をとったせいかも知れぬ。それでいて裁判の事になるとからっきし考えたくない。こまった性分だ。何かとほうもない夢を追っている方が時間がたつ様な気がする。巡回図書もつまらないもの許りだ。特に日本のものは見るべきものは何もないのだから。人が親切に部屋に入れてくれるものは読むけれどさなくんば進んで読もうともしない。此処《ここ》を出た時は全くの浦島太郎然として世を見つめたい。

昭和二十二年八月二日（土）

時計のいらぬ生活、希望のない生活、生き甲斐のない生活、そして笑いの消えた生活、これが一年八ヶ月経過した。此れでも人間は生きて居れる。尤《もっと》も肉体的には随分弱って急に立ち上れば目まいがするし、一寸《ちょっと》はたらきに出されれば疲労が早くて長つづきせぬ。そして更にいやな事は常にゼーラーの顔色をぬすみ見ては仕事をごまかす事ばかりやっている。何となさけない姿であろう。四ヶ年の刑を喰った者も今裁かるる者もひとしく来年には帰るんだとうそぶいている。講和条約は来年中に締結さるる見込みでかく言っているらしい。

昭和二十二年八月八日（金）

八月七日の朝日の第一面に「六日午前八時十五分平和への第一弾が破裂して丸二年広島は平和祭を催した云々」とかかげマックアーサーの写真入りでメッセージを載せている。考えて見るとおかしくて物が云えぬ。「平和の第一弾」とは何か。日本がこの原子爆弾を投下されても之を非難する新聞記者が一人も居ない。新聞はことごとく当時の軍の方針を無条件に賛成して拍手を送って激励したではないか。忘れたとはいわせない。今になって此んな進駐軍にへつらった云い方をする骨なしの日本記者はことごとく撲殺して仕舞うべき非国民だ。開戦当時私も長年の憂憤を晴らして思わず万歳を叫び快哉を絶叫した。何等恐れず堂々と告白をする。誰が何と言ってもこの事には相違あるまい。然し時世の移り変りと共に人間の考え方も変って来るのは私も認める。だから新聞記者は「当時我々も明かに政府の方針に拍手を送った者の一人である。それに対しては率直に責任を感ずるものである」と前おきすべきだ。ともかく情ない憐れな人間ばかり満ちて誠に困ったものだ。嗚呼！

昭和二十二年八月二十五日（月）

今日の裁判から突然被告が立つ様になって先ず先陣を市東君が受けて立ったのだが検事の質問のきっさき鋭く顔つきさながら赤鬼の如く、声はあたかも雷の如くわめき立てていた。私は話の内容が馬鹿くさくてこんなつまらない事で大の男が十八人以上も此の暑いのにこと更に集って「たたいたの、たたかんの、蹴ったの蹴らんの」と大さわぎしているのを聞くに忍びず、窓ごしに向いのビルのかそかに見ゆるオフィスガールの動きをぼんやり眺めていた。

遺　書

父上よ

無限の愛を賜《たまわ》りつつ何一つ御孝養も尽さずして此の世を去る私を御許し下さい。誠に申訳ありません。父上が苦斗の限りをつくして私に勉学させて戴いた御恩は如何なる言葉にても御礼の申様がない程です。常に私は感謝しておりました。おかげで今日まで感謝と満足の生活を楽しむ事が出来ました。私の歩いて来た長い長い道を回顧して見る時楽しいにつけ苦しかりし時につけ父上の無言の教と愛とにすべてが包まれて甘い想い出として残ります。父上にしますれば最大の望をかけて私を育てたにもかかわらず、未だ実を結ばずして去り行く私を言葉につくせないほど残念で御座いましょう。察するに余りあります。呉々も不幸を許して下さい。父上ほど心の清く真実そのものの姿の人を私はかつて見たことがありませんでした。私はこれを唯一のほこりとして心にしまっておりました。現世の荒波は益々高まりさぞ心も身ももまれにもまれて辛酸をおなめになる事と存じます。此の点私は心配で心配でならないのですが私無きあと姉弟妹等が夫々《それぞれ》私に代って父に孝養をつくす様祈念しつつ去ります。父上よ呉々も御身《おんみ》を大切に心は益々清く静かに生き抜いて下さいませ。

つい数日前に父より数通の便りを入手しました。恩給がうんと増えた由結構でした。私も安心した次第です。それは通の学資として送られたそうで通もてる才能のありったけで頑張ってくれる事と信じております、御存知の様に私は受刑後宗教として神を信じイエスの教えを奉じひたすら心のよりどころとして今日まで過して参りました。おかげで日々がどれだけ楽しかったか、とても言葉につくせないほどでした。私の信じて行動する事に対しては昔から何一つ干渉なさらない父上ですから此の私の選んだ道を許して戴けるものと信じて居ります。私が此処に入所して以来三年余りの間よく私のために姉妹弟等は涙ぐましきまでに私を慰め激励してくれどれだけ私は力強く感じたか分りません。よい兄弟をもったとほこりに思っています。

次に同窓生として親友の田中正四君がおります。この人にもよろしく父上より一言御願いします。

私の歩いて来た道は常に私が信じ誠心誠意のこもった一路で決してはでではありませんでしたが、自分ではもう満足しております。思う事は多々ありますが胸につまって思う様に書けません。

最後まで私のそばにつきそって何くれと勇気づけて下さった花山先生には受刑後一年五ヶ月間陰に陽に大層お世話様になりましたのです。私はこの先生の導きにより誠に力強く安心しておれました。どうか先生によろしく御礼を申して下さい。

父上よ、呉々も不孝の限りをつくして世を去るを許して下さい。此の事が最後まで私の念頭を離れません。いずれの時にかは父上と一緒に平穏なる生活を営む事を唯一の楽しみにして営々、父上も私も出来る限りの努力はして来たのですが遂に叶わず想い此処に至る時涙がにじんで来ます。朝野様には父上の事を呉々もよろしく御願いしておきました。斎藤様には別に書きおきを残しませんでしたから父上より私の心を汲んで厚く御礼を申上げて下さいませ（永々小生が御世話になりました）。又本藤様初め私の知る親類の方々にどうかよろしく御伝えを願います。終に在天の我が主なる神に父上に平安と恵みとを賜わらんこと祈り筆を終えます。父上よ呉々も御体大切に強く生きて下さい。御願いです。

さようなら

二月十一日　午後三時

絶　筆

父上よ

では只今より刑場へと向います。最後の三十分をあたえられここに書きのこします。父上よ今日まで育てて下さいました事を本当に感謝します。私は親不孝でした。呉々も許して下さい。心は誠に落付いております。最後まで悩むことなく天にいます主なる神に参ります。朝野、斎藤、本藤様等によろしく、又姉上妹弟等にもよろしく。

二月十一日午後十一時三十五分　安俊
〔処刑三十分前に認められたもの〕

北斗

東　條　英　機

東京都。陸軍大学校卒業。元陸軍大将。元総理大臣。昭和二十三年十二月二十三日、巣鴨に於て刑死。六十三歳。

遺　言

開戦当時の責任者として敗戦のあとをみると、実に断腸の思いがする。今回の刑死は、個人的には慰められておるが、国内的の自らの責任は死を以て贖《あがな》えるものではない。

しかし国際的の犯罪としては無罪を主張した。今も同感である。

ただ力の前に屈服した。

自分としては国民に対する責任を負って満足して刑場に行く。ただこれにつき同僚に責任を及ぼしたこと、又下級者にまでも刑が及んだことは実に残念である。天皇陛下に対し、また国民に対しても申し訳ないことで、深く謝罪する。

元来、日本の軍隊は、陛下の仁慈の御志に依り行動すべきものであったが、一部過を犯し、世界の誤解を受けたのは遺憾であった。

此度の戦争に従事して斃れた人及び此等の人々の遺家族に対しては、実に相済まぬと思って居る。心から陳謝する。

今回の裁判の是非に関しては、もとより歴史の批判に待つ。もしこれが永久平和のためということであったら、も少し大きな態度で事に臨《のぞ》まなければならないのではないか。此の裁判は結局は政治裁判に終った。勝者の裁判たる性質を脱却せぬ。

天皇陛下の御地位及び陛下の御存在は動かすべからざるものである。天皇存在の形式については敢《あえ》て言わぬ。存在そのものが絶対に必要なのである。それは私だけでなく多くのものは同感と思う。空気や地面の如き大きな恩は忘れられるものである。

東亜の諸民族は今回のことを忘れて、将来相協力すべきものである。東亜民族も亦《また》他の民族と同様この天地に生きる権利を有《も》つべきものであって、その有色たることを寧《むし》ろ神の恵みとして居る。印度の判事には尊敬の念を禁じ得ない。

これを以て東亜諸民族の誇りと感じた。今回の戦争に因りて東亜民族の生存の権利が了解せられ始めたのであったら幸である。

列国も排他的の感情を忘れて、共栄の心持を以て進むべきである。現在の日本の事実上の統治者である米国人に対して一言するが、どうか日本人の米人に対する心持を離れしめざるよう願いたい。又日本人が赤化しないように頼む。東亜民族の誠意を認識して、これと協力して行くようにされなければならぬ。

実は東亜の他民族の協力を得ることが出来なかったことが今回の敗戦の原因であったと考えて居る。今後、日本は米国の保護の下に生活して行くであろうが、極東の大勢はどうであろうか。終戦後、僅に三年にして、亜細亜大陸赤化の形勢は斯《かく》の如くである。

今後のことを考えれば、実に憂慮にたえぬ。もし日本が赤化の温床ともならば、危険この上もないではないか。

今、日本は米国よりの食糧の供給その他の援助につき感謝して居る。しかし一般人が、もしも自己に直接なる生活の困難やインフレや食糧の不足等が、米軍が日本に在るが為なりというような感想をもつようになったならば、それは危険である。実際はかかる宣伝を為しつつある者があるのである。依って米軍が、日本人の心を失わぬよう希望する。

今次戦争の指導者たる英米側の指導者は大きな失敗を犯した。第一は日本という赤化の防壁を破壊し去ったことである。第二は満洲を赤化の根拠地たらしめた。第三は朝鮮を二分して東亜紛糾の因たらしめた。米英の指導者は之を救済する責任を負うて居る。従ってトルーマン大統領が再選せられたことは、この点に関し有難いと思う。

日本は米国の指導に基き武力を全面的に抛棄《ほうき》した〔憲法第九条〕。これは賢明であったと思う。しかし世界全国家が全面的に武装を排除するならばよい。然らざれば、盗人が跋扈《ばっこ》する形となる（泥棒がまだ居るのに警察をやめるようなものである）。

私は戦争を根絶するためには欲心を人間から取り去らねばならぬと思う。現に世界各国は、孰《いず》れも自国の存在や自衛権の確保を主として居る（これはお互に欲心を抛棄して居らぬ証拠である）。国家から欲心を除くということは不可能のことである。されば世界より今後も戦争を無くするということは不可能である。これでは結局は人類の自滅に陥いるのであるかも判らぬが、事実は此の通りである。それ故、第三次世界大戦は避けることが出来ない。

第三次世界大戦に於て主なる立場に立つものは米国及びソ連である。第二次世界大戦に於て、日本と独乙《ドイツ》というものが取り去られてしまった。それが為、米国とソ連というものが、直接に接触することとなった。米・ソ二国の思想上の根本的相違は止むを得ぬ。この見地からみても第三次世界大戦は避けることは出来ぬ。

第三次世界大戦に於いて極東、日本と支那と朝鮮がその戦場となる。此の時に当って米国は武力なき日本を守るの策を立てなければならぬ。これは当然米国の責任である。日本を属領と考えるのであったならば、また何をか言わんや。そうでなしとすれば、米国は何等かの考えがなければならぬ。米国は日本八千万国民の生きて行ける道を考えてくれなければならない。凡《およ》そ生物として自ら生きる生命は神の恵である。産児制限の如きは神意に反するもので、行うべきではない。

なお言いたき事は、公・教職追放や戦犯容疑者の逮捕の件である。今は既に戦後三年を経過して居るのでないか。従ってこれは速かに止めてほしい。日本国民が正業に安心して就くよう、米国は寛容の気持をもってやっていってもらいたい。

我々の処刑を以て一段落として、戦死傷者、戦災死者、ソ連抑留者の遺家族を慰安すること。戦死者、戦災死者の霊は遺族の申出あらば、これを靖国神社に合祀せられたし。出征地に在る戦死者の墓には保護を与えられたし。従って遺族の希望申出あらば、これを内地へ返還せられたし。戦犯者の家族には保護を与えられたし。

青少年男女の教育は注意を要する。将来大事なことである。近時、如何がわしき風潮あるは、占領軍の影響から来て居るものが少くない。この点については、我国の古来の美風を保つことが大切である。

今回の処刑を機として、敵・味方・中立国の国民罹災者の一大追悼慰安祭を行われたし。世界平和の精神的礎石としたいのである。

勿論、日本軍人の一部の間に間違を犯した者はあろう。此等については衷心謝罪する。これと同時に無差別爆撃や原子爆弾の投下による悲惨な結果については、米軍側も大いに同情し憐愍《れんびん》して悔《かい》悟《ご》あるべきである。

最後に、軍事的問題について一言する。我国従来の統帥権独立の思想は確に間違っている。あれでは陸海軍一本の行動は採れない。兵役制については、徴兵制によるか、傭兵制によるかは考えなければならない。我が国民性に鑑みて再建軍の際に考慮すべし。

再建軍隊の教育は精神主義を採らなければならぬ。忠君愛国を基礎としなければならぬが、責任観念のないことは淋しさを感じた。この点については、大いに米軍に学ぶべきである。

学校教育は従前の質朴剛健のみでは足らぬ。人として完成を図る教育が大切だ。言いかえれば、宗教教育である。欧米の風俗を知らすことも必要である。俘虜のことについては研究して、国際間の俘虜の観念を徹底せしめる必要がある。

辞世

我ゆくもまたこの土地にかへり来ん
　国に酬ゆることの足らねば
さらばなり苔の下にてわれ待たん
　大和島根に花薫るとき

松井石根《いわね》

熱海市。陸軍大学校卒業。元陸軍大将。昭和二十三年十二月二十三日、巣鴨に於て刑死。七十歳。

辞世

七十有年事　回顧悔恨長
在青山到処　行楽涅槃郷

判決を前にしての詠歌

大きくも変り行く世を夢にして
　牢屋にわれは老い果つるかも
いけにえに尽くる命は惜しかれど
　国に捧げて残りし身なれば

武藤章

東京都。陸軍大学校卒業。元陸軍中将。元陸軍軍務局長。昭和二十三年十二月二十三日、巣鴨に於て刑死。五十六歳。

独房は師走の雲の動くのみ

うつし身の折ふし妻子恋ふといへど
　ますらたけおは死におくれせじ

板垣征四郎

東京都。陸軍大学校卒業。元陸軍大将。元陸軍大臣。昭和二十三年十二月二十三日、巣鴨に於て刑死。六十三歳。

自序

少小出郷関　躍投健児淵
修文又練武　螢雪不知年
朔北風雪急　望之気昂然
按剣起長嘯　忽麾戦塵天
馳駆奉天役　挺身払硝煙
一挙衝敵畳　虜弾穿片脚
傷膚謝父母　唯慰忠貞全
勃々四方志　北馬又南船
軽騎崑山麓　画舫太湖辺
酔過呉越地　笑入雲貴川
剣書随我処　善隣盟愈堅
回看満蒙域　地荒鬼啾々
作霖気既慢　学良貪且柔
生民有菜色　仁人万年愁
排外及皇土　東亜深患憂
任重関東軍　刻励帷幄謀
地哭天終怒　轟然柳条溝

貔貅一万兵　自衛好遠猷
志士競興起　建国大満洲
一朝暗雲霽　清明無恩讐
五族皆協和　鼓腹楽土謳
中華猶不覚　可悲蘆溝橋
愁雲蔽天黒　友交恨迢々
義重揮涙征　続々抜堅要
鯉城二万師　蹇々気不驕
可攀廬山巌　可干勃海潮
一朝羽書急　孤剣帰程遙
不果生死約　別辞思寂寥
帰来感意気　菲才列廟堂
変局不可極　干戈拡辺疆
汪蔣如氷炭　盟邦似妄狂
複雑又怪奇　泰平何茫々
朝思重優渥　鶏林統精剛
朝飲鴨緑水　夕宿白頭傍
三軍待戦機　志気更軒昂

報捷真珠湾　震撼太平洋
丈夫歎髀肉　黙々包鋒鋩
年華疾如電　冉々五星霜
大命驚懶夢　払塵戎衣香
匇々飛星港　貫天一剣光
干戈既半定　蕭索新戦場
南溟布国徳　辺塞凝鉅防
不図太平勅　粛然正衣裳
玉音厲於冰　征夫転断腸
紅顔折刀泣　白髪雄心傷
咨嗟難奈何　天乎大厦僵
悠々甘縲絏　従容坐陰房
豈無回天期　耿々志未亡
嗤笑任俗世　精誠一迂郎
挙首宇宙窄　唯見至道長

昭和丁亥秋　明治節
於市谷　征四郎識

遺書

遺がいは渡されないと思うが葬式もいらぬ。墓も造るな。自分だけの考えで戒名をつくってみたが家だけで祀るのなら祀ってもよいが、これも強るわけではない。

ただ〝無〟又は〝空〟

土肥原賢二

東京都。陸軍大学校卒業。元陸軍大将。昭和二十三年十二月二十三日、巣鴨に於て刑死。六十五歳。

手紙

一、極悪の場合に立到るとも決して天を怨まず人を恨まず、冷静事を処し一家を挙げて他の範となる様心掛くべき事。

一、何事も小畑氏に相談し、其の指示を受くべき事。
一、人生観につき、確乎たる信念を持し、貧に安《やす》んじ苦を凌《しの》ぎ常に外のみを見ず、心の裏に自ら顧み人心の真の姿を味うべき事肝要也。是が為宗教に入り信仰を持すべき事一日も速かなるを要す。
一、拙者の事などは固《もと》より軍人の本分として屍を馬革に包むこと予而《かねて》の覚悟の前なり。身後の後始末など泡沫も心に掛る要なし。
一、弁護人〔ワーレン氏其他〕各位始め世話になりし証人の方々後援会の各氏には厚く礼意を捧げられたき事。

うたかたの如く此世に生れきて
露と消え行く我身尊し

賢二

香代
実
ちか子様
裕子
恵子

十一月十五日

土肥原賢二

香代子
実
ちか子様
裕子
恵子

拝啓　愈々《いよいよ》最悪の事体到来しました。定めし驚かれた事と思いますが、何事も全心全霊を挙げて神仏の御計いに任せた身故、事此に到ればとて別に悲しみも悔《くや》みも致しません。刑の未だ定まらざる前は、如何に信仰に精進しましても、一抹の生への執着が介在して諦観が出来なかったが、宣告を受けて茲《ここ》に未だ曾《かつ》て味い得なかった人生の真味が感得され、朗かな気分です。何等の不安もありません。拙者は今日迄自己の智能と体力を傾けて邦家に御奉公して来た事につきては、俯仰天地に恥じざるつもりです。何《いず》れは後世に真意を知る人も出来ましょう。

以上の如き心境で居ますから、前便申出し通り、決して悲しみうろたえさわぎ愚痴に亘る様の事あり取乱して世間の笑を取る様の事は無い様にして下さい。〔中略〕

邦家の前途につきては、世界現下の情勢殊に極東の近況に鑑み又は国内人心の趨向《すうこう》等に稽《かんが》え、憂慮に堪《た》えません。身はたとえ朝の露と消えても、魂魄《こんぱく》永《とこし》えに邦国を繞《めぐ》り守護致します。

一家の事は和合より外大切な事はありません。和合の為には各自の欲心と物への執着を抛擲《ほうてき》する事にて、各々各自の「我」に立ち籠らず、よく相手の身になり己を空《むな》しくして之に同情するが第一です。斯くせば一家の団らんは期せずして来るのです。

一家に多少の資産も無く今後の生活は極めて苦しかるべき事重々御察ししますが、忍苦一番耐え難きに耐え、世の流れは如何に荒むとも、清貧に甘んじ他を羨《うらや》まず常に正を履《ふ》んで自ら其衷心に安んずるこそ人生の真価です。ゆめ〳〵違う事勿れ。

身はたとへ朝の露と消ゆるとも
　とはに護らむ国の礎《いしずえ》
現《うつ》し世の深き悩みも今晴れて
　さして行くなりとはのふるさと

遺詠

秋晴れの澄みわたりたる大空は
　今日此頃の我が心かも（十一月十七日）
玉の緒の絶えてし後も祈るなり
　禹域《ういき》しづまり彌栄あれと
　（十二月一日中国の現状を憂えて）
物見れば皆御仏に見ゆるかな
　我行く先もかくはあらなん
　　（十二月四日）

踏み出せば狭きも広くかはるなり
　二河白道《にがびゃくどう》もかくやあらなん
　　　　　　　　　（十二月十八日）
荒れ果てし御国の姿見るにつけ
　ただ思はるる罪の深さを
　　　　　　　　　（十二月二十日）
斯くありと予《かね》てごしたる事なれば
　死のおとづれに驚きもなし
（十二月二十一日夜、
　二十三日零時執行と宣せられて）
我事もすべて了《おわ》りぬいざさらば
　さらばここらではい左様なら
　　　　　　　　　（十二月二十二日）
天かけり昇り行くらん我が魂は
　君が代千代に護るなるべし
　　　　　　　　　（十二月二十三日）

木村兵太郎

奈良市。陸軍大学校卒業。元陸軍大将。昭和二十三年十二月二十三日、巣鴨に於て刑死。六十歳。

最後の言葉〔判決後、昭和二十三年十二月一日巣鴨に於て家族三人と面会の折〕

ヤァ皆よく来て呉れたナァ！　御苦労々々。

そこでだナァー　今度の父の死は私の事ではなく大きな意味の死である。平和国家建設の為に殉ずる死であるからつまり大死即ち大いなる死である。大いなる悲しみはまた大いなる喜びに通ずるもの、大悲は大喜に等しい、人間生あれば必ず死すべき時のあるのは定ったことである。父は既に齢六十を越え早晩何等かの形に於て死なねばならぬ。順序から言ってもお前達に先立つことが当然である。幸にして畳の上で死なず思いがけぬ死所を得たことは願ってもない幸である。こんな場所へ這入りたくも矢鱈には這入れるものではないのだ。本当に父は男子の本懐を遂げるのである。判ったか、判ったら決して父の死を悲しむことなく嘆かずに呉れるよう。オイ泣かずに笑ってはどうか。俺だって斯うして別れるのだから、そりゃあ人間としては悲しいさ。然し最後に泣いて別れるのはまずいからなァ。然し今度の父の判決についてはは大分誤解があったようだ。こちらの事を十分に判事に了解してもらえなかったことは、誠に遺憾ではあったがこれも天命である。

世の中にはあながち正しい事ばかりが通用するとは定らぬ。却《かえ》って間違いの儘《まま》で終ることさえあるのである。大きな波の浮き沈みということで父も今は丁度其の波にさらわれた形だ。今は判らなくとも何十年か何百年後には或は歴史が証明する時もあるだろうと思う。いずれにしても将来の新しい国家を作り上げる為に大いなる意義をもって死ぬのであるから、是は前にも言った通りに願ってもない光栄の死所である。先に戦死を遂げた幾十万の英霊に対しても、軍人としては面目が立ち、その意味から言っても満足である。俺は今実に光風霽月《せいげつ》の如き心境である。

太郎は今年十八才、父が祖父に別れた時が十六才の春だ。お前は父の場合に比して更に二年も成人して居る。二人共健康でスク〳〵と立派な成人ぶりを見せて貰い、殊にお前達二人は本当に至孝の子であり、又母上は良妻賢母、お前達二人が今日迄立派に成育されたのも母上のお蔭によるものが大である。従って父は今こうしてお前等と別れるにのぞんでも何等其点に就いては心配を持って居らんが唯々三人が今後物質の面に於てまた精神的の面に於て相当の苦労をして行かなければならぬことと思うと気の毒に堪えない――が、百合子・太郎一つしっかり手を取り合って、母上を中心に力と心を協《あわ》せ強く正しく朗かに生き抜くよう努力しなさい。

百合子！　百合子は年頃であるから今後良縁が

あったら母上とよく相談をして縁付き、幸福な家庭を作るように父は祈って居るよ。百合子判ったか？　何か父に言いたい事があれば遠慮なく言いなさい。処でどうだ兎の仔は生れたか？　ヒヨコは皆元気か、アァそうか。

それから太郎！　お前は立派な青年になったが今後の方針は定ったか。父は今までお前が理科を志望していたので何も言わなかったが、お前の最近の便りではまだ判然と決心が出来て居らぬということを承知した。お前が若し此際文科に移るつもりであるならば父も全然同意する。その理由は文科に進めば人そのものを対照として、将来社会に役立つことに成るのでこれも一案として結構と思う。広く先輩諸賢の意見も聞いて決心がついたら思い切って其の方向に進んではどうか。理科は勿論結構であるが、物を対照として居るのでなァ——マァいずれにしても世の中に無くてはならぬ人になって呉れ。判ったな。それから太郎はよい友達を選べよ。よい友を持つということは何よりも大切なことだからな。もう一つ言って置くが太郎はよく禅寺等を歴訪しておる様子だが、花山先生に会って今後時折精神的な御指導を受けるとよいと思うネ。

可縫《かぬい》！　可縫は本当に糟糠《そうこう》の妻として長い間苦楽を倶《とも》にして呉れてありがとう。お前はもう大分年もとっているから体を大切に。決して無理をせず十分注意をして丈夫に生きて呉れ。二人の子供の為に気をつけてなァ——

次に父の宗教についてであるが、これ迄ズット仏書をひもといておるので父は他の六人と共に仏教によって大往生を遂げるつもりで居る。而《しか》しこれは俺の事で、お前達はそれぞれ自分の信仰によって、仏教でもキリスト教でも何でもよい道を選んで呉れ。決して自分に拘束されずに自由にすすんで行くように。そして俺の死体は返さぬだろうから葬式などはせんでよろしい。唯親子で心の供養をして呉れればそれでよい。それよりも父の死を嘆かずに其の日から朗かに笑って暮す様に心掛けて呉れ。

処刑後はお前達の傍で父は常に母子三人が多幸に過せるよう必ず護ってやるからなァ。時に未だ時間はあるか？　父の事は決して心配せんでもよい。何も不自由はないよ。唯々新聞を見せないのと書く事が十分出来ないのが不便だ。鉛筆が何しろ一二寸位の小さなものよりよこさんからなァ――

俺は軍人だからどんな事にも屈するようなことのない精神力を持って居るので彼等が何をしても平気さ。何とも思っとらんよ。どんな境遇にも順応性を持っているので今日迄平静に過すことが出来たことは幸だと思って居る。

父は日暮れて独房に一人徒然《つれづれ》を慰める時はいつも楽しかった過去の思い出に耽《ふけ》って居る。お前等と共に平和の日を過した昔の事を想い起して一人で満足している。父の事は決して心配せんでいいよ。

アァそうもう時間か、いよ〱それではこれがお別れか。みな十分に気をつけて達者で暮せよ。では御機嫌よう。さようなら。

白雲

岡田　資《たすく》

東京都。陸軍大学校卒業。元陸軍中将。昭和二十四年九月十七日、巣鴨に於て刑死。五十九歳。

白　雲

昭和廿三年五月十七日、判決を受ける為に十時に出廷したのだが、前日に於ける委員の意見が纏《まと》まらなかったからとて一日延期された。一方我々は当然の事をしているのに拘わらず、巣鴨の住人は、知ると知らぬに関らず、絶大な後援を送って呉れた。あれやこれや一種の満足感に浸ったものか、判決延期など別に気にも掛らぬ。

十八日法廷に入ると割合狭かった室は、外来客でそれこそ立錐の余地もない、私の定席の右側にフェザ・ストーン博士の夫人と令息らしいのが居る。私は和かな気持で無雑作に呼び掛け、博士の好意に満ちた大努力に対し心から感謝した。夫人は硬直した表情で「唯々神に祈る」意味を返したので、先刻来博士自身や森里法務官――卅才前後の二世さんで法律学校を優等で卒業し、頭もよいが通訳も抜群――の顔色と云い、大体判決の空気は読めた。そこに博士の助手のストラナカー航空兵中尉が私に接近して、それとわかる様なゼスチュアを見せた。私はとたんに全身に猛然と闘志の沸《たぎ》るのを覚えた。

私は先頭第一に委員席前に呼び出された。右にフェザ博士左に沢辺弁護士と併列して。

厳かな声で、第一起訴項目有罪、第二項目等々、そして最後にハング（絞首刑）と結ばれた。

終始委員の顔を凝視するともなく眺めて居たが、宣告の瞬間に心なしか委員等の瞳が動くのを見た。前に傍聴席から軽いざわめきの起るのを聞いた。前に腰掛けた二世通訳君の緊張、速記嬢の身震いが大きい。通訳が翻訳を始める迄、私は自らの胸に聞く、嬉しや異常はない。手先に一寸注意を集めて見る、別に震えて居ない。

手錠を掛けられて退場した。御世話になった検事や弁護士には、左右に寄り添うＭＰの為に、遂に挨拶の黙礼も出来なかったが、傍聴席に居た妻には出る間際に相当接近し得たので、一言「本望である」と云うた。それは私には実感であっても、彼女を勇気づけるものではなかったろう。

私の身体からは眼鏡、鉛筆等を取り上げられて、準備された別室に禁錮された。一物もないコンクリートの部屋だ。高窓が只一つ中庭に向って開いている。それから見える視界の三分の一は大煙突で邪魔されて居るが、和やかな初夏の青空を心ゆく迄眺めるには十分なものであった。

真綿をちぎった様な白雲が右から左へ、一片又一片、悠々と浮び流れて行く。

此の様な落付いた気持は敗戦後始めてである。

いや十八年末、北満戦車師団長から内地の航空機製作監理部長に転職し、牡丹江の山下大将と別《べつ》盃《ばい》を交した時、さあこれから陸上と御別れ、空だ〳〵と想うた時の気持に似て居るかなあ。

いや〳〵もっと大きな人生の転換である。静かに合掌して長い軍職の最後の幕を、恥も少く引く事を得させて戴いたのを感謝した。無論我が主観のみを云った心境である。

私の気持はすっかりあの白雲に没入した。そして何となく微吟《びぎん》でもして見度くなった。

　葡萄美酒夜光盃　欲飲琵琶弾馬上
　酔臥砂上君勿笑　古来征戦幾人帰

厚い壁への反響は我が声を美化した。低唱する事、二度又三度、白雲は微笑んで呉れる。真に是一如《いちにょ》の境地。

其の時隣室に今一人入った事を感じたので非常に心配したが、大西参謀の無期重労働なる事を知ってから、いよいよ安心した。他は問題ではないからである。

そうこうして居る内に、扉の細長い一線窓に色々の眼や挨拶の声が明滅する。すると珍しや米軍衛兵の一人で、終始我等と本裁判の往復を共にした青年が居る。「ゼネラル」、「ゼネラル」と鼻声で、そして後には暫《しばら》く言葉も無く、うるむ二つの眼のみ残る。私は微笑もて軽くうなずくのみ。

中食の飯盒とコーヒー一杯が差し入れられた。同時に下士官が外套《がいとう》をも渡して呉れた。坐れとの好意でもあろうか。けれ共遂に立ち乍ら、器用に飯盒の飯と菜入れを持ち分けて食事を済せた。

判決は左の通りであった。

岡田中将　絞首刑。大西参謀　無期重労。
米丸副官　廿五年重労。成田大尉　卅年同。
山田大尉　廿五年同。足立参謀　十七年同。
保田参謀　十五年同。須田少尉以下下士官等
十三名　十年同。

巣鴨帰りのバス内では先ず二十分許り居眠り、覚めて見ると沈思瞑目や、追憶放談や、色取々である。浮かぬ顔の某が思案顔、最後迄弱気で我等を困らせたものだ。凝視するうちに勝気な彼の妻君、可愛い坊や等の顔が、彼の顔に重って明滅する。

昔、おなじみの日本戦国史に於ても、退却戦闘の殿《しんが》りの六《む》ヶ敷《ずかし》さは進攻作戦の比ではない。秀吉の姉川の殿りは有名な話である。陸軍大学教官時代にも、第一次欧洲大戦英軍のモンの退却を講義した事も思い出す。辛抱強いアングロサクソン軍にも夫《それ》は決して楽なわざではなかったのである。戦場に於ける一駈引《かけひき》に過ぎない退却でも、進攻作戦に比ぶれば異常の困難が伴う。然るに今次の如く民族国家の敗戦となると又ことは別だ。極悪の諸条件に取り巻かれて了《しま》う。日本民族の大きな拠点であった国体に大亀裂を生じた。勅諭の五ヶ条も安心を与え得ない。九段坂も影がぼやけて来る。国民同胞の環境の視線と云うのも朧《おぼろ》である。頼むものは唯一つ我のみ。真に我自身の覚悟だけである。

巣鴨には裏門から帰った。二十米《メートル》程歩いた所で、私は左、一同は右と別れた。旧東海軍司令部も愈々之で真に解散である。

「御苦労様だ。私の代りに若い諸君よ、元気に新時代に尽せよ。ではさようなら」

ほんとうに左様ならだ。

私は桜の若葉を背にして固い手錠の指を組む。十九の若い頭は脱帽して二度三度下げて居る。私が第六棟の左の鉄扉に吸い込まれようとする時、遙か右手のコンクリート路上には、未だ名残《なごり》を惜

しむ一群が、歩を停め、頭を起伏させて居る。

第五棟の青年諸君に　九月十六日

一、昨夕はよく送って呉れました。賑やかに旅立ち致しました。

一、実は昨夕はね。寝苦しかったと白状します。但し理由は枕が無かった事と、例の如く若い看守達が頭の上で喋るので。

一、私への宣告はね。爆撃機搭乗員激励方策上已《や》むを得ないこと、就中《なかんずく》私は東海軍唯一人の死刑ですから……

諸君は此れから御自身を楽観的に見なさいよ。大丈夫だよ。

一、田嶋師を指導者に持つ事に於て、私は大安心して行きます。

一、色々な仏教哲理も質問のまにまに御話しましたがね。

○本仏実在常住、そしてそれと同宿なる事。

○生命は久遠です。（断滅感を破り、僅かな欲望さえ去ればわかります）

絶　筆

母様

温子　殿　　九月十六日　　資

正雄

達子

博子

温子の帰宅報告を入手せぬ先に昨夜ここ〔死刑執行前日移される棟〕に来てしまった。此報を得たら皆は驚くことだろう。気の毒で堪《た》まらぬ。けれどもこれは仏の授けられた最善の途だよ。もともと覚悟を定めて渦中へ飛び込み、すべての力とすべての人々の御蔭を以て思いのままに法廷をすませたのだから夫《それ》でよいのである。色々な情報の為に且つは私の積極的活動性の為に、今の第五棟の青年を指導した後には、又浮世の青年の信仰生活に応分の力添えをと思い、一寸欲を出したので軽き失望感を味うたが、何一夜の夢さ。今夜体重を計ったら一五〇ポンドあった。丸二年前の入所時は一三〇ポンドあったのが、第五棟に来てから一四五乃至《ないし》一四九ポンドになった。浮世の位を転換せんとする時体重でもないがね。私の気分を反映して居るものと思って笑って聞いてくれよ。

温子よ、短い様で永い、又永い様で短い此世は、そなたにえらい御世話になったね。御礼の言葉もないよ。でもね、そなたの誠実と私に対する純愛は、公人としての私を十二分に活かしめたし、志を得た二人の児として残ったしね。それで一応の満足感を得ておくれ。

今次の様な民族国家の大変動に会っては個人の事なんかとても問題でない。況《いわ》んや敗戦国の将軍では犠牲壇上に登るのが当然です。聊《いささ》かのうらみもない。

出来得たら次の大活動をと思うたが仏の御受用は遂にこの道であった。それを喜んで頂戴しよう。好きであった(今は少しも欲しない)酒の為に度々《たびたび》そなたに迷惑かけたが、其他の公人生活は御蔭で志を伸べることが出来た。人生と日本軍の将領としての最後もこれで所謂有終の美と言えそうです。ほんとにそなたには迷惑をかけた。余生尚有れば十二分に老妻をいたわってと思うて居たが、今は私の強い業力思念を以て御護りすることに致しましょう。家族一同も共に〳〵。

私の業は何も血縁だけに伝わるのではない。正雄君のからだも拝借しています。故に温子よ、そなたも淋しがらないで、そなたの身にも、外の家族の身にも、孫嬢にさえも私の内在せる事を確信して下さい。

年寄の母に今更心配かけてすみません。朝夕御曼荼羅に対して祈念なさる時、私は必ずその座に入れてもろうて居るでしょう。

正雄君には御縁あって家族がとんでもない御厄

介をかけたね。特に法廷関係では一方ならぬ御尽力で、私も御礼の言葉もないです。今後共に何卒宜敷く御頼み申上ます。此の世の法位を去る私の次の任務は仏の御手にあるのですが、少くも私の業力は、不朽で君の御手伝は出来ると思います。

達子よ、よい夫君を持ち待望の愛児も授かり、ここ暫くの浮世の荒波を凌げば又楽しい日が来るでしょう。けれども精神界には、今のすぐでも航海日和は得られます。工夫して御覧よ。

博子ちゃんの成長振りを欲をいえば今一度見たかった。苦難の雰囲気の裡《うち》に両親や婆ちゃんの純愛につつまれて育ったそなたは、必ず立派な此の世の位につけるでしょう。御写真はね、皆記録の裏に貼り付けて毎日微笑もって御話して居たのだよ。

記録といえばね。世の青年の為に難解の仏教を順序を考え可成《かなり》平易に解いてと思い、三月以来精進し（毎日一回は今迄通り青年の指導を廃するわけにはゆかないしね）一応外郭は出来今や書き直し中であったが、二分の一弱で中止となったのだ。体裁を完了するには仏教の知識が無くては駄目だしね。河合先生に私の下書きの分が読めるか知ら。田嶋師に頼むかなあ。何れにしても何も急ぐことはないと思うけれどもね、これだけは大《おおい》に失敗した。判断の誤りであった。あの記録の中に今年の四月十四日に所感を遺書的に記録しておいたと思う。いずれにせよ遺物は一切留守宅に送るとの約束ではあるから心配せんで待って下さい。

私は戒名なんか不要です。仏縁により今生を得て働かせてもらった。其俗名こそ懐しけれ。何々院殿ではやりきれない。子供等もあれでは遠からず忘れるでしょう。髪とか爪とか私は残す必要を認めません。私の手紙でも品でも何でも私の精神を宿す事に於ては同じです。

こんな世に特に葬式法要一切不要です。お曼荼羅の前に写真や俗名を並べてくれたら夫で結構です。私はとくに仏の御受用を信念として居る身です。仏を離れては私は在りませぬ。此世に御都合なところに私は又法位を頂戴して働きます。

私の生命は真に久遠です。業は正に不滅です、又少々思索が六ヶ敷いかも知れぬが、小なる自我を去れば我は大我である。すべてと一体である。即ち之亦永遠である。飽くまでも国家民族の為にそして無論広く世界民族の為にも、順序は近きよりです。

過去私の愛した数十万の青年の心の内容に必ず宿って居ます。最愛の家庭には言う迄もないことです。私の業力の泉はバックに宇宙の大生命力即仏様の力がある限り私の業力は有限定量のものではなかったです。

諸方の伝言宜敷頼む。

只今九月八日学園から出したハガキと第一四〇信をここで分配された。元気で帰宅安心した。フ博士も答解に困ったであろう。其日にはもう決定していた筈だからね。田嶋さんが今同席なのでそなたの御手紙を大変気の毒がって居ます。そなたは先日の面会日には三時間も当所に居て面会時間外に少しでも私の近くに居る気分を味うて居たとのこと、何という優しい気持でしょう。結構々々、私は誠に有難い気持で一杯です。それに今日の知らせは無情であったね。でも単なる感情に敗けないで、私の以上書いた気持や平素から書き送っている事をよく消化して強く生きてくれよ。

国家民族が弱って居る時に根幹の人達が参ってはならぬ。お曼荼羅の前で何時でも私に会えます。ここで青年を教えることも中止だから主力を以てそなたを御見舞しましょう。唯飽く迄も夫の心は仏の御受用だと信仰しなさい。そして其本仏も信仰の人には常に自身と一緒です。

お曼荼羅で思い出した。河合先生の山積した書類が花山師時代に当所に来ていたのを、今日田嶋師が始めて引出して下さった。当時故障があったのか、花山師が何かの理由で私に渡さなかったのか、河合先生には相済まぬ事をした。丁度書を四冊差入れられた時の様だ。(その四冊は五棟の青年に残してやったから留守宅にはもどるまい)

そなたも強健でなかったのだから、どうか私の強い業力を支柱にして丈夫になってくれ。私に代り老母を見て頂かなくてはならず、若い夫妻の指導就中孫嬢には絶対必要なるそなたです。

午後三時から手紙に疲れて静座すれば、外では蹴球競技で賑やかだ。昨夜は警戒兵も数人居たが今日は唯一人。手紙の合間に時々息やすめに横臥《おうが》して青年相手に他愛もない話に興《きょう》ずる。

三時半頃になったら田嶋先生が来る筈、夕食は此処で御馳走して先生をお客様にさせてくれるらしい。昨夕当局は食物の特別注文を求めたが平常の通りと云うておいた。が、実際は何か用意してくれつつある。先生も午後は何か宅に書く様に筆紙を整えて来ましょうと言うが、之亦平常の通りとおことわりした。妙な歌をひねくり廻すのも好まない。隣に移る様な気で居りたい。

二十八時間の生命

井上勝《かつ》太《た》郎《ろう》

岐阜県出身。慶応大学卒業。元海軍大尉。昭和二十五年四月七日、巣鴨に於て刑死。二十七歳。

二十八時間の記録

時刻は四月五日午後十時である。丁度田嶋先生が入って来られた。

忘れぬうちに昨夜の事を書きつけて置こう。淑子が三日に面会後先生の所へお伺いした由、何もかも順調に行った様に思う。遺書遺品今までの人のは全部届いていない由なので非常手段を取って貰うより致し方が無い。彼等は一人の人間を闇から闇に葬ってしまうのだ。

昨夜司令が申し渡しを受けているのを次の私が待っている間に起ったエピソードを書いて置こう。下着が無くて寒いのでどうも落着かずにいると、例のバラード軍曹がやって来て葉巻をやろうかという。そんな強いものは要らないと言うと、「そうか」と言い乍ら火をつけて

"Don't worry about, that's pretty easy." 〔心配することはない。何でもないことだ〕と言う。

小生曰く"I am not worring about, just cold. We've got no undershirts." 〔心配してるんじゃない。寒いんだよ。下着がないんだ〕

"You will get one more blanket. If you put undershirts on, doctor cannot examine your heart." 〔毛布をもう一枚やるよ。下着をつけていると、お医者がお前の心臓を検査できんからな〕やれやれ寒いことだ。

小生曰く"I want to get drunk tomorrow night." 〔明日の晩は酔っ払いたいもんだ〕

彼曰く"Oh, oh, that's no good for me, it troubles me. Hey, does everybody know that I am hangman ?" 〔そいつはよくない。俺が迷惑するよ。おい、みんな俺が首吊り人だってこと知ってるのか?〕

"I don't know, may be they know." 〔わからない。多分知ってるだろう〕

"What they say about me? Do they like me?" 〔俺のことをみんな何て云ってる? 皆、俺が好きか?〕

"I don't know." 〔僕には分らない〕

"Probably they don't like I appear in 5 block. May be next time I will hang Shimizu." 〔俺が五棟に顔を出すのは、皆いやだろう。この次は清水を吊ってやるかな〕

彼処刑人は人を殺す事を鶏をしめる位に思っているのだろう。例の天狗衛生軍曹は小生通訳をしていた悪因縁で極めて優しい。バラード又然り。判決申渡しの二世通訳は日本語英語共極めて拙《つたな》し。小生自ら直接に話そうと思ったがまあ止めにした。眠る前に看守が煙草はいくらでもあるから入用の時看守に言えと言う。

最後の睡眠だ、お寝み。お母さん。妹よ。弟よ。

淑子は汽車に乗っているだろうか。もう家に帰って寝ているだろうか。

四月六日（木）

明るくなって目が醒めた。起きろと言わぬからそのまま床にいて色々な事を思ってみる。

此の室は三十号室だ。だから五棟へ移る前田代氏と越川氏が居た処だ。向いは四十五号室で鳥巣さんと冬至さんが居た処、昨夜冬至さんが別れる時に言った事等思い出す。

二十九号室に司令がいる。三十一号幕田、三十二号田口、三十三号榎本、三十四号藤中、三十五号成迫、此の配列は考えてみると興味深いものだ。即ち此の中に二人の老人（頭の禿げた）がいる。所でその老人達は一人で冥土へ行くのは厭だと言い張って各々若者達をお供に従えた。若者と言うのは此の中四人迄は未婚で裁判当時は皆五人共二十歳台であったのだ。死刑囚棟二年の生活で二人は三十歳台になったけれども。

之は恰《あたか》も内火艇がカッターを引張っているのに似ている。一隻の内火艇は少しばかりましなので三隻のカッターを曳き、もう一隻の内火艇はオンボロなので二隻曳いているという訳だ。そしてカッターと共に果てしなき悔恨《かいこん》のウェーキ〔渦流〕を引きながら行っている訳だ。

絞首台は四つの筈だから此の組合せが一蓮托生の組合せになる訳だ。所が内火艇は何れも頼りないから各カッターはジョンソンモーター〔艇外発動機〕を皆用意していなければならない。剰《あまつさ》え我々幕田、田口、小生の組の内火艇はキリストの天国へいらっしゃる訳だから岸を離れた途端に曳索が切れてしまう訳だ。そこで三隻のカッターはジョンソンモーターをカタカタ言わせながらぶっつかったり離れたりしながら無駄口を叩き合って行く訳だ。

やはり三つ子の魂百までで海軍さんらしいポンチ絵を画いたわいと思っていると食器の音がして

看守が"Are you hungry?"〔腹が空いたか〕と来た。起きろという意味だ。布団をたたんで窓を開ける。今日は雨降りだ。不思議な因縁で今までの処刑日は大抵雨が降っている。お天道さまも拝めずじまいという事。洗面を終り体操をしていると食事を持って来る。飯が山盛りに来た。如何なる巣鴨の勇者といえど之丈けは食い切れまい。それに奈良漬にスープ〔ポタージュ〕例の吾々を悩ますグリンピースの砂糖煮、コーヒー、之は正に珍無類の取合せだ。朝食の怪物に辟易して概《おおむ》ね半分位で御遠慮申し上げ、さて机に向って一気に此所《ここ》まで書いた。

四十五号室には元鳥巣さんの居た所に布団を敷いて看守が寝ている。前に居る看守が欠伸《あくび》する。隣の誰も物音を立てず、暖房機のドレーンがコトコト薬罐の様な音のみ立てている。静寂、天窓に音を立てて雨が降り出した。

今午前七時三十分

生の最後の輝きのギラギラする如く私の想は後から後から出て来る。字が乱雑になってしまったが筆の運びのもどかしさを感ずるのだ。さて暫く休む。司令が部屋を変った。私の良き友、フレンチックが動哨をしている。

私は三月三日に第二番目の感得する事があった。そしてそれからは実際一刻を惜んで本を読み坐禅もして来た。云い変えれば現在を最善に生きるべく努力して来た。そして多くの事を為し遂げた様に思う。それは如何なる動機にも目的にも基くものでなかった。唯私はそうせねばならぬという内心の要求が極めて大であった。現在にして振返ってみると実に不思議な因縁だと思う。その経過中において六名の人達は減刑され我々七名は今此所にいる訳であるがスタートに於て私は斯うなる事は予期していなかったけれども実に不思議な仏の導きに依ると言えよう。仏とは自己の内心を見よである。〔中略〕私は死刑囚棟二年の生活が無かったなら仏道に入らして貰えなかっただろう。

そして今の此の機会は一年前でも三月三日以前でもいけなくて今日此の日で無くてはならなかったのだ。私は米軍そのものに依って与えられた判決とか或はお互同志の色々な経緯を含めて言おうとしているのではない。従って米軍に依って与えられた死に喜んで服する等という馬鹿げた事を言っているのでは無い。左様な事は公平なる歴史というものが後日裁くものだ。私は此の生の現在という一点を凝視し今まで歩んで来た私の道を振返って見た時、私の為し得た事に満足しているかどうかという事だ。慶大で商業政策を学んでいた時その教授が"My work is done"〔なすべきことはなし終った〕と言って死ねるかどうかという事を言っていたが私はそれを言い得るといえよう。

　実際私は私自身を見出したのだ。私は二年間悩んだ挙句昨年六月突如として新しいものを見たのだ。それは私にとって生涯嘗《か》つて無かった歓喜だった。自分の大きさを発見したのだ。換言すれば尊厳を。

　そして第二期三月三日より私はより内方に沈潜して行ったのだ。私は段々足が地について遂にしっかりと踏んだのだ。それからは私は瞬間々々を疎《おろそ》かに生きなかった。不放逸たらん事を戒めた。それはそうせずに居れなかったのだ。一時一刻が尊かったのだ。今週私はかつて無かった程に本を貪り読んだ。そして私の内証の確実なる事を数多くたしかめ得たのだった。それで今私は心気爽快と言おうか、腹の中まで清潔な様に思うのだ。私のいう事は誇張ではない。

　私の生涯にやって来た事には数多くの過誤がある。そして多くの迷惑を掛け、又御恩になり通しだった。普通ならば何も御恩返しをせずに死んでゆくというお詫びをせねばならない。然し私は之で良いのだ。御恩返しが出来たのだというのか、出来るのだと現在形でいうべきかは知らないが一つの完成を私は見る様な気がする。私は不遜かも知れない。然し或る完結を私は見て居る様に思う。そしてそれは私の内にある様な気がするのだ。間違っているか否か知らない。然し私は之より表現法を知らないのだ。

此処まで書いた時呼び出された。指紋採取をされる。念の入った事だ。指が真黒になってしまった。石鹼で洗う。

昨夜からの私の意識を反省してみると概ね自分の事と身辺の事しか考えていない。それと母や妹や弟、それと親戚の人々、友達の事も多少考える。実際私は類稀《たぐいまれ》なる慈愛にみちた人々の中で温く育った。

私はこれ等寛容と善意に満ちた人々に対して満腔《まんこう》の謝意を捧げ、それ等の人々の多幸を祈る。母は戦争で父を失い、又私さえも失うのである。その悲歎は到底私の察し難い所である。然し堪えて下さい。之は私が言うのはおかしい事ですが。そして章を立派に育てて下さい。弟は立派な人間になりましょうから。未だ幼くて分らないかも知れませんが他日此の手紙を見せて下さい。敗戦の苦悩をじっと受けてそこから数多くの教訓を学び取って下さい。

昨夜司令が連出される時「どうも拙《まず》い事になって申訳ない」と言った。私は今更責めようとは思わない。唯苛責と悔恨の重荷を負いつつゆくより、有り得ざる決定に死んでゆく事は、考え様によってはつまらぬ馬鹿々々しい事ではあるが同時に不思議に気が軽い事である。昔から冤罪《えんざい》や自己の主義主張の為に死んでゆく人々の従容《しょうよう》たり得し理由も分る。

三人を処刑した事に対し七名を死刑にする等という残虐行為を一九五〇年聖年の復活祭前日に平然とやる様な彼等、キリストを冒瀆《ぼうとく》した人種が神の恩寵《おんちょう》やキリスト教をいくら宣伝しようと何になろうか。恐るべき偽善者である。斯《か》る国が支配する此の地上の国等は所詮《しょせん》呪われた世界でしかない。

驕る者ついに久しからずである。

絞首刑の判決をして二年間生殺しにしてさて人殺し道具の利き具合を試そうという訳だ。宜しくやり給え。之が彼等の言う人道であり正義なのだ。それはお上品且つ陰険に人を苦しめる事なのだ。

〔中略〕

一人一人を意識して書いた手紙は形式的になり易くもある。私の良き友フレンチック君に手紙をやろうと思ったら食事に行っているとの事、もうかれこれ十一時半であろうか、後十三時間だ。考えてみると今朝から殆んど休まずに此の手記を考えが起きる度に書き続けている。大変空腹を覚えた。遺書を書いている時、林檎が配給になった。食い終った頃昼食、昼食後、フレンチックに手紙をやる。彼大いに喜ぶ。昼食後、フレンチック林檎を一箇くれた。

幕田氏昼食後歌を歌えと言う。

後一食を余す。最後の晩餐のみ。昼食の時は母を思い涙止らず。

最後の手紙書き居る机の前にして
　壁に彫りある「宿命」の文字

昼食を終りて後のひとゝきに
　遺言一通認《したた》めにけり

五目飯食いつゝ涙止まずけり
　看守に顔をそむけたりけり

何か虚の様な時間が過ぎてゆく。ラッパが聞える。静寂。遺品は一切届けられないとするならば日記も届かない。所感の一部を北田氏に渡しておいたからそれを見て貰えば良いと思う。〔中略〕

死というものは直面するならば何人も冷静に迎え得るものだ。我々が恐れている死は抽象的な頭の中で考えている死なのだ。死は何人も一度は迎えるのだ。言い換れば凡ての人が死刑囚なのだ。

私はユーゴーの「死刑囚最後の日」を読んだが

あれは頭の中で考えた死の尤《ゆう》なるものだと私は思う。誰も無理に求めて死刑囚となる必要は無いが（刑法上の）死刑を待つ前の二十四時間を斯くも平静に過し得るという事は奇蹟でなく事実なのだ。Ballard軍曹来りて見廻って行く。交代直ちに来り、来るや否や毛布を被って眠り始む。さて小生も少し休もう。

寝ていると巷の騒音特に汽笛が聞えて来る。司令は昨夜申し渡の時、彼一人で済む様に何度も云ったのにと言いし由、それは再審後の事だ。神に対して申訳する必要は無い。

彼は初めから逃げ腰であったのだ。そして最初の命令は誰にも依らず彼の独断に依って発せられた事は間違いない事実であったのだ。彼の性格の弱さが此の事件に致命的であって取返しのつかない事にしてしまった。それは彼自らが人生の終り今において知り得るのだ。万事はそれで良い。それで私は此の事件に関しても負う所が多い。で或る局外者は私の言を忘恩的というだろう。私は彼を非難しているのではない。再び之に似た様な事を起してはならないという事を悟って戴きたい。この種の事は横浜裁判中最も重い判決を起し、若い有為《ゆうい》の人達を斯くも多く道連れにしたのだという事を率直に知って頂き度いのだ。それが我々の死を少くとももう一層意義あらしめる事なのだ。

もうそろ〳〵薄暗くなり始めた。春の日は暮れ易い。

自己犠牲にのみ人は生き得るのだ。屈辱と不名誉のうちに埋れてはならない。それは他人の意想のうちにではない。自分自身の中に自分を滅してしまうのだ。それは絶対的な零であり虚無なのだ。統一者たる絶対無に還る事では無いのだ。

もう直ぐ夜のとばりが降りるだろう。そして人の寝静まった頃吾々七人は密やかに還るのだ、自然に。そして再び昼を見ないのだ。外は依然として糠雨《ぬかあめ》が降っている。国電の警笛が響いて来る。

今日は一日根限り書き続けた。戦争中に多くの同期生が死んだ。遠い南海で戦勝を信じつつ。私は敗戦の後に永らえて獄に死なんとするのだ。

フレンチックがくれた林檎を嚙る。甘し。土の香がする。

此処で紙が尽きたので言うと少し待てという。紙が来るまで用を足す。間もなく便箋が来た。彼等は序《ついで》に靴紐を持って来て靴に通して居る。此のボロ靴でゆくのだ。よたよたと。巣鴨に居た人なら誰でも思い出すあのドタ靴だ。看守が廊を掃き始めた。埃が濛々と立つ。

三時二十五分、午後は割合時間の経つのが遅い。ゴールデンバット二十本はまだ吸い切れない。吸いかけのに火を請求すると新しいのを吸えという。半分位の吸殻が沢山溜った。許されし最期の贅沢か。

リンゴの芯が酸化して赤くなり転がっている。看守達の夜番の連中はよく眠っている。又一しきり静寂が支配する。

呼び出されて行くと、司令が洗礼を受けるための通訳であった。帰りに司令が握手しようというのでして来た。帰ると丁度田嶋先生が来て居られて遺髪と爪を剪《き》る。皆の人から宜しくとの伝言あり。冬至さんが戒名を請求された由。看守共がラジオを持ち込んで来てやり始めた。例のアメリカ式の歌、音楽（騒音）の代表物、今四時十分頃。ラジオが「帰れソルレント」をやり出した。好きな看守がいて声を大きくした。勤務中の看守が食事のため去って行く。看守一名睡たがって去らず。

田嶋先生より最後の看経《かんきん》用に般若心経を戴く。後《あと》八時間、ラジオ曰く。四時四十五分。例の音楽を続けている。向いの房に看守が、「コリヤーズ」〔雑誌〕を拡げて仰向けになって見ている。扉の外に手錠とバンドが用意してある。それ等に黄昏が忍び寄る。少し腹ごなしに運動をする。今五時、食事を用意する音がする。

果して配り始めたので田嶋先生よりの話で一緒になる。大いに飲み且歌う。歌の数々愉快になる。六時半に至りて止む。看守来りて様々に事件の事を問う。日は全く暮れた。徒らに投光器光る。

些《いささ》か銘酊したり。もはや何も書く事は無い。

二伸

最後の夕食は豚カツ、刺身、すし、味噌汁（豚肉入り）、コーヒー、リンゴ、梨、ブドー酒、田嶋先生を交えて八人なり。看守ら疲労して睡き如し。田嶋先生の来られる迄横になる。

暫くの後般若心経観音経をあげ静座す。落ち着いた静かな気持でやれた。有難し。一切が終った気がする。煙草を吸う。処刑準備も概ね完了しつつあり。今八時十分前。

二十八時間の記録と題したが二十四時間と改むべきかも知れない。之れ以上何も思わないし、又最後まで書いてもそれ等は外に出るべき事を期待し得ないから。

お寝みなさいお母さん。淑子。章よ。

井上勝太郎

母上に捧ぐ

中国

日支の楔《くさび》とならん

野田　毅《つよし》

鹿児島県出身。陸軍士官学校卒業。元陸軍少佐。昭和二十三年一月二十八日、南京に於て銃殺刑。三十五歳。〔向井少尉との「百人斬り競争」が東京日日新聞で報じられた〕

遺　書（日記より）

昭和二十二年十二月二十日

公判は十二月十八日南京市の公会堂の様な処でありました。雪の降る寒い日でしたが聴衆が一杯でした。女子供もいました。

日本男児として恥しくない態度で終始しました。「今迄の戦犯公判では一番立派な態度でした」と後から通訳官や其他の人から聞きました。最後の檜舞台のつもりで大音声で答弁致しました。従来の公判では死刑を宣告された瞬間拍手があったり、或は民衆の喧々轟々たる声があったらしいですが吾々の時は終始静粛でありました。中国の民衆も耳を傾けて吾々の云う事を聞いていた様で吾々に対する悪い感情という様な雰囲気は別に感じられませんでした。最終発言では一言一句力をこめて申し上げました。一緒に公判を受けた向井君〔向井敏明少佐〕は長時間ねばって答弁しました。田中さん〔田中軍吉少佐〕は聴衆の方々に向って「私の死刑は問題ではありません、中国と日本との親善の楔となれば幸です」と云う意味の熱弁を振い、将《まさ》に鉄火が白熱して飛び散る観がありました。

公判の最後に死刑の宣告がありましたが別に感動も何もなく、まるで他人事の様な気がして、自分で自分が不思議な位平然としていました。田中さんは私と同じく身動きもせず毅然《きぜん》としていました。帰途の自動車〔トラック〕の上では田中さんが「海行かば」を歌い向井君も之に和していました。

十二月二十六日

鳴かずとも心で聞けや時鳥《ほととぎす》　絶句

右は田中さんの遺言の一句、田中さんらしい死地に立って初めてわかる。生きていては解らなかったろう。殺すには惜しい人物だ。「我れ行ず故に我有り」、「吾れ信ず故に吾有り」。なる程、知行信の一致不動、誰にでもは出来ない芸当。惜しい田中さんだけは殺したくない。残る命は六日間かも知れぬ。獄窓外は雨、神がかった田中祖教を二時間位窓から首を出して聞いた。首が疲れたが「死ぬ前に道を聞いて、一寸勿体ないですね」と言ったら田中祖師曰く「朝《あした》に道を聞いて夕べに死すとも可なりだよ」と、やられた。兎に角田中さんは徹底している。田中哲学は天馬空を行くの観がある。

今日はフンドシと肌着を洗濯した。ついでに身体を拭く。何時引張り出されてもきれいにして行きたい。石田三成が薬を所望した気持がよく解る。薬といえば四、五日前から風邪気味でセキが出る。

拘置所の中国軍医は仲々親切で、いずれ近い内に死んで行く我々の処へ健康状態をきいて薬を置いて行く。医は仁術、医だけではない。愛は万古を通じてあやまらざる一大哲理だ。聖賢の教えは文字だけでは解らぬ。体得である。「生を信じて最後まで朗らかに行くのが幸福だろうな、それとも覚めて起きて死を考えるのがいいのか」とは向井君の述懐、「死に際してあわてない様に最悪を説く」のが俺、「生を信ずる」のが田中さん。

情況判断という奴は最悪を考慮しておけば間違

はない。日本が大東亜戦争を始めた時は最悪の敗戦を考えてやったろうか、だから現実に直面した時に驚くのだ。

十二月二十七日

看守兵の中に顔は不細工だが親切な班長さんがおる。「お気の毒で何とも言葉がない」と漢字で書いて煙草をくれた。国境を越える愛だ。何故地球の人類はお互に憎み怨み疑わねばならぬのか。だがやがては人類の一宇、絶対平和境が来る。太陽系の一族がお互に交通し得る時が来るのだ。ケチ〳〵戦う時代は過ぎる。世界が武器を捨てる時が必ず来る。そして国境のなくなる時代が。だが中心は必ずある。なければならぬ。

贈呈父母上様

故郷《ふるさと》やしみじみと聞く師走雨（自作）
不図《ふと》目覚む夜半の寒さや故郷《くに》の父母（自作）
神任せ光芒一閃冬陽哉（絶句於雨花台）
罪なきに悔《くい》なし死出の年の暮（〃）
丈夫《ますらお》と生れて成れり日本晴

十二月二十九日

今日は煙草、南京豆、旨いオコシ等の差入れがありました。今年一杯の生命の胃袋が御馳走に驚いたことでしょう。夕食のおかずは豚汁でした。ささやかな御馳走でしたが思い残すことはありません。

正月の餅を食いたいなと思いますが冥土から神棚に供える鏡餅でも食いましょう。呵々

俺が死んだら三途の河原でよ
鬼を集めて角力《すもう》をとるよ

向井君の元気な歌が隣の部屋から聞えます。田中さんは子守歌を歌います。私は今から白井喬二

著瑞穂太平記を読んだり遺書を書いたり致します。

死刑前読書無心の男児哉（自画自讃）
太平記面白し死刑三日前
面白し後三日哉太平記（田中さん訂正）

十二月三十日

今日は三十日明三十一日を一日余すのみとなった。向井君は昨夜一睡もせず田中さんは徹夜して遺書を誌《しる》した由。私は太平記を読み疲れよく寝てしまった。

私は幼時は負け嫌いで、そのくせよく泣く神経の鋭い男だったと思う。だが何時の間にか神経の鈍い男になってしまった。寸前の死の観念が心臓にも神経にも何等響きを持って来ない。死に対する恐怖がない。死が直前にぶらさがっていても食事前の気分、読書の気分と何等変りがない。と云って全然死を忘却しているわけでもない。面白い心理だ。

戦争では気がたって興奮しているから死を考えもしなければ、たとえ死を考えても尽忠報国の気分が之れを圧倒していた。

然し平静な時に死刑を宣告されて平静心のままで居られることは私も三十五才にして初めて到達し得た大丈夫《ますらお》の心境だと思う。古今東西の聖人、賢士、哲人、高僧、偉人、武将、も結局私と同じ心境だと信ずるに到った。

つまらぬ戦争は止めよ。曾っての日本の大東亜戦争のやり方は間違っていた。独りよがりで、自分だけが優秀民族だと思ったところに誤謬がある。日本人全部がそうだったとは言わぬが皆が思い上っていたのは事実だ。そんな考えで日本の理想が実現する筈がない。

愛と至誠のある処に人類の幸福がある。

死刑執行の前日である。爪を取る。故郷への形見である。

天皇陛下万歳！

中華民国万歳！

日本国万歳！

東洋平和万歳！

世界平和万歳！

死して護国の鬼となる

絶唱
君が代は千代に八千代に
さざれ石の巖となりて苔のむすまで
昭和二十二年十二月三十一日　朝
死刑執行の日　野　田　毅

我は日本男児なり
昭和二十二年十二月三十一日
三十五才　野　田　大　楠

十二月三十一日
朝食後も異常なし。昼も異状なし。遂に期待した死刑執行がなかった。今夕食後此日記を誌しておる。一命をとりとめたらしい。

私は何時死刑執行の命令が来ても応じ得る態勢にある覚悟だ。向井君もすっかり落ち付いた。夜は二時間位三人が一緒に色々の話をして過去を語って懐しみ、未来を語って夢を見た。

看守兵が白壁に書いた文字も嬉しい文字だった。曰く「清風到処人多楽　白雲飛時鳥無依」又曰く「久旱逢雨　他郷遇故知」

三十五才の年の暮は過ぎんとする。既に奥の方の戦犯者の演芸会も終ったらしい。感又深し。故郷の父母、兄弟は此年の暮を如何に語り、如何に思っているだろうか、既に死刑が執行されたと思って悲しんでいるだろうか、恐らく私の為何か作って神前に捧げて祈っているだろう。さあこれから本でも読みつつねよう。

昭和二十三年一月一日
明くれば昭和二十三年の新春、遙かに東天を拝し、聖寿万歳を祈り、故郷の父母に新春のお慶びを心中にて申し上げる。

獄窓に年新たなり君が代の歌
慶びや新春日本天子国
新春や大喝一声男子哉
鵞鳥《がちょう》鳴き中国の春明けにけり
新玉《あらたま》の歌心行くばかり歌いけり
お目出度う向井君三十七才となりにけり

正月の御馳走次の通り
豚肉を砂糖醬油で煮た物、薩摩汁（大根、人参、里芋、豚の骨）豚豆腐の汁、饅頭等でおいしかった。生の喜びとはこんなに美しく旨く嬉しいものであるとは、今の今まで気付かなかった。
田中さんから早速二句送ってきた。

此の首を取るか取らんか年の暮
此の首の生きて物言ふ年始哉

一月五日　月曜日
我を呼ぶ木魂《こだま》凍てつく友の声
さびしいのだろう。コンクリートにはね返るカーンカーンとひびく隣房向井君の声、それはたえず私と田中さんを呼んでいる。応じて答えると安心する我が友、無理もない。我々は死刑囚なのである。

冬の陽の今日も無事にて落ちにけり

一月二十一日　水　曇
蕾《つぼみ》の梅の小枝を洪さんが差入れてくれた。それは昨日のことである。優しい心の持主がいるものだ。小壺に入れて窓においた。連絡班から漬物、梅干、お菜、煙草、塩、茶、歯磨粉等の差入れがあった。が容器がなく遂に梅の小枝の安住地たる壺をあけてしまった。流しの水の放出口に差込んだ。可哀想な梅の蕾よ。

一月二十三日　金曜日　雪

今日は雪、昨夜までは雨だったが粉雪が斜に窓を切ったり、シブキの様に空に舞い上ったり、雪の大群が獄窓に殺到する。読み疲れた心眼は何時までも南京の空の雪を見つめている。思いが落花の如く胸裏に乱舞する。故郷の障子にうつる影絵がフーッと浮んでは大洋の水泡の如く消える。

獄窓にサラ〳〵吹雪の音をして
過ぎし日の怒濤の夢や大吹雪
お父さんここ南京は吹雪です
雪なめて幼時を偲ぶ男哉
夜の雪ヒゲ面映す獄の窓
長く曳く汽笛はうつつ惜しき夢

一月二十五日　日曜日

夜は晴、底冷えのする冬将軍の猛威とは今日のことか、思想の荒れを雪に托し、悟りを夜半の月光に求め、心の温味を湯呑に探す。詩は生命の美しき織物です。プリズムの七色光線の限外に言外の意が含まれて波を打っている。

泣く思いしん〳〵と降る獄の雪
独り居の思想の荒れや大吹雪
九天の雪しんしんと降る夜半
かぢかんだ両手で握る湯呑哉
寒いからねるぞと友の静まりぬ
青鱗の雪光深し月の前
囚人の思いの涯に星の冴ゆ

一月二十六日　月曜日

朝だ。やがて向井君の読経が聞える。
夜の白み読経の声や風寒し

朝日が光る。万物が光る。

雪晴れやチュン〱と雀なく

一月二十八日

南京戦犯所の皆様、日本の皆様さようなら。雨花台に散るとも天を怨まず人を怨まず日本の再建を祈ります。万歳、々々、々々

死刑に臨みて

此の度中国法廷各位、弁護士、国防部の各位、蔣主席の方々を煩《わずら》わしました事につき厚く御礼申上げます。

只俘虜、非戦斗員の虐殺、南京虐殺事件の罪名は絶対にお受け出来ません。お断り致します。死を賜りました事に就ては天なりと観じ命なりと諦め、日本男児の最後の如何なるものであるかをお見せ致します。

今後は我々を最後として我々の生命を以て残余の戦犯嫌疑者の公正なる裁判に代えられん事をお願い致します。

宣伝や政策的意味を以って死刑を判決したり、面目を以て感情的に判決したり、或は抗戦八年の恨みを晴さんが為、一方的裁判をしたりされない様祈願致します。

我々は死刑を執行されて雨花台に散りましても貴国を怨むものではありません。我々の死が中国と日本の楔となり、両国の提携となり、東洋平和の人柱となり、ひいては世界平和が到来することを喜ぶものであります。何卒我々の死を犬死、徒死たらしめない様、これだけを祈願致します。

中国万歳
日本万歳
天皇陛下万歳

野田　毅

中国兵の涙

吉田保男

島根県出身。大社中学校卒業。元憲兵曹長。昭和二十二年十一月十四日、済南に於て刑死。二十八歳。

日誌の中より

七月二十三日　火曜日　曇一時小雨

「もうこれで済南の市街も見納めだな」と無理に意識してみても何《と》うもピンと来ないのが不思議でした。何か知ら他人事の様で夢の様でした。たった今戦犯軍事法廷に呼び出されて死刑と有期徒刑八年を言い渡された時も何の「ショック」も受けなかったし、審判長の言い誤りか、自分で聞き違えたのではないかと疑った程でした。

行きには窖《あなぐら》の中を歩くような蒸暑い天気であったのが帰りには大粒の水滴となってポツリ〳〵と落ちて来て遠慮なく顔に叩き付けて頬を伝わり、行き交う支那人が皆ジロ〳〵と振り返って見るので涙と間違えられてはと思いながらも後手に縛られて居る為ハンカチも使い得ず、今迄四回往復した法廷から戦犯拘置所迄の三十分の道程《みちのり》を何時もより遠く感じましたが、しっかりした足取りで歩いて帰りました。

拘置所へ帰って足枷を嵌《は》められた瞬間――本当は時間的に其瞬間とはっきりと意識した訳ではありませんが之迄時々抱いた小さな不平不満がすっかり吹っ飛んで一寸した人の好意までが無性に有難く感ぜられるのも不思議です。広田隊長が自分で白布を持って来て「君の様な立派な男を何うしてこんな目に会わせなきゃならんのかなあ、済まない〳〵、古褌《ふるふんどし》より外に布がないからこれで我慢して呉れ。綺麗に洗ってあるからなあ」とオロ〳〵声で言いながら足枷の金具に布地を巻いて貰った時は「こんなに優しい隊長が何うして憎まれようか」と思い有難く済まなさに声をあげて男泣きに泣きました。

気がついたら剣著《つき》鉄砲で監視をしていた周囲の四五人の兵隊もみんなホロ〳〵涙を落して貰い泣きをして居りました。兵隊達の親切も身に泌みます。二週間程前に警備交替に来た支那兵――と言っても程度は案外よく概ね支那の中学校卒業程度（日本の高等小学校卒業程度）の連中で家庭的にも恵まれた連中が多くみんな字が読めますし、六ヶ月の教育を受けて少尉に任官するのです。学兵と称して居ります。彼等も人情には変りはありません。独房に移された僕を見舞に来て覗き窓から「希望を失うな」とか「心配して病気しないようにせよ」と慰めの言葉を掛けて呉れますが相手になって話している中に「何故貴兄は捕まる前に逃げなかったか」と聞き「悪い事をして居ないから逃げる必要はなかったのだ。それに上官や友人を捨てて逃げるのは卑怯者だから……」と言うと彼等は感激し又「俺に力か金かどちらかが有ったらなあ」と言って残念がって泣き出して仕舞い今度はこちらが慰めるのに骨を折るのです。張と云う二十才になる学兵の如きは夜中にそっとやって来て「貴兄は立派な人だから逃がして上げ度い」と言うのでこちらが驚いて「有難う。有難う。逃げ度いとは思わないのだ。それに足枷を嵌めていては逃げられないよ」と笑って答えると「そんなもの釘一本で外せます。若し逃げたければ、そっと準備をして置きなさい。私が夜間立哨して居る時なら何時でも鍵を開けて上げます。貴兄の様な支那語の上手な人は一歩拘留所から出たら絶対に捕る事はありません」と言って泣き出しました。

お父さん、お母さんこんな学兵にどうして迷惑を掛けることが出来ましょう。

支那人は実に可愛い民族です。此の事だけでも僕は支那人を憎まず、冤罪を怨む事も出来ません。

七月二十四日　雨

朝十一時頃諏訪さんから差入がありました。紙片に「保男様お慰めの言葉もありません。相済みません。何も出来ませんが貧者の一燈と思いまして、遠慮なく召し上って下さい」と書かれてありました。何と言う有難い御心でしょう。有難涙がこぼれそうでした。

七月二十六日　土曜日　曇

朝晩二回必ず房の中で東方に向い神仏に礼拝しお父様、お母様を遙拝して居りますが……その時だけでも日本人らしく正坐が出来たらと思います。

正午頃監視の学兵が交替になりました。引継ぎの時僕の目の前で「吉田君は非常によい人だが冤罪で死刑を宣告されているからよく面倒を見て上げて呉れ」と班長以下各兵隊達が新しい班に申送りをして呉れました。

八月二十二日　金曜日

嗚呼――河村准尉は遂に処刑を受けました。

八月二十五日　月曜日

朝笠原少佐の部屋で河村准尉の話が出た時笠原少佐が「河村も枷生活の間は悟りの境地に入って居たけどやはり凡人だから其後はすっかり油断と安心をしてしまって本人にとっては不幸だった」〔中略〕「あの悟り切った心境のままで置いてやり度かった。まあ君も気の毒だけど犠牲になって呉れ」と言われた。

嫌な気持だった。諦めと言うものは他から強いられてするものではない。自分自身で……いざという時の覚悟はして居る心算《つもり》だのに他から引導を渡すような事は言ってもらいたくない。笠原少佐の気持はよく判る。いざという時に見苦しい態度をさせたくないという温い親心から出た言葉だ。感謝しなければならぬかも知れない。だけどどうしても感謝の気持が湧いて来なかった。……冷いものしか受取れなかった。

　午後西崎先生が「君は悟り切ったような顔をして居るけど悟り切って居るのか」と言われた時には今度は素直な気持で「いざという場合の覚悟は出来て居る心算ですがやはり万一の僥倖《ぎょうこう》でもありはしないかという淡いながら希望を持っています。お恥かしい次第です」と答えた。「否々《いやいや》恥ではない。人間だもの……金が何んとかならんかなあ。外部の友人に頼んで見てあげようか、十二年の徒刑位な自分の事で人に頭を下げるのは嫌だけど、前途有為の青年の一命を救う為だったら……」「有難うございますがそんな事をしては後々まで人の笑い話になりますから……」「そんなことがあるものか……人事を尽して天命を待つべきだ。君などまだ若いからどんな事をしても若さが赦して呉れる。私も考えるから君も何か方法を考えてごらん」「有難うございます」と言って別れたのだけど〔中略〕仏蘭西の偉人、クレマンソーの言った名言「強く居らんとすれば信ずべし。希望すべし。吾に条理ある時は筆と舌の続いて居る限り吾を打ち破る者なし。勝利は戦う人の上にこそあれ。独り往く勇気より、大なるはなし。魂の大患とは熱を失うことである」の言葉を思い出した。

　最後まで戦うべきだ。――そして最悪の場合の準備だけして置けば狼狽する事はないだろう。

　九月二十九日　月曜日　曇

今日は月見の節句中国流に言えば中秋節だ。兵隊達も朝から浮々として居る。炊事は珍らしく朝飯の菜ッ葉汁に肉を二三片入れて呉れた。以前此所に勤務したことのある陳という兵隊が派遣された先から帰されて来て房に遊びに来て面白いことを言った。

「中国に没法子と云う言葉があるが素直に之を聞けば方法がない、仕方がないという意だけれども此の法子（方法）というのはお金の事である。方法即ちお金である。金さえあれば出来ないという事はないのだ。拘留された戦犯もお金を使った人達は皆無罪や不起訴になって帰国したではないか。鈴木、笠原、米倉をはじめ山岸、妹尾、芳川等みな死刑になるべき者が金の力で無罪となり不起訴になったではないか……」と。兵隊達の噂さ此の人達がみなそうだとは思わないが金の力によれば如何なる事も解決しないということはないのは事実だ。真正直に、日本人式に物事を考えて居た者は皆失敗した。だけど俺は悔いない。正しい道を進み堂々と戦ったのだ。「我神と共に在り」神は御存知なのだ。強い信念で最後まで頑張ろう。

十月二日　木曜日　晴

角さん、園田さんの奥様、病院の桑原先生が朝面会に来られた。

「此の度はおめでとうございます」と言うのが此人達の口から出た僕への挨拶であった。何のことか一寸僕には分らなかったが話の中「この僕に対する再審命令が国防部から出された」とか。何と言う幸運。夢のような話。若し再審がして貰えれば必ず何とかなるのだ。助かった。……助けられた。……感慨無量。

お父様
お母様

角さんの御厚意で此の日誌に又数日の記録をさせて頂きました。今日の夢のような喜び……迚《とて》も僕の拙い文章では書き現わす事が出来ません。助かったら……必ず孝行します。一度死んだものですもの。死んだ気持でやれば何だって出来ます。だけど此の喜びも前途にまだ光明の見えない武山先輩の気持を思うと……何んとも言えません。「神様どうか武山先輩にも朗報をお伝え下さい」と祈りました。

お父様
お母様
万一僕が数年の徒刑を言い渡されましたら仮令《たとえ》それが無期であろうと、二十年であろうと必ず来年頃には帰国出来ます。何卒其の時まで元気でお待ちになって下さい。きっときっと此の不孝のつぐないを致します。
万一無罪になった場合には此の一、二年現地に残り度いと思います。残って共に難を受けた諸先輩達――広田隊長等現地で服役される人達の御世話をさせて頂きます。
恵まれた僕、幸福な此の僕を祝福して下さい。
神様にも厚く御礼を申し上げます。
では御元気を祈りつつ。

十月二日　　　　保　男

一粒の麦

向井敏明

千葉県。元陸軍少佐。昭和二十三年一月二十八日、南京に於て銃殺刑。三十六歳。〔野田少尉との「百人斬り競争」が東京日日新聞で報じられた〕

辞　世

我は天地神明に誓い捕虜住民を殺害せる事全然なし。南京虐殺事件等の罪は絶対に受けません。死は天命と思い日本男子として立派に中国の土になります。然れ共魂は大八州《おおやしま》島に帰ります。
我が死を以て中国抗戦八年の苦杯の遺恨流れ去り日華親善、東洋平和の因ともなれば捨石となり幸いです。

中国の御奮闘を祈る
日本敢奮を祈る

中国万歳
日本万歳
天皇陛下万歳
死して護国の鬼となります
十二月三十一日　十時記す　向井 敏明

遺　書

母上様不孝先立つ身如何《いかん》とも仕方なし。努力の限りを尽しましたが我々の誠を見る正しい人は無い様です。恐しい国です。

野田君が、新聞記者に言ったことが記事になり死の道づれに大家族の本柱を失わしめました事を伏して御詫びすると申伝え下さい、との事です。何れが悪いのでもありません。

人が集って語れば冗談も出るのは当然の事です。私も野田様の方に御詫びして置きました。

公平な人が記事を見れば明かに戦闘行為であります。犯罪ではありません。記事が正しければ報道せられまして賞讃されます。書いてあるものに悪い事は無いのですが頭からの曲解です。浅海さん〔東京日日新聞記者〕も悪いのでは決してありません。我々の為に賞揚してくれた人です。日本人に悪い人はありません。我々の事に関しては浅海、富山〔歩兵第九連隊第三大隊長〕両氏より証明が来ましたが公判に間に会いませんでした。然し間に合ったところで無効でしたろう。直ちに証明書に基いて上訴しましたが採用しないのを見ても判然とします。富山隊長の証明書は真実で嬉しかったです。厚く御礼を申上げて下さい。浅海氏のも本当の証明でしたが一ヶ条だけ誤解をすればとれるし正しく見れば何でもないのですがこの一ヶ条（一項）が随分気に掛りました。勿論死を覚悟はして居りますものの人情でした。浅海様にも御礼申して下さい。今となっては未練もありません。富山、浅海御両人様に厚く感謝して居ります。富山様の文字は懐かしさが先立ち氏の人格が感じられかつて正しかった行動の数々を野田君と共に泣いて語りました。

猛の苦労の程が目に浮び、心配をかけました。苦労したでしょう。済まないと思います。肉親の弟とは云い乍ら父の遺言通り仲よく最後まで助けて呉れました。決して恩は忘れません。母上からも礼を言って下さい。猛は正しい良い男でした、兄は嬉しいです。今回でも猛の苦労は決して水泡ではありません。中国の人が証明書も猛の手紙も見たです。これ以上の事は最早天命です。神に召さるるのであります。人間がする事ではありますまい。母の御胸に帰れます。今はそれが唯一の喜びです。不孝の数々を重ねて御不自由の御身老体に加え孫二人の育成の重荷を負せまして不孝これ以上のものはありません。残念に存じます。何卒此の罪御赦し下さい。必ず他界より御護りいたします。二女が不孝を致しますときは仏前に座らせて言い聞かせて下さい。父の分まで孝行するようにと。体に充分注意して無理をされず永く生きて下さい。必ずや楽しい時も参ります。それを信じて安静に送って下さい。猛が唯一人残りました。共に楽しく暮して下さい。母及び二女を頼みましたから相当に苦労する事は明かですからなぐさめ優しく励ましてやって下さい。いせ子にも済まないと思います。礼を言って下さい。皆に迷惑を及ぼします。此上は互に相助けていって下さい。千重子が復籍致しましても私の妻に変りありませんから励まし合って下さい。正義も二女もある事ですから見てやって下さい。女手一つで成し遂げる様私の妻たる如く指導して下さい。可哀想に之も急に重荷を負わされ力抜けのした事、現実的に精神的に打撃を受け直ちに生る為に収入の道も拓かねばなりますまい。乳呑子もあってみれば誠にあわれそのもの生地獄です。奮闘努力励ましてやって下さい。恵美子、八重子を可愛がって良き女性にしてやって下さい。ひがませないで正しく歩ませて両親無き子です、早く手に仕事のつくものを学ばせてやって下さい。入費の関係もありますので無理は申しません。猛とも本人等とも相談して下さい。

母上様敏明は逝きます迄呼んで居ります。何と言っても一番母がよい。次が妻子でしょう。お母さんと呼ぶ毎にはっきりお姿が浮んで来ます。子供等も家も浮んで来ます。ありし日の事柄もなつかしく映って来ます。母上の一生は苦労心痛をかけ不孝の連続でたまらないものを感じます、赦して下さい。私の事は世間様にも正しさを知っていただく日も来ます。母上様も早くこの悲劇を忘れて幸福に明るく暮して下さい。心を沈めたり泣いたりぐちを言わないで再起して面白く過して下さい。母の御胸に帰ります。我が子が帰ったと抱いてやって下さい。葬儀も簡単にして下さい。常に母のそばにいて御多幸を祈り護ります。御先に参り不孝の罪くれぐれも御赦し下さい。石原莞爾様に南京に於て田中軍吉氏野田君と三名で散る由を伝達して生前の御高配を感謝していたと御伝え願います。

日記の中より

今日三十一日執行せられると言う朝は何一つとして頭心に欲と言うべきものは無かった。然し之も正確には言えない弱さがある。血の流れある限りとも言うべし。立派に武人らしく斃れよう安らかに我家に還らんと服装を正して待った。思ったより平静で居られたのは不思議でならない。時間の経つのも長い様にも短い様にも思った。正確には判断が出来ない。合掌をして居たと言う事より記憶がない。唯日常より真剣に合掌が出来たと言う満足があるのみで陽が西に廻って来た頃今日はもう無いよと野田君が言うと田中氏が奇蹟現出だ、我々は助かると喜びの声が震えて壁に打ち当って聞える。突然に生への愛着を覚えて来た。空腹を感じる。今朝向うの人に渡した味噌が欲しくなって来た。生きていると美味い煙草だと田中氏が笑って呼びかけて来た。本当だ、自分も同感、明日は正月だ、三日間は大丈夫と言い合ったら各々御馳走が来るだろうと楽しみにした。楽しみつつ早寝した。精神的の疲れとでも言おうか追い込まれるような眠たさだ。何時か誰かに聞いたが死ぬ前は馬鹿にねむたいと言う事を思い出した。或はそうかなとも思いうと〳〵する。

元旦、気が抜けた。未だ奥歯に物の在る元旦で限られた三日正月の様に淋しい感じがする。声を張り上げて君が代を唱った。野田君の部屋からも聞えて来た。念仏を暁方から始めて居たが念仏を念ずるときが一番幸福だと感じた。君が代を唱って番兵に階上に上官が寝て居るので静かにせよと注意される。やっぱり念仏に限ると楽しさが増して来る。朝食前マンジュウが五ヶ宛《ずつ》来た。万寿とは上々と田中氏喜ぶ。味は全然無いが美味しかった。二つは本当に呑んだようだった。料理が十時頃来たが獄舎で作ったとの事。八十万元か九十万元の料理だと言って居たが成程とうなづけるものばかりだ。碗一杯と小皿一杯ではあったが三人喜んで喰う。生きて居ないと駄目だよ、マンジュウも喰わないで供えて貰うところだったねと、田中氏のにこ〳〵笑う顔が見える様だ。満腹すれば寝正月より他になし。二十九日、三十日夜寝ずに遺書を書き念仏を唱えて居たので風邪を引き咳が出て苦しめられる。三日目の今日あたり少々楽になって来た。三日間喰ってはねるの正月だった。この三日が人生の一番ゆったりとした日になるだろう。生きて居れば思い出の日だ。

昭和二十三年一月二十八日、様子が変である。最後の様である。二十八日午前十二時南京雨花台にて散る。

母上様、妻子元気で幸福に生き抜いて下さい。頑張って下さい。さようなら。

母上様御恩の万分の一も尽されず、先立つ不孝を御赦し下さい。孫等のためいつ〳〵までも永生きして下さい。後をたのみます。

皇室のいや栄を護り奉《たてまつ》る
天皇陛下　万歳
日本国　万歳
平和日本の再建
　国民一同の御奮闘を祈る
誓って国家を護り奉る

荒魂

近藤新八

広島市。陸軍大学校卒業。元陸軍中将。昭和二十二年十月三十一日、広東に於て刑死。五十四歳。

辞世

空蟬《うつせみ》の身は広東に甦るとも
　天翔《あまかけ》りなむ我が荒魂《あらみたま》は

説明

私は死んで仏になり極楽に行く、或は死んだら父母の許に帰るという様な通り一遍なことは毛頭考えていない。否死して靖国神社に祀られ単に護国の神となって鎮まるという丈けでは満足出来ない。私の真の魂魄は天翔って此の敗戦の復讐を遂げねば満足しないのである。御承知の如く人の霊魂には和魂《にぎみたま》と荒魂とがある。私の和魂は靖国神社に鎮まるであろうが私の荒魂は復讐を成し遂げるまでは鎮まる事は出来ない。皇国再建とは何か。米国を亡し支那を平げることである。再建を只単に戦前の日本に復興する位に考えていては真の再建とは言えない。

　再び米国や支那に圧迫せらるる様な中途半端な

復興では大日本の世界的使命を果したとは言えないのである。真の皇国再建は復讐戦に勝つことであることを深く念頭に刻み付けて貰い度い。此の意味に於て私は死んでも私の霊魂は更に強く活動し度いのである。私の此の精神に同意して呉れる人が一人でも多ければ多い程私の霊魂は愈々不滅となるからである。

　歌そのものは駄作かも知れないが此の一首に私の先天的及び後天的性格の特徴を遺憾なく表現したつもりである。

　甦るという語は稍々《やや》粗〔一字不明〕であるが次の天翔けるに対したのである。

　末句は「我が荒魂（あらみたま）は」と字余りに読んで貰いたい、字余りなる位私の精神力が籠っているのである。

市川　正

東京都。元憲兵大尉。昭和二十二年八月二十八日、広東に於て銃殺刑。四十二歳。

遺　言

妻綾子殿

　終戦以来さぞ苦しき家計をどうつくろってか、まして他郷《たきょう》に在りて二児の育成に尽されし御心労の程深謝余す所ありません。二児学術優良至極健全の由、父として之以上の満足はありません。夫婦二世と云いますが、十年限りも夢の様に短い夫婦生活を我儘者で御苦労のかけ放し、其の上将来計り知れない大きな重荷をあなた一人に残して先立つ事をおゆるし下さい。

　これ皆国家敗戦の犠牲とは申せ、軍人として当然の責務であり、亦斯る運命の星の下に生れて来た私達であったのでしょう。此の上は親族近親と克《よ》く計り克く従い二児の育成に全力をつくして下さい。

近き将来久子の結婚問題も生じましょうが、将来の生活を安定せしめらるる力量あり、正人の兄として頼もしき真面目な青年を選ぶ事に努めて下さい。

正人の将来に就いては、どうしても一応専門学校を出して一人立ち出来る様にしてやって下さい。御無理な御願いですが、唯一の嗣子《しし》ですから向学の方針、学校の選定等に就ては一兄様、山崎の御姉様によく相談して取計ります様。

足枷

看守に誘導せられ或一室で携帯品検査受けた。二三の薬品と中国語の辞書を没収せられ寝具被服は大体に検査も通ってそれを担《にな》って監房の前に行くと、他の看守が出て来て入監通知書を読んで中に入ったと思ったら物凄く大きな鉄槌と鉄の足枷を持って再びやって来てコンクリートの通路の上に余の腰を下させ両足を投出させ足枷をはめカッン〳〵と鉄槌で力委せに打つ。万一打ち損んじて向う脛でもぶったら向う脛がたたき折られはせんかとはらはらしたが馴れたもの打ち損んじもなかった。さすがこの足枷を打たれたのにはいささか辟易させられた。死刑の判決も笑って受けはしたがこれから死ぬ迄両足を縛りつけてしまうのかと思うと暗澹たる気がした。何しろ相手が支那さんの事だから如何とも致し様がない。これが戦勝国？　文明法治国？　世界何れの国に於て今日斯る非文明的な十八世紀の遺物足枷を用いる国があるだろうか。余等《よら》は何と籤《くじ》運の悪い星の下に生れたものか。香港で戦犯になっていたらまさか英国さん、こんな足枷を用いはしないだろうと今にして悔まれる事おびただしいが、然し現実は死刑囚と無期徒刑者は一律にこの桎梏《しっこく》を甘じなければならない。これが現実の戦犯の姿なのであるから何と云っても仕方がない。

水と太陽

凡そ人間として生きて行く上に水と太陽から絶縁せられたら此の位の苦痛は恐らくないだろう。余等の現在の監房生活が正にそれである。水は一人一日約一リットル、それを朝の洗面夕方身体を拭くのみ。運動は一日一回約十五分間、監房の横の約二十坪ばかりの空地に出てくる〳〵と廻り、型ばかりの体操をさして呉れる。其の間丈僅かに太陽をまぶしく浴びる。それが一日中の最も楽しい行事である。食事は一日二食。朝食十一時夕食四時、定量は一日米二十五両（一両は十匁《もんめ》）と云うが実際は二十両に尚足らず、副食が之亦少量の野菜を油でいため調理も味も十年一日の如し。カロリーの計算も栄養学的見地もそんなものは凡そあったものではない。凡そ中国の監獄にもやはり文字の国だけあって監獄規定と云う様なものは形式的には頗《すこぶ》る完備しているらしいがその実際の運用に至っては全然行われていない。所謂監獄と云う処は苦しめる処であると云う観念から一歩も出ていない。戦犯も軍事犯も政治犯も懲治《ちょうじ》犯と一把《いちわ》一束待遇取扱上何等差異なし。凡そ中国人からピンハネ〔頭をはねること〕悪習を除かん限り一切の規定も設備も総て有名無実となってしまう。これは驚くべき事であると同時に亦公然たる事実である。亦中国の留置場監獄は金さえ有れば何でも出来るし何でも買えれば何でも食える。御多分に漏れずこの監房でも在監者の私金で何でも買う事が出来る。食物でもお茶でも湯でも金である。金のある奴は湯桶を買って行水も出来る。馬鹿気た処だ。地獄の沙汰も金次第と云う言葉は実際支那位適切に通用する処はないだろう。副食不足は監獄当局自から認めて居り、一週一度在監者の私金にて副食購入の斡旋をして呉れる。勿論之等購入物品のピンハネは係官の重要な役得で市価の倍額に近い価格である。寝具被服日用品全部自分持である。幸い余等は若干の金を準備し亦残留邦人戦友よりの非常の費用日用品代の月々の差入れを受けらるるを以て僅かに獄中生活を維持しあるも、果して同胞全部帰国後の在監者の今後の生活はどうなるであろうか、正に暗澹たるものあり。在監者等しく平和会議の一日も速《すみやか》に締結を見、戦犯者の日本内地服役に唯一の希望を繋ぎ日々を闘いとって居る状態亦哀《あわ》れとや云わんか、ああ暑い、水水、

スコールや破れ桶を雨水の奔流す
西日さす鉄窓《まど》一杯の碧《あお》さかな

死刑執行の日

昭和二十二年八月二十八日今日、余四十二年の生涯を閉ずる日である。顧みれば戦敗れ囚われてより二年に亘る中国の桎梏より完全に解放せられ、霊魂の自由の天地に還る事を得るは真に感喜に堪えざる所なり。

惟《おも》うに中国は徳を以て国是となし三民主義を以て理想となし蒋介石は日本軍民に対し報復せずと宣言せるも之等何れも真赤な嘘である。現に広東に於ける戦犯審判の実情は明らかに血に対しては血を以て報ゆる。

この思想を一歩も出ず徹底的な報復裁判に終始し、遂に戦犯大屠殺の暴を敢えてしているのである。嗚呼斯くして亜細亜に於ける日支両国民族の提携はいつの日であるであろうか。永遠に断じてあり得ない。只血の対立あるのみ。然らばこの責任は果して日支何れが負うべきか、勿論中国の負うべき当然の帰結であり、日本は武器を投じて中国に降《くだ》ったのである。中国自ら死屍に鞭打ち窮鳥を射、以て中日提携を大きく拒んで居るのである。余等は万斛《ばんこく》の涙をのんで護国の鬼と化すのである。必ずや余等の悲願は余等の子孫、戦友後輩同胞に依って継承され凝《こ》って七生報国の精神となり

中国に報ゆる秋《とき》が来るべく亦それを堅く祈念し白雲山下刑場に赴《おもむ》くものなり。愛児の写真と愛児よりの便りの葉書をしかと胸に収めて。

陸軍憲兵大尉正七位勲六等　市　川　正
享年四十二歳
於広州第一監獄

遺　詠

そのかみのもの丶ふの如く我もまた
死の宣告を微笑みて受く
夜半にさめふと寝かへれば足枷の
鎖の音に我と驚く
今にして只におもへば吾が妹に
優しき言葉与へざりきを
一すじに吾れを頼りに生きし妹の
死刑のしらせ何ときくらん

残照

堀　本　武　男

広島県出身。宮崎高等農林学校卒業。元農林技官。元陸軍大尉。昭和二十二年四月四日、広東に於て刑死。三十五歳。

書き遺す言の葉

今更に改めて書き遺す言葉もあらねど、此の世に生を受くること三十六年、我が過ぎ来し方を振り返り思い出ずるままに書き記さんとす。先ず我を生み育《はぐく》み下されし御両親及共に励まし来たれる兄弟、姉妹に感謝すると共に異《と》つ国に於て刑死する恥かしめを御わびす。

事件に就て、本件は全く小生の負うべき件に非ず。罪になりたりとは雖《いえども》、小生最後迄正しき道を誤らず破廉恥なる人間ではなかりし事は皆々安心せられ度。〔中　略〕

和歌の道

歌の道は古《いにしえ》の大和の心にして拘留所までは内地より持参の「万葉集」「万葉秀歌」の本だけは身辺より離す事はなかりき。本を捨てさせられ筆をうばわれたる獄中生活に於ても尚《な》お歌の道のみは捨てず、同好の士を求めて最後まで持続けたり。拘留所に在りては仏印師団長三国直福《みくになおとみ》閣下獄中にては宮崎修司〔秋路〕氏等小生の歌友として鞭撻を給わる。

歌の道は物事を、世の中を正しく見て素直に判断し従順なる心となる最もよき道にして事象を客観的に、ありのままたる素直に見た心の叫びこそ歌である。今更乍ら歌の道に入ることのおそかりしを悔みたり。〔中略〕

前述の如く歌の道には最後の日まで精進したつもりなり。これまで小生の詠《よ》みたる歌は南支に来てからのものは機会ある毎に色々方法を尽して持ち帰ってもらいたり。良否多く分るれど類にして二三千首の相当数に達すると思わるれば小生の歌の全部を一度新延先生か出来得れば斎藤茂吉先生に見て戴いた上少数なりとも一つのものとしてまとめて残して戴き度、此の事特に正勝君に御願いす。〔中略〕

小生短い期間にはあれど折角一家を持たせて貰いたるは感謝しあり、何卒小生亡き後も誰か適当なる者をして後をたて小生の遺志を継がせると共に冤罪に果てし此の怨み重なる仇怨を是非報復せしめられ度懇願す。博子はわずか一ヶ月足らずの縁にてありしもよく仕《つか》えてくれし事を感謝す。小生出征後の心配、苦労は察するに余りあり。小生亡きと雖も力を落す事なく素直なる心もて世に生きる事を希い小生の魂は永久にそなたと後を継いでくれる者との身辺を護持せん。〔中略〕

当地に於ける戦犯者は殆んど捏《こ》ねられたる罪で小生の如く全く関係なきもたま〱その土地に居たとか全く事実無根の事柄をデッチ上げて居るも

のが多く、又其の大部分が下級将校及び下士官中上官の命を奉じて直接事に当りし者で、当然の責任者たる上級幹部の少きは全く遺憾なる事にして内地に於ける国民の戦犯に対する感情は如何にあるかなれど此等の人々を悪しざまに考うるは誤りにして、かえって当然罪におつと思われる人の無事内地に帰還しあるはなげかわしき事なり。既に今迄に流花橋《りゅうかきょう》の露と消えし人々九名、今後更に幾人を加うるか、此等の人々は何れも只国を思い国の犠牲となる心にてあれば、内地の人々もこれ等の人々の遺志を継ぎ祖国再建の一日も早きを計ると共に、その時こそ祖国の捨石となりたる人々を表わすべきなり。

兎に角当地に於ける裁判は只名ばかりにして一件につきその責任を誰にでも負わせばと云う復しゅうと考えるべく、弁護士も只名ばかりの官選弁護士で何の役にも立たず、皆々悲歎せしなり。只現在は、再審と云う奇蹟を待つのみにして之とて今迄も再審により罪の軽くなりたる者なし。只南京中央の国防局の認可を待つ間の三四ヶ月を生き延びるのみなり。小生常に身を持することにつきて心掛けたるも隊長となりて直接多くの部下を指導する如くなりては言行一致せざる事あるをおそれ身を修める事に務めたり。然れ共小生は兄弟中で最も不孝者なりしと考うるなり。即ち親兄弟に多く心配をかくるは不孝なりと考うればなり。学校も小生最も多く行かせて貰い、又軍隊も小生が初めてにて而《し》かも遠くへだたり居たり。又勤務の役所も親兄を遠くはなれたり。又事変戦争となりても小生が最も長く召集となり戦地に勤務せり。其の他の遊び事にて心配をかけたりとは考えざるも以上の如きだけの心配も小生一番多きなり。されば他の兄弟よりも不孝者と云うべく斯く身を果つるならん。

三月二十一日彼岸の日に

遺す言の葉

三月二十四日夜八幡様の御祭に参拝した夢を見た。廿五日の朝食の時嬉しくも内地からの手紙が来た。幸子様からのである。嬉しさのあまり茶碗を持ったまま読んでゆく中に三枚目の「兄様の不幸は幸子にも不幸です」という処まで来た時涙が出て来てどうしても次が読めなかった。大急ぎで食事を終えて次の「若し兄様が万一の場合の時には幸子も運命を共にする覚悟で居ります」と読んだ時には大粒の涙がポロ〳〵流れて来た。同室の五十嵐、鮫島両氏も何も云わない。やっとの事に「何んと云って来ました」と云うので只だまったまま差出した。読み終った後「内地の人の気持を読むと泣ける」と云って顔をそむけて居た。その後何回も読み返す度毎に泣けて泣けて仕方がなかった。此の手紙をかくにさぞ幸子様は涙をふきながら書いた事であろう。今迄諦観《ていかん》していた心も急に反撥心を起した。生きよう！　どうしても生き抜くのだ。何で無実の罪に彼等から死刑にされる理由がある。自分が殺されれば病む母や年若い只一人の妹をまで悲しめ、苦しめる事になる。母や妹に何のとががある。其の夜の八幡様と成田不動様への御祈りの時にも涙がポロ〳〵と出た。併《しか》し暗いので拭きもせずに泣いた。膝の上には大粒の涙がポタリ〳〵と落ちた。併し幸子様よ。この兄は最後まで強くたたかうが、万一の場合があっても決して悲しんではいけない。歌の心の通り兄は永久に悠久の大義に生きているのである。決して病む母上を悲しませる様な軽挙はしてはならない。そなたがいなければ母上はどうするのだ。この兄も決して喜ばない。只そなたが一日も早く良縁を得て幸福なる家庭生活に入り兄に代って一日も長く母上に孝養をつくしてくれる事のみ希っている。小生に加えられた試練はあまりにも大きかった。併し之に屈したのではない。小生は死を以って生命を賭《と》して神の試練をなし遂げしなり。

幸子様も大いなる心を堅持して世の中の為め生きる様に心掛くべきなりと思う。

二十二年三月三十日

遺　詠

晴れし日は隙間もる陽を恋ほしみて
　毛布の縁を三度移りぬ

戦友は今台湾沖を還るらむと
　羨《とも》しむ兵の言のあはれさ

夕映えの光を残し流れゆく
　珠江《しゅこう》の水に陽は入らむとす

帰りゆく友は数多し籠り居の
　吾は諦念の心しづかに

今は吾は妹とし逢はむ術もなし
　恋ふる日まねく年は経につつ

雨の音ききつつあれば何ゆゑか
　流るる涙とどめあへずも

夜の更けに夢にめざめて寝返れば
　足枷重く鎖ふるるも

諦観の心静かに時を待ち
　獄舎の中に歌つくるわれは

味噌汁の底にうつれる吾が顔を
　なつかしみつつそつとのみほす

朝には言葉交せし戦友五人
　獄舎を出でて夕べかへらず

覚えなき罪にとらはれ落ちてゆく
　われはさぶしゑそこひしらずも

しまらくを走れば呼吸の迫りきて
　苦し我身は弱りてゆくも

千万の軍かへして異つ国に
　無実の罪負ふ戦争犯罪者はや

高き塀の外は春なり広き野に
　かげろふは立ち菜の花はさく

此の窓にはつかに入れる朝の陽を
　双手に受けて我は恋ふるかも

囚はれの兄を偲びて一夜さを
　神に祈りて泣きし妹はも

逝く日まで心朗らに過さむと
　虚勢はりたる我は愚者か

たたかひに国は敗れて父と子は
　さかりてなほし会ふこともなし

辞　世

悠久の大義に生くる道にして
　我は逝くなり物思ひもせず

聖寿万歳

平野儀一

静岡県出身。元陸軍少将。昭和二十二年五月十二日、広東に於て刑死。五十五歳。

遺　書

大東亜戦争功成らず、皇国の理想水泡に帰す。誠に遺憾極りなし。嗚呼吾が努力足らざりしか。今は唯天皇陛下の万歳と皇国の発展を祈るのみ。顧《かえりみ》るに吾は皇国将校として終戦前在職三十年余の間常に精根を尽して軍務に従事せるを確信す。されば吾は今次終戦迄は誠に武運芽出度《めでたく》幸福なりしが終戦後は不幸にして中支外征当時の案件に関して戦犯に問われ、過般広州軍事法廷に於て死刑を宣告せられたり。然れども吾は今も尚全く罪無きを確信しあり、以て意を安んぜよ。〔下略〕

手　紙

昭和二十二年二月末日

拝啓一月発の御手紙受領皆様御健康の由奉賀候《がしたてまつり》。小生中支出征当時部下が度々住民を殺害強姦財物を掠奪民家を焼却せるは私が部下を計画的に放任せるによるとして公判に於て縦兵《しょうへい》惨民の罪に問われ、去る二月二十二日死刑の判決を受け、此の監獄に鉄鎖につながれ獄中生活を致し居候。然し前在支当時此《かく》の如きことを聞かず、又絶対にかかる筈なきを以て今も尚絶対無罪を確信致し居候間《あいだ》、心静かに再審を期待し多数の同僚と共に獄中に日を過し居候。若し万一の事あるもくれぐ〳〵も自重自愛天寿を全うし孝子の教育につとめ幸福に暮され度念じ居り候。

伝　言

自分の部下のした事では無いが日本は敗戦の結果血の賠償を求められるのだ。その犠牲になるのだ。

辞　世

今宵より仏華《ぶつげ》の蕚《うてな》に住居《すまい》して
　真如の月をめでる楽しさ

火と氷

沢　栄　作

東京都。陸軍士官学校卒。元陸軍大佐。昭和二十二年六月二十五日、広東に於て銃殺刑。五十四歳。

戦犯の歌

夫れ天行《てんこう》は健かに
万有育々生々す
されど無常の理《ことわり》は
月に叢雲《むらくも》花に凬
さしも金甌《きんおう》無欠なる
我が日の本にも襲ひけり
頃《ころ》しも昭和の御宇《ぎょう》なりけり
戦雲四方に漲《みなぎ》りて
今は堪えなん術もなく
皇の勅畏《かしこ》みて
降魔の剣《つるぎ》真向に

正義の師をぞ興しける
戦の庭に立ち向ふ
戦人らは云ふも更
鉄《くろがね》とかす南洋に
朔風吼《ほ》ゆる大陸に
術を尽して戦ひける
国に残りし民草は
老いも若きもおしなべて
精の限りを尽しける
されど時利あらず
騅《すい》行かず
四海を挙げて我を攻む
大勢《たいせい》日に日に不利にして
今は堪えなん術もなし
大御心を只管《ひたすら》に
神慮と仰ぎ畏みて
一時の恥を忍びつゝ
無念の局《きょく》を結びけり

こゝに憐れを止めしは
国敗れたる悲しみの
深き憂《うれい》のその中に
凡有《あらゆる》自由奪はれて
独り異域《いいき》に残されて
獄舎に深く繋がれし
戦犯の様奏《かな》でんに
聞く人誰か泣かざらん
敬《うやま》ひ慕《した》ひし上官も
生死を誓ひし戦友も
迎への船に添はれては
遠く故国に還り行く
春は花咲き鳥唄ひ
夏は岸辺に螢飛び
皎々《こうこう》たりや秋の月
寒さ身に泌む冬の空
四時《しじ》とりどりの趣も
囹圄《れいご》の身には如何にせむ

思へば永き戦場を
東に奔《はし》り西に行き
昼夜寒暑も何のその
唯只管に戦ひて
樹《た》てし功の数々も
今は果敢《はか》なき夢と化し
独り獄舎に端座して
偲ぶ故国は三千里
海山遠く遙かにて
翼なき身の如何にせむ
生死伝へん術もなく
悲運を嘆くばかりなる
更に其の日の生活は
今世ながらの地獄なり
月日変りて遂の日は
街の角々引き廻し
鬼畜の如き群集の
喚呼の中に鬼と化す

君のため
国の為にと戦ひし
いくさ人らに
など科やある
斯かる果敢なき運命に
散るも流石に武士の
三千年の伝統に
鍛えに鍛えし大和魂
祖国の栄《はえ》の礎と
従容として義につけり
　回天偉業覆根底　丈夫今日云何事
笑消流花橋畔露　青山白雲無尽時
心あるもの忘るなよ
戦敗れし其の陰に
無念の涙しのびつゝ
祖国の方を伏拝み
国に殉ぜし戦犯を
国に殉ぜし戦犯を

祖国よ栄あれ

藤井　力《つとむ》

徳島県出身。元農業。元憲兵准尉。昭和二十一年四月二十二日、上海に於て刑死。四十一歳。(米国「上海」関係)

訣別の辞

皇国に生を享け縁ありて主従となり、同僚となりて相識《し》りたる上官及諸賢各位に対し目前に死を控えたる我が心境を述べ、又祖国前途多難なる秋、諸賢に寄《よ》する我が願望を書き遺し以て訣別の辞となさん。

漢口事件の内容概要及び当時の状態は諸賢已《すで》に承知のことならんを以て詳述を要せざるべし。然れども我等個人の意志を以て事を処したるに非《あ》らず。各々其の職掌に従い、命《めい》を畏み平常の如く任務を相果したるものにして唯々奉公の一念より他なし。「勝たば官軍敗れば賊」とは軍門の慣《なら》い、其の真相知る人ぞ知る。況んや神明《しんめい》の照覧し給うあり。我今死に臨みて更に何をか云わんや。之天命の然らしむる所なり。然れども本事件の聖戦の真姿に印《しる》したる汚点を如何にせん。誰か之を償い清めざるべからざるなり。畏れ多くも聖慮を悩ましたる罪万死を以て謝《しゃ》せんのみ。我命を捧げ罪を謝し我赤血を以て汚点を雪《そそ》ぐ、光栄武人の誉之に過ぎたるものなし。我賤《いや》しきを以て股肱《ここう》となり、奉公十有三年戦場に相果つべかりしを武運拙きと云わんか、今日斯る最後を以て了らんとす。感懐なき能《あた》わずと雖も安んぜよ。今心已に澄みて鏡の如く生に対する執着なく現在の悲運を託し妄念更になし。

時正に陽春、大和の祖国は桜花爛漫たり。我も亦美しく潔く散らんことを心深く期しあり。

大君の勅畏み任果し
　桜の花と春に散りゆく

我が心境を知る人の餞《はなむけ》なる桜の押花胸に抱《いだ》きて微笑みつつ士道を貫き「海行かば」を歌いゆく。

潔《いさぎよ》き桜の花の散りぎはを
　言《いい》つぎせよや深山吹く風

我武人らしき恥ずかしからぬ最後を彼国人に示し得たりと聞かば「よくぞ果したり」との褒めの一言こそ我望むところなり。

惟うに祖国の前途幾多の苦難去来すべしと雖も、此の異変は神が祖国に対し反省せしめ民族及び世界の状態を熟慮再考せしめ、真に理想の世界の実現に新発足せしめんとする神機を与え給いしにやあらん。復員し、或は復員を前にする諸賢の任務や実に重且大なり。宜しく諸賢は眼前の小事悲境に意気消沈すること勿れ。或は茫然自失、心気転倒して節を失うこと勿れ。飽くまでも皇国民たるの自覚を根基とし深く世界の推移を達観し、修養以て自己完成に精進し、万民協力心魂を上に帰し奉《たてまつ》り祖国の再挙に奮起せよ。

然らば祖神の加護もあらん。禍《わざわい》を転じて福となる可《べ》し。我等不幸にして罪を受け汚名に死せんも祖国を愛し、民族の幸福を願望する誠、信念に変りなし。身亡びて何をかなすべき。されば祖国の再興は諸賢に嘆願委嘱《いしょく》せんことあるのみ。夫《そ》れ国家の興隆は惟うに国民の心構えに存す。皇国民の踏む可《べ》き道は三千年来炳《へい》として明かなり。重ねて絶叫す。諸賢此の道を誤らず、一切を上に帰一《きいつ》し奉り臣道《しんどう》の大本を忘れず勇奮せられんことを。

拙き筆紙我が心を現し得ざるを遺憾とするも、敢えて我が心境及び祖国再建に対する願を述べ諸賢の否同胞総ての健闘を祈り訣別の辞となす。

昭和二十一年四月二十日

於 上海　藤井　力

遺書

お父様
お母様

私は死を宣告せられました。此の便りは慈愛深き御両親様にお別れしなければならぬ力の最後の言葉です。

今迄は果報な私でした。敏子には愛せられ信じられて果報過ぎた私は其の嬉しい想出の夢を抱いてお別れします。長い様で又短かった結婚も水に流して去りましょう。泣いて下さい。唯可哀想だと。此の様な運命を誰が予測し得ましょう。然し事実は厳たる事実です。諦めて私の不孝を許して下さいませ。

次はお願です。最後のお願です。

一、私は敏子を離別します。
二、敏子に再婚させて下さい。
三、私に成仏させて下さい。

私は敏子が現在の不幸に打勝って再婚し母となり幸福になった時成仏出来ます。其の他に成仏は有りません。追善供養は不要です。末の末の事です。

私が心懸けても真に与え得なかった幸福を敏子に再びお父様お母様与えてやって下さい。そして私の不孝を万分の一でもお許し下さい。敏子が幸福にならねば私は成仏し得ません。

お父様お母様敏子をいたわってやって下さい。彼女が涙もかれて終《しま》い、精も魂も尽きる程の不幸に落したのは私です。亦悪い星の下に生れた私であり敏子でありました。どうかいたわって下さいませ。最後の願はこれ丈です。

私は死を宣告せられましたが身の不運を恨む丈です。人をも世をもうらみません。

彼女が戦火の中に身を挺して来て呉れたのも斯《こ》うなる私に天が与えた最後の御慈悲であったことでしょう。私は人生の喜びも彼女によって与えられました。収容せられても此の淋しい獄舎にて暖い便りや衣類を送って呉れ、其の愛情に包まれて居ります。私の心は幸福でした。前後の事情は彼女がお父様、お母様に報告して呉れましょう。皆様にも、もう会えませんが左様なら〱。
お父様お母様御長生下さい。御機嫌よく。
三月二日　罪の子　力

鏑《かぶら》木《ぎ》正隆

広島市。陸軍大学校卒業。元陸軍少将。昭和二十一年四月二十二日、上海に於て刑死。四十七歳。
（米国「上海」関係）

手紙

二月二十八日上海米軍公判に於て死刑の宣告を受く。本件は予が呂武集団参謀長として漢口在任中に起りし米軍俘虜に対する惨虐行為に関し責任を問われたものにして、事件の真相は茲に詳記せざるも、予個人としては俯仰天地に恥ずる点なきを以て此点安心せられよ。何れ事件の詳細は他日之を詳知せる人より聞く機会あるべし。

本事件により聖戦の真意義に汚点を印し又多数将兵が重き処刑を受くるに至りしは断腸の至りにして、当時軍参謀長たりし予としては、此の惨虐行為を未然に予防し得ざりし不明に対し責任の重大なるを痛感しあり。

軍人生活二十数年戦場にて散るべかりし身を此の如き最後に終らんとは残念至極なり。然し総べて運命と諦めあり。

みつ子には長い年月苦労のみさせ最後に此の憂き目を見せし事、真に申訳なし。特に多くの子供を抱え今後の苦労一入《ひとしお》ならんと思えば感慨無量なり。然し其許にも覚悟はかねて出来て居る筈。此の期に及んで新《あらた》に申残すことなし。健康に注意し悲境に屈せず、子供の養育に家運の隆興に健闘せよ。

現状の儘無為《むい》に暮すは自滅なり。将来の事は、子供達及親戚の人々と篤と相談し善処せよ。子供達は悲境に屈せず不運に撓《たゆ》まず、将来に光明を求めて兄弟力を合せ母を助け奮起せよ。

隆夫の責任は極めて重大となれり。一家の大黒柱を以て自ら任じ一層の自奮自励を要す。美代子、貞子は家事の処理特に将来の方途、弟妹の指導に母を直接助けると共に更に自らの修養向上に一層励めよ。

英子、茂子、正剛は学業に専念せよ。特に国家の為お役に立つ人としての道を修むるに怠りあるべからず。

武の健かなる成長を祈る。

昭和二十一年二月二十八日認

於上海監獄　　鏑木　正隆

みつ子
隆　夫
美代子
貞　子
英　子　殿
茂　子
正　剛
武

冠省　昨年十二月二十三日夕刻突然巣鴨刑務所より上海監獄に護送せられ、君に通信することも出来ず今日に至る。本年二月十一日より公判を上海監獄内にて開かれ本二月二十八日死刑の宣告を受く。

被告十八名中死刑は小生を合し五名、無期一名、二十年一名、十五年三名、十二年三名、三年二名、二年一名、一年半一名、無罪一名の極めて峻烈《しゅんれつ》なるものなり。特に上官の命令により行動せし下士官兵多数重き処刑を受くるに至りしは気の毒至極にて断腸の思《おもい》あり。

当時事件の中心人物たる泉中尉は満洲にありて不参、憲兵分隊長服部中佐は自殺しあり、其他下士官中当時の状況を最もよく承知しある者一名は既に死亡しあり、一名は所在不明にて不参の状況下に公判は行わる。

泉中尉不参の為小生の立場を立証し呉れる者なく為に検事は小生が本事件を計画し泉中尉に指示せるが如く誤断想像し求刑せらるる結果となれり。泉中尉の不参は残念至極なるも致方なし。之も運命と諦めあり。特に多数の下士官兵が重き処刑を受けたることを思えば自分の罪など軽かれとも思われず、寧ろ当時の参謀長としての重責を痛感致し此の事件の惨虐性を未然に防ぎ得ざりし不明を歎《たん》ずるの外なし。

右宣告中一部のものは支那戦区総司令部に於ける審査の結果刑の軽減を見るやも知れず。

本公判により敗戦の苦味を満喫せり。

今は心静かに刑の執行の日を待ちつつあり。

色々書き度き事あるも筆にするを得ず。然し小生個人としての気分は極めて平静なり。御安心を乞う。

茲に旧来の友情を衷心より深謝し君の御健昌を祈る。

昭和二十一年二月二十八日認
於上海監獄　鏑木　正隆

矢野光二大兄

謹啓仕候　漢口米軍俘虜惨虐事件に就ては当時呂武集団参謀長たりし小官の不注意の為予期外の事態を惹起《じゃっき》し聖戦の意義に汚点を印し軍の名誉を損じ加うるに多数の将兵に重刑者を出すに至りし段真《まこと》に申訳なく謹《つつしみ》て御詫び申上候。殊に上官の命令の儘行動し重刑に処せられたる下士官兵の上を思えば断腸の至りに御座候。

本日公判にて死刑の宣告を受くるに臨み謹て御詫び申上且つ従前の御懇情を深謝仕候。

謹言

昭和二十一年二月二十八日
鏑木　正隆

岡部軍司令官閣下

絶筆

愈々近く現世に別れを告げんとするに方《あた》り、皆様に対し本事件に就て御迷惑をお掛けせし事をお詫びし又従来の御懇情を衷心より御礼申上候。

皆様の前途には幾多の苦難が横わる事と存じ忍苦御敢闘の程祈り上げ候。小生は贖罪自決の心算《つも》りにて最後の場に臨むべく、見苦しからぬ最後を遂げたく念願致居候。他の四名何れも立派な覚悟の様お見受け小生感激致居候。

四月十九日認　　鏑木　正隆

福本大佐殿

外御一同様

遺詠

公判に臨むにあたり心境を述ぶ

俎《まないた》にのりし鯉なり切らば切れ
さけばさくとも騒ぎやはする

死刑の宣告を受けて

み戦の真《まこと》の姿汚したる
しみ清めなん我が血潮もて

み戦に散るべかりしを刑場の
露と消えゆく運命かなしも

君が代は天地《あめつち》のむた窮《きわ》みなし
賤《しず》が身の運命何か思はむ

人はよし悪しざまに我を裁くとも
直《なお》き心は神ぞ知るらむ

斯くあらんとかねて知りせば母父《おもちち》の
奥津城《き》の辺に死にてしものを

死刑執行の日を待ちつつ

今朝も亦身の辺ととのへ偲びけり
兜の内に香たきし人

我が責めは血もて償ひ今日よりは
あまかけりつつ御国護らむ

大好きな日本

酒井　隆

東京都。陸軍大学校卒業。元陸軍中将。昭和二十一年九月十三日、南京に於て銃殺刑。五十八歳。

遺　書

われ死なば道の四辻の地蔵尊
　財布まよい子恋も拾わむ
子の孫のその子の孫よ千代かけて
　祖国をまもれ心つくして
身はついに異国の土と朽ちぬとも
　いつか芽生えん早蕨《さわらび》の春

　酒井菊枝殿

五月三十一日朝　酒井隆

　ラジオでおききでしょうが戦犯として今日決定します。

　これによって中日がまことの道を歩くこととなり、日本を侵略と言われないですむ道に出れば私の本願です。好きな中国で死んで私はよろこんで逝きます。

　多年いつも留守ばかりさせて申し訳ありません。伊東にじっとしておるべきでした。子供たちはそれぞれの途を歩かせて下さい。科学日本、復興日本の建設を祈ります。

　近隣と争わず人を傷めず温和に我も人も楽しく生きる文化こそ日本の道であるべきです。山水の険阻《けんそ》なる日本はいつも気骨稜稜《りょうりょう》ブルドック犬みたようなので、世界からきらわれます。日本の人々が温和な心持で新文化をたてなおすことです。産業日本、科学日本をつくることに心がけ、デンマークやスエーデン、ノールウェーのような前途を日本は歩きつつあるようです。それでよいのです。

　今は世界が皆苦んで困っており、日本だけが苦しいのではありません。御苦労ですがよく子供達を育て祖先をお祭り下さい。難局を貫いてお歩き下さい。

私は祖先に申訳がないが、私は心安く祖先のところに参ります。父次郎も私も気骨にすぎ人々に誤解と迷惑ばかりおかけしたようです。理解されずとも私は何人《なんぴと》も天も地も怨まず静かに去ります。

気の毒なのは子供たちと妻。私にはその安否も住所も未だにわかりませんが、洋〔長男〕も無事帰ったでしょうか。この手紙も広島へ出しますが、子供たち一人一人穏かな心で勉強なさい。潮ちゃん〔三男〕も適任な方へ歩かせて下さい。子供たちの教育のかねもないかと案じます。インフレの中に何もかも妻に一任して私はこんな所で死ぬ、まことに申訳ありません。〔中略〕遺髪は一月三十日入院中病院で少し残したものです。獄中のものは避け日常のシャツなどもすてます。まるい鏡と遺髪が私です。〔中略〕遺骨があればその一部を分骨して原村〔郷里〕の父母の山林か墓前のところへ土まんじゅうでもこしらえてお埋め下さい。墓石なんかいらぬ。丸い石ころでもよろしい。こんな時代になるとやはり祖先の地も大切です。子供たちは夏あたり時々行かせて下さい。原村の平五郎原開拓を考えていたけれどこれも夢。

精神的にも平静です。毎日老人でも六、七時間以上ねます。心臓も今は好調で弾雨のうちに死ななかったが、これも致し方なし。軍人らしく誤解のうちに死にます。

私はここの所長さん陳倬閣下も好きです。日本人がみんなこんな人だったら、こんな今までのような間違もなかったろうといつも思います。何ヶ月も大変お世話になりました。

次の時代の人々、若い人々によって、ほんとに私の羨むような日本と中国との親善のできる日を祈っています。〔中略〕菊枝には何とお礼いうてよいか。天津〔中国〕へ行くなといわれたことが今日をなしたこと、私個人としては残念です。しかし軍人はタタミの上で死のうと思いません。ほかの政治上の意見などは一切かきません。日本の新興を見る日を祈ります。

足りないことを思い出したから最後の余白につけ加えます。では永久に幸あれ。

六月二日夕方五時　隆

今日は日曜です

〔後略〕

日記の中より

八月二十七日（火）

午後三時南京励志社で私に対する最後の公判があった。のん気なスローな私は、今日もまだ弁論のつもりで用意して行ったが、今日は判決の言い渡しであった。二十日で一切の弁論はすんだのらしい。

二十日のときは、くらくなるまでかかる、盲腸も悪いし、もう最後のところあたり聞いてもいない。メクラ判を捺《お》してかえったし、口のへたな私が負けなのだ。しかしそれでよい。敗軍の将は兵を語らず。判決は死刑、北支の梅何〔梅津・何応欽〕協定のことが主、香港のこともある。年末からまあ八ヶ月のうらぶれ生活を終ってあの世でユックリ人が人を裁くのを見物しましょう。父は死んでも人生は永久です。悲観したりなんかはしないでよい。心しずかに春風に散る心。

天にも地にも我はづるなし
国民ののび行く力われいのるなり

八月二十八日（水）クモリ二四度、最高二六度　あさは風なく暑い

あと二、三日の死をまつのも仕方ない。いやなものだ。しずかに故人の幾人かが遭遇した天命をたどるのだ。

所見も感想もなるべく考えない。書くまい。手

近の人々を考えるよりか本をよみ、歴史をよみ、徐《しず》かに人生を去る。その時まで勉強するのだ。洗濯もし、きものも整理する。山岳旅行記ほか二、三冊小説も借りた。〔中略〕

八月二十九日（木）クモリ二十四度、最高二七度　午後から西風

今日からほかの人が二、三人また公判になる。私は今まで通り本をよんで永い一日をくらす。処刑の日はきまらないが、私はその暇に私の考えておる空想をかき残しておく。お役に立つか否かはしらぬが研究の材料になるでしょう。

純粋培養――私は八月二十六日のところに純粋培養は医学だけの道ではなく他の文化、人文、政治等の様な場面にもその実行を試みる必要があると述べた。明治以来八十年、日本の進化は途中からこの科学的メスを振《ふる》って何事も冷静、一切の不純物を除外して純粋培養をやるという着意を怠り、目前の視野と感情等に左右せられて日本の進むべき進化の方向をあやまって日本は今日の悲境に陥っているのです。

先日は例を野口英世博士の細菌学的努力に求めて純培は何れの科学にも政治にも欠くべからざる必要なものであるというたのだが、これは如何なる仕事にもイロハとなるものである。

例えばアリストテレスあたりの旧時代の天動説が一朝にしてコペルニクス的転向を見せたことは、その根本に於て実験、実体に基礎をおかず観念論や伝説的宗教論に没頭して居ったローマ法王左右の人たちが天文学上の数学的実験的純培に負けたのでしょう。

まあ天文学やら純正医学などはその純粋なるものを選りわけるのにまだやり易いけど、文化的のもの、政治的のものはこれをはっきり純粋的によりわけ得られない。一国政治の傾向なり一民族の動き方なり、社会道義の趨向《すうこう》などはこれを純培し

てこの性格はこの点なりと決定し得られないことがほとんどである。しかしむずかしいからというて漫然とこの国民はうそが多いとか不道徳だと簡単に結論したり、自己はエライ民なりと考えたり、この民族は好ましくない民族でいつも斯くかくであると結言《けつげん》するのは適当でない。あらゆる手段をもってその一つ一つのものを実例的に手段を尽して純培し、もってこの一族に対しては斯くかくのことがあり得る。この施設にはこれこれの点を考えねばならぬ等々の実験的結言を導いていただきたい。この研究が一番足らぬと思う。〔中略〕

言論統一は戦争に入用だが、さりとて大戦末期の日本の言論は？　終戦後の自由第一主義の言論は？　共に日本の病毒的歩き方ではないか、バチルス〔社会に害を為すもの〕ではないか。

朝鮮、台湾の統治とか、隣邦民族の歩み方、習性、民族的の立場など、一々日本の歩みの根本に大影響がある。その点に純培的研究がとげられておったでしょうか。

まあ一例がこんなところに深い冷静な研究のメスをもってあまねく色々な内外のことを研究すべきと思う。

内でも人口問題、産業、政治の各部門にそれが入用である如く、他のことでも色々な点に研究が入用でしょう。日本人は一寸自分だけの貧弱な経験や資料をもってすぐ意見を述べすぎるが、こんな点に大きなロックフェラー的の研究機関をもつ冷静な日本が将来に必要です。私は特にこの点を高調する。〔中略〕

九月十日（火）クモリ二四度

あせるな、まて、メシヤン。

自分は小さいときから一徹ものであり、不平家であった。フランス語の先生がメシヤン（不平家）という実例に私を指したりした。日直生徒がまわりくどい規則励行を説いたり、いつまでもつづく努力体操や耐久力練習なんか凡そまわりくどいことがキライでよく叱られた。性簡にして煩《はん》を厭《いと》うともかいてあった。まわりくどい死節時《しせつじ》ばかりの教育屋など大きらい。そんなことが上官さまの御機嫌を損じて罰を喰い営倉に入れられたが、多分にこんな素質をもっていて、そのくせいつも茶目的いたずらの仲間であった。

おとなしい善良な、よく勉強する生徒ではなかったこと、そのくせ大した度胸もなく小心翼々たるチンピラだったと思う。こんなことが大きくなってからも多少あり、酒の勢いを借りて何かいいたいことをいう人間なんか大きらい。素面《しらふ》でいうことをいうてのける。段々青年になってからも人の曲った行い、偽善、表裏行為がとても癪にさわる。そのくせ御自分も決して神の使徒でもないくせに。こんな風だからいいたいことをいい、人の行為を責め、というような点も多分過ぎた。しかし今にしてそれをふりかえると感心しないことばかりです。

不平をもつ、メシヤンであることは進歩発達向上からは、わるいことではないが、不平不満をならべなくとも進歩も改良も工夫もいくらでも出来る。この何ヶ月かの獄内生活、これに不平不満をならべても力及ばぬ。眼をあけてなく子と、夜があけての雨はやまないそうだが時をまて、折をまて、すべては必ず解決の途がある。

このごろは老人になり人名を忘れては思い出さないで困ります。伊東は私には大好きでした。佐藤銭湯、内山さんにも御世話になりっぱなし、もう二度と行けないと思うと残りおしいが、死ねば心はすぐ日本へかえる。いつでも刑にかけてといのる。いつ迄も牢屋に生きるよりか放たれた日本の空に、我は祖国の礎となる。

大好きな日本、私は空とぶ姿でかえる。

蘭印

生命の余白

氷《ひ》見《み》谷《や》　実《みのる》

北海道出身。「バンドン」憲兵隊所属。元憲兵曹長。昭和二十三年十二月二十九日、「グロドック」に於て刑死。

遺　詠

昭和二十三年八月二日独房に於て

涙をば抑へ心に泣きて君の胸に
　戦友がたむけの白き「マタハリ」

子の帰り神にいのりつつ待つ母に
　何と聞かせむ今日の便りを

手を握り交す瞳に微笑みて
　戦友励まして君刑場に逝く

はてしなき茨の道を踏み越えて
　我は行かなむ此の一路を

現身《うつしみ》は赤き血汐に染まるとも
　その雄心はたゞ「君が代」に

我が前途を静かに思ひ目をとじて
　さえずる鳥の声を聞く朝

獄三年三十二の春を迎へけり

鉄窓越の椰子の彼方や天の川

九月二十日独房より

名月に名残のまぶた母の顔

只無心に鉄窓辺《まどべ》に眺むる今日の月

名月に名残惜しみて唄ひけり
名月や指折り数へる我が生命
運命待つ死囚に明き月今宵

日誌より

求刑より独房迄

氷見谷さん—死刑—　大村さん—死刑—　松浦通訳の事務的な声が夢心地の内に耳に入って来た。俺は今何を考えて居ったか自分でも判らぬ程考えにふけっておった。「これで裁判が終ります」松浦通訳の合図で宮脇少佐の「気を付け」の号令に目が覚めた様な気がした。やっぱり死刑であったか、自分は四五日前から死刑の求刑を言渡された時は先輩諸氏に負けぬ様な態度をとろうとそればかり気にかけていたのに余りにも自分と云うものが静かなのに吃驚《びっくり》した。戦友の顔を見ると皆何ともいえない顔をして僕を見ている。中に氷見谷君気を落さず今のは求刑なのだから元気を出して呉れと慰めの言葉をかけて呉れる者もあった。俺としては来るものが来た、それ以外何物も考えてなかった。併し腹の中ではいやに簡単に死刑を言渡したものだなあ、どの点が死刑に該当するのかと自問自答して見たが、自分ながら判らなかった。そんなつまらぬ事を考えているより今後の自分の一挙一動が大切なのだから最後迄軍人らしい態度で喜んで神の運命に従って流れて行こうと色々考えている内に「トラック」は刑務所に着いた。事務所の前では戦友が心配そうな顔をして僕等の帰るのを待っていた。氷見谷君どうだったと聞かれ首ですよと手で首を切る真似をして答えると彼等は笑って否定したので重ねて前より大きな声で死刑だよと言うと嘘を言ってと相手にしないので、いささか僕もがっかりして「笑い事や冗談で誰が喜んで死刑という者がありますか」と言っても彼等はまだ信じ切れぬ様に顔を自分に向けていた。そうだろうなあー、自分でも死刑になるとは思っていなかったのだから第三者が聞いて信用しないのも無理がないと思い直してあとは黙っていた。すると他の戦友からも聞き僕の死刑が判ったので彼等は吃驚りして傍に来て気を落さず頑張ってくれ何か不自由な事があったら遠慮なく言ってくれと付け加えた。僕も今後色々御世話になりますと頭を下げた。今日はおそいので明朝独房へ行くから今晩ゆっくり寝《やす》んでくれと谷口大尉が云ってくれたので、一つ今晩は麻雀でもやるかなあーと考へつつ「ブロック」に帰って来たところ、各部屋で皆心配そうな顔をして僕等の方を見ている。母親が遅くなって帰って来る子供を門口《かどぐち》で待つように氷見谷どうだったと聞かれ予定通り死刑ですと云うと皆意外相な顔をしていた。部屋に帰り鬼倉さんに死刑になりました色々今まで有難うございましたと御礼をいう。蒼白な顔を緊張して「やっぱりそうでしたか自分の力が足らない為死刑になって誠に申訳けありません」と涙を流さんばかりに言われ僕としては何と言って良いやら自分の不徳のいたす処、この様な結果になったのです。心配をかけ誠に申訳ありませんと頭を下げた。先ず各部屋にいる同期生や知人に知らせ「マンデー」〔水浴び〕から帰って来ると班長さんが今事務所から命令が来て今晩独房に移る様にとのことで夕食後大村さんと二人で部屋の人々に挨拶をした。大村さんが代表して我々二人は今度死刑を宣告され独房に移るにあたり今迄色々激励され御援助下さった事を厚く御礼申上げます。私達は民族の礎の為喜んで行きます。どうか後に残った方々には充分御身体を大切にして一日も早く祖国に帰り祖国建設の為邁進《まいしん》せられる事を祈っております。簡単ながら挨拶にかえます。そうだ、大村さんの云う通り民族の礎の為喜んで行こう。あとは戦友に頼んで——その様な事を考えていると自然気分が浮々して来た。戦友の激励の言葉を背に独房へと歩む。

第一歩独房に足をふみ入れ二人して大きな声で

新入生が来ましたからどうかよろしくと言うとその瞬間に八号室（清水）より、氷見谷の馬鹿野郎ーどうして此処へ来たのかと怒鳴る声が聞えた。新入生だから余り気合を入れるなよ今後共よろしく頼むと清水に云うと、「帰れ馬鹿野郎」とあとは涙声になって行く。まあ明朝ゆっくり話すからそう怒るなよー俺も好きこのんでこんな処へ来た訳でないのだからと云い、指定された部屋二十三号に入った。大村さんは隣の二十四号に入った。

しばらくすると勝村少佐の音頭で新入生慰問演芸会が開始され約二時間に亘り一通り終り最後に「海ゆかば」を全員合唱先輩の霊に黙禱をなし横になった。

今日一日の出来事を静かに振り返って見る。人間の生死は紙一枚だと良く昔の人が云ったが本当だなあとつく〴〵感じた。今迄同期生や戦友を独房に送ったが今の今迄自分が独房に来る事を考えた事があったか、夢の様な気がしてならない。人間は自分の死が判らぬから毎日喜んで見たり悲しんで見たり色々の事をする。それがこの様に一旦決定されると呑気なものだ。悩みと云うものは一つもなく毎日愉快に暮してゆける様な気がする。まして自分は父母が先に逝って自分の来るのを待っていてくれると思うと何んの不安もわきおこって来ない。自然の波に身をまかした以上自然の儘に流れていくのが当然なのだ。現在の自分はそれである。今自分と共に運命を一緒にする独房の戦友も俺と同じ考えを持っておる事だろう。和蘭《オランダ》が憎い、誰が憎いという観念は自然起らぬはずだ。我々人間は神に依って造られたものである故に神の命令は絶対的のものである。万一それに逆って見ても人間の力で勝てるわけはない。生あるものは必ず死ありと。人間は最後が一番大切である。僕も三十才前後の若者だ。帰ってから結婚もしたい。兄弟の顔もみたい。遊びたい。併し一たん死刑を言渡された以上は、死という字の中から何か希望をもとめ有意義な生活を送る事が一番先決問題でなかろうか。神仏を信じないと云う者がある。それも良かろう、各自の堅き信念を生かす事が大事だから。

自分は過去の体験を一、二相手に話す事がある。かつて自分は「ノモンハン」の戦場で弾丸が飛ぶ中で一人各個壕に入っていた時、話をしたくても戦友はおらず弾丸はだん〳〵近く飛んでくる。その時無意識に出征の際姉から贈ってくれた千人針をぎっしりと摑《つか》んで何か知ら祈る。併し祈ったからして弾丸にあたらぬと言う訳ではないが何か知ら自分より強いものにすがりたいのが人間の本能ではないか。弱音を吐くわけでもない。それが本当の人間だと思う。終戦後死ぬ積りで逃亡した。その時は「死」以外何にも考えずに飛び出したが、山の中まで捜査の手が厳しくなり遂には煙草畑の真中に一坪半程の穴を掘って暮した事がある。その時ほど人間の生死の二字について考えた事はない。その結果何事も最後が大切だ。今此処で死んだら死ぬ本人は良いかも知れんが後に残った親兄弟戦友は笑い嘆く事であろう。なぜ有意義な死に方をしてくれなかったのかと怒る事であろう。それに比べて今こうして死刑を受け独房に居る事を自分は喜んでいる。ここで死んでも決して無意味な事ではないと堅く信じている。或る人は判決にはどうかなりますから気を落さずにと激励してくれる気持は有難いが、自分は一たん独房に入った以上決してその様な甘い気持は一際脳裡より取捨てて考えぬ事にしております。なぜならばその様な甘い考えを持っておると悩みも大きく又結果が良くいかぬ場合は動揺が余りにも大きいからであると答えました。あとから〳〵今日一日の色々な出来事が思い出されてくる。

ふと鉄窓より空を眺めるとお星様がじっと僕を見つめて、お前の気持は良く判る。これからは男らしく朗らかに暮しお前の父母が迎えにくる迄元気良く毎日を送って心静かに待ちなさいと僕に話しかけておるのではないか。何んと僕は幸福な人間ではないか。行こう元気で、父母の許に。今晩は何んて静かな晩なのか、お月様が雲から顔を出しこちらを向いて、ニッコリと笑っておるではないか。さあ寝よう。独房の第一夜の夢路に入ろう。戦友諸君よ、おやすみ。

お姉様

この様な便りをお姉様の許に差上げる僕を赦して下さい。僕も何時お父様お母様の許へ逝かねばならぬかも知れませんので書いております。四月九日死刑の求刑を言い渡され九月十一日に判決死刑になりました。大体判決後二ヶ月は大丈夫とか云って居りますがそれとても根拠のあるものではなく唯、今迄の例を見て皆が云うだけの事であります。僕は求刑より六ヶ月以上にもなりました。お姉様の手紙にも書いてある様に、今年はお父様の十三年忌（十月三十日）です。多分お父様がお迎えに来て下さった事を僕は信じ喜んで逝く心算です。お姉様も御承知の様に僕は十三才の時肋膜《ろくまく》炎になり医者より十五才まで生きぬと宣告された。昭和十三年には「チブス」になり僕もあの時は覚悟を致しましたが暖いお姉様の看護の力に依り全快致し兵隊に入りました。兵隊に入り「ノモンハン」事件に参加、中隊生残り（十名内外）となり今度の爪哇《ジャワ》作戦では挺身隊に参加し軍人として尽すべき処は充分尽して来ました。お姉様どうか僕を十三才の時亡くなったものと諦めて下さい。今日迄生きた事を僕としては大変幸福に感じております。僕が死刑になったと聞いたらどんなに悪い罪を犯したとお思いになられる事でしょう。然しお姉様この僕を信じて下さい。決して爪の垢程も悪い事は一つも致しておりません。唯戦争が敗戦に終った結果このような事になったのです。僕としては大手を振ってお父様お母様の許へ逝く心算りです。お父様お母様お姉様も屹度《きっと》この僕を賞《ほ》めてくれる事と信じております。僕も人間の子です。一目でもお姉様に逢って逝きたかったのでした。それだけが残念に思っております。〔中略〕僕は当地で戦友の暖い友情に抱かれ何一つ不自由もなく毎日を幸福に暮しております。最近無罪になり帰りました小平君に当地の状況を聞いて下さい。小平君がお姉様の家へ行った頃は僕はもうお父様、お母様の許へ逝っておる事でしょう。小平君の云う事をどうかお姉様泣かずに最後迄聞いて下さい。お願い致します。この便りを書き乍ら力一杯お姉様と呼んで見たい気持です。御姉様、僕は氷見谷家の子として御姉様の弟として立派に元気良く逝く心算です。その点御心配なく。詳細は伊藤金四郎君、並に大村隆造君に聞いて下さい。

〔中略〕

信子、秀子、栗谷川恵一君、どうか幸福に毎日を暮す事を僕は地下から祈っておりますよ。充一君、光市君、クニエちゃん、御便り有難う。僕は元気で軍人として逝きます。どうかお父様お母様の云う事を良く聞き立派な方になって下さい。お願い致します。

では御姉様、左様奈良。御身体を大切に。僕はこれから元気でお父様お母様の許へ参ります。

実より

御姉様へ　（九月三十日十一時頃記）

日　記

九月二十日

〔前略〕午後麻雀をしていたが何か知ら落着かず振り込んでばかり、誰が麻雀をしているのか判らぬ程自分ながら変な気持であった。一寸入口の方を見たら谷口さん、山口さんが普通の顔色もなく緊張した態度で岡田さんを呼んで岡田さんの部屋に入った。「来たナ」と思いながら清水の部屋の方ばかりを見ていたら谷口さん達が入った。瞬間、麻雀をその儘投げ出して清水の部屋に飛込んで行った。清水は何か書いていた。「清水ー今更何も云う事はない唯元気で逝ってくれ」堅く手を握った儘あとの言葉が出なかった。黙って清水の瞳をみていた。「矢張り聞いた瞬間瞼が熱くなって来て他人に云われない変な気になり身体中がボーとなって来るのが判った。それも一瞬で消えてしまった。とあとは何の感情も起らず寂しいと思わなかった」と清水は云う。そして身の廻りの整理をやり出したので僕は隣の山畑の部屋へ行った。彼は妻の写真を見詰めていた。僕は唯元気で逝ってくれとそれしか云う事が出来なかった。山畑の瞼も清水の瞼の様にうるんでいた。これが本当の人間の姿であろう。清水が僕に「お前はどうしても助かって帰ってこの事を俺のお母さんに伝えてくれ。願うのはそれのみだ。俺は俺の若さを生かして最後まで糞くらえで逝く心算だ。それにしても二、三日前から下痢が止まらないのに困っておる」僕は何んと返事をしていいやら判らなかった。明後日にはこの世から消えて逝くかと思ったら嘘の様な夢でも見てるような気がしてくる。昨日は清水の部屋で清水に俺は決して死ぬ様な気が一つもしないがと呟《つぶや》いたら清水が俺でさえそう思っておるのだからお前が思うのは当り前だと話し合った事を思出し二人寂しく笑い合った。宿命——僅か二字で——僕等の人生が終って行くのか。大村さんに別れ、折角近頃朗らかな気分になりかけたところ今又清水と別れなければならぬかと思ったら寂しく悲しくこの自分が恨めしくもなってくる。思い切り怒鳴って見たい気持で一杯だ。死刑を云い渡され独房に来る時、独房に清水がおるのだからと幾分なりとも心を慰め励まして来た俺ではなかったか。今清水と別れた後の自分の姿を思い浮かべ重苦しい寂しい気持で身体が掩《おお》われてくる。死刑囚である我々に呼出しが来るのが当然の事で何んの不思議もないのだが矢張り良い感じはしない。今悲しんでおる俺も時間の問題で清水の後を追って逝かなければならぬのである。俺も一緒に連れて逝って貰いたい気で一杯だ。俺の時は一人で出発しなければならぬのだ。出来るだけ冗談を云って笑っておるが心に泣いて云う冗談ほど辛いことはない。清水も俺の気持を判ってくれる事と思う。時間の経つのが早い様な感じがする。

酒井軍医さんが来た。下痢の薬を貰って呑んでおる清水の姿を凝《じ》っと見ていた。清水は軍医さんに、人間は死ぬ瞬間迄少しでも苦痛から逃れ様とするものですねと薬を呑み乍ら語り寂しく笑っていた。岡田さんが来て「何も云う言葉がない。ただ残された僅かな時間を少しでもたのしく暮されん事を望んで居る」と云って僕の方を見つつ「氷見谷君もとう〳〵一人ぽっちになったね、元気を出せよ」と云ってくれた。清水のお母さんの写真を俺が出発まで俺の部屋に預って毎日その写真を眺め、清水のこと、清水のお母さんの事、そうして僕の母の事を思い出して心を慰めていこうと思っておる事を話したら清水もそれに承諾をしてくれた。お母さんに何か書いたかと尋ねたら今晩書こうと思っておるが恐らく書き乍ら泣き出す事であろうと呟いておった。清水よ、大いに泣け、屹度君の心はお母さんに通じてお母さんもそれを喜んでくれるであろう。

夕方房の前で「スラバヤ」の六名を中心に会食をした。清水と軽い冗談を云って笑い乍ら飯を食べた。隣の岡田さんが僕に「もう冗談も云えないから今の内にせい〴〵云っておきなさい」と云ってくれた。清水は下痢をしているのに皿に一杯飯を食べてしまった。無理して食べたのか本当に下痢がなおってくれたのか心配になる。清水が酒井軍医さんの方を見て「先刻の薬がきいたのか下痢が止んだ様な気がする」と云って笑って話をしていた。清水と山畑が互に睦《むつま》じく話している姿を見ている内に自分が出発する時の事が瞼に浮び一人寂しく坐って飯を食わなければならぬ自分の姿を想像したとき寂しい気が襲って来た。こんな事では駄目だと思い朗らかな気分に転換しようと清水に先日満洲の「恋人」に逢ってお前程幸福な人間はないぞと云ってやったら「ウンあの時はうれしかった、女性にふんした畑本君に君からくれ〴〵もよろしく御礼状を出してくれ。万一出さなかったら化けて出るぞ」と嚇《おど》かされた。会食も終り部屋へ帰って坐った。急に今迄抑えていた悲しみが一度に胸にせまり知らず〳〵に涙が落ちた。泣くんじゃない、清水が笑うぞ。心に叱っても駄目だ。凝《じ》っと庭を眺めていたら飯塚さんが扉を閉めに来て「清水君も逝きこれから君もさぞ寂しくなるねー今度から私が話相手になって上げるよ」と慈愛深い目で僕を見詰めて云ってくれた。うれしかった。飯塚さんの後姿に頭を下げて心から御礼を云った。送別の歌の会が催された。今度は清水の番だぞ。元気の良い声が響いて来た。「七号室の清水であります。大変長い間御世話になり有難うございました。歌を唄います」と云い自作の歌を唄い出した。

一、今宵の歌に君が身は
優しき母に抱かれて
苦しき運命を其の胸に
告げて笑顔の母を待つ

二、雨雲晴れてその朝に
静かに奏でる「海ゆかば」
微笑む君がその胸に
餞むけの「マタハリ」揺れていた

三、清く雄々《おお》しき若桜
花咲く春を待たずして
大きく揺れて「ポツダム」の
嵐の庭に君も散る

四、悲憤の霊よ永遠に
南の空を掩いつつ

祖国に春の来る日をば
共に待とうよ安らかに

清水山畑は今何を考えているのだろう。お母さんの事を考えて泣いている事であろう。写真を確《しっ》かり抱いて。後から〳〵昔が思い出されどうしてもねる事が出来ない。寂しく虫が啼いている。

十月二日（土）

飯塚さんの部屋より「正岡子規集」を借りて来て午前中読んだ。飯塚さんが部屋にきて「ミカン」をくれた。二人仲良く半分ずつ美味しく食べた。食べながらたのしい内地のお正月を思い出した。昨日飛んで来た鳩が今日も鉄工場の屋根に止っている。恐らく逝かれた戦友の魂が鳩になって来ている事であろう。一日気分晴れ〴〵す。山畑兄の絶筆の「写」来る。早速書き写し「ブロック」の石川君の許へ送った。

十月十日（日）

十二号室の演芸来る。熱と誠溢るる真剣な芸を見て如何に僕等の心が慰められたことか。見ている内に不知不識《しらずしらず》に瞼が熱くなり深く感謝した。そして一時をたのしく朗らかに暮す事が出来た。久し振りに心から笑いが飛び出した。お土産に扇を各自一本宛《ずつ》頂戴した。表には芸者が三味線を弾いている姿が画いてあり傍に次の様な事が書いてあった。

一日に一夜でも良いから　貴男を忘れ
静かに眠れる夜が欲しい！

その文句を読んでいる内に色々なつかしい「バンドン」時代が思い出されて来た。裏には達磨《だるま》さんと水仙花の絵が書いてあった。

その外に耳かき一、揚枝五本を戴いた。上野兄鈴木君より「ダンゴ」を沢山頂戴した。食糧不足の刑務所生活に於て自分が食べる御飯を使って忙しい中わざ〳〵「ダンゴ」を造ってくれる上野兄、鈴木君の暖い心尽しに頭が下った。鈴木君の便りには「今朝上野兄が造って下さったのですからどうか召上って下さい」と書いてあった。戦友と共に美味しく頂戴した。食べている内に何かしらうれしくなって来て胸に熱く打つものがあって、そしてその美味しい味は僕として一生忘れる事が出来ない。有難う。御姉様、僕はこの様にして戦友から幸福にされ毎日を暮しております。どうか安心して下さい。〔中略〕

日誌を書いていたら表に飯塚さんが来て前回の俳句をどうして止めたのかと聞かれ困ってしまった。仲々思う様に浮かび上らないから明日の俳句も休もうと思って居りますと答えたら飯塚さんに叱られてしまった。僕は本当に困ってしまって飯塚さんに今晩考えて出しますと云うと笑って帰って行った。蚊帳《かや》に入り俳句「案山子」を考えた。何にせ何十年前の事を思い出すのであるから大変だ。「案山子」のことで頭が一杯になってしまった。御蔭様でその晩「案山子」の夢を見てしまった。久し振りに今晩は月が出て気分が晴ればれする。

十月十四日（木）

鈴木君より便り来る。煙草、毛布の御礼が書いてあり戦犯になった状況と入団前の経歴を簡単に書いてあった。うれしかった。鈴木君も入団前相当色々な苦労をされておる事が判った。それに拘らず純情な心持には頭が下る。鈴木君の便りは何《い》時《つ》も軽い喜びの心で読んでいる。上野兄よりも手紙と可愛いお人形が来た。便りには、兄には此方からの便りを恋人から来るかの様に喜んでおられるとの事、今日は其の便に娘を御送りします。私が今日の休を利用して造った物です。手許において可愛がって下さい。とあった。本当にうれしかった。早速部屋に飾った。お人形さんを眺めておると上野兄の優しい顔が瞼に浮んでくる様だ。有難う。

十月二十一日（木）

同期の小高の処へ内地のお姉さんより慰問袋が届きその裾分けを戴いた。久し振りに内地の味に接し、なつかしい故郷を偲び美味く頂戴した。京免さんより便り来る。先日の日曜日鈴木君京免さん石川君の三人で僕の許へ「だんご」を作って贈ったところ何の間違いか清水君の処へ「だんご」が行き清水君より礼状が届きすっかり鈴木君がしょげてしまっていると書いてあった。「だんご」は食べなかったけれども食べた以上に鈴木君の暖かい心尽にふれ、うれしく感じ早速手紙を書いて出した。夜静かに暮れゆく庭を眺めていた。

十月二十六日（火）

今朝は頭が痛くて気分が悪い。麻雀してもここ二三日負けてばかり、僕の現在の心には何か落着かない雲が漂っておる様だ。求刑中の様な朗らかな気持にどうしてなれないのか、こんな事で男一匹どうするのか、明日にも呼出を受け逝かねばならない自分ではないか、どの様に心を持ち変えたなら良いのか考えて見ても判然と判らない。死ぬ迄こんな事を繰り返し〳〵考えて逝かねはならないのか、自分の苦しみ方が未だ不足なのか、心を無に出来ないのか、頭の中は混沌としている。静かにもう少し自分を良く見詰めよう。そして信念を貫け――キリ〳〵頭が痛い。散歩する気も起って来ない――困った僕だ。〔中略〕松岡兄より便り来る。突然「コルベー」の班長飯塚さんが退めて「ブロック」に帰るとの事、吃驚《びっくり》、何と御礼申上げて良いやら判らない。僕が四月九日独房に来てから母親の様に色々と御世話になり飯塚さんの暖かい心に抱かれて毎日を暮して来た僕――大村さんが「ブロック」に帰り、清水は逝ってしまった今、又飯塚さんが「ブロック」に帰って行く。縋《すが》っていた杖が折れてしまった様に打撃が激しい。僕の心はたまらない寂しさの淵へと走って行く。

飯塚さんの身体を思ったら自分ばかり勝手を云っておられないのであるが出来たらせめて僕が逝く時までおって戴きたかった。運命の神様はどこまで僕を苦しめるのか。夜、飯塚さんの送別の歌の会を催す。電燈が故障を生じたのか真暗だ。夜中「ジャガ〔看守〕」の騒ぐ声に目を醒した。独房に沢山「ジャガ」が集って来ている。「テガ〳〵」（三人々々）と云う声だけ聞えて来る。変に不吉な予感がして来た。ひっきりなしに人員点検をやる。もしやと――僕の脳裡をかすめるものがあった。不安な一夜を明かす。

十月二十九日（金）

今朝は昨夜よりなお一層監視が厳重になって来た。これが本当の独房生活であろう。身体が何んとなくだるくなって来そうだ。仕方がないから部屋で体操を少し実施したが駄目だ。お坊さん来る。第五回目。飯塚さん、奈良君、山口君、田上君「ブロック」に帰ってしまった。大変長い間御世話になり何一つも御恩返しが出来なかった。だん〳〵寂しくなって来たナァー、「ブロック」との連絡も出来なくなってしまった。早く呼出でも来てくれないかナァー、優しい人々は僕の前から去って行く。孤独になってしまった自分の姿を凝っと見つめていたら涙がポタリと落ちて来た。自分の心に元気を出すのだよと叱って見たが駄目であった。あと何日この様な生活が続くのか――たまらなくなって来た。思わずお父さんお母さんと呼んで見た。お姉さんの手紙に書いてあった。「決して自棄を起さず精神の上にも元気を出してね、頑張ってくれるようお姉さんは頼みます」そうだ元気を出して頑張ろう。明日はお父さんの十三年忌なのだ。然しただ頭がボーッとして来るだけだ。

十月二十九日部屋検査あり、日誌続行不可能となる。

十二月二十八日元気で「グルドック」刑務所に

出発す

実

遺　詠

死刑囚だ僕は
鉄工場の屋根に
雷鳴がなりおどろいて
毛布を冠り思わず顔を伏せた
僕は気が附いた
死刑囚だ僕は
そうして一人で微笑んだ

麻雀に振り込んで
ブツ〳〵云い乍ら房に帰り
ガッカリして坐った
僕は気が付いた
死刑囚だ僕は
そうして一人で微笑んだ

大雨が枕辺に吹き込んで
毛布を抱え飛び起き
房の隅にかけ込んだ
僕は気が付いた
死刑囚だ僕は
そうして一人で微笑んだ

誕生日

生命の余白に立つ僕に
冷い風と共に
誕生日が訪れた
宿命——
生即死
悲喜交々《こもごも》脳裡をかすめる
秒針の様に
コツ　コツ　コツ
黒い使いが迫ってくる

冷い石床の白壁に
凝っと待つ僕の心は
慈愛深い亡き父母の許へ
なつかしい故郷の姉の胸へ
夢中で馳ける
そして憩いを求む
目
目
目
しきりに誰かが笑う
僕は一点を凝視し心と戦う
そして静かに微笑み
今日迄の幸を神に感謝す
僕の美しい生命の誕生日よ
永久にサヨウナラ――
清水君
山畑君
の霊に捧ぐ

戦友

暗い夜が
静かに心に迫ってくる
君の唄声が
響いてくる様だ
低く寂しく
僕は
凝っと星空を見上げていた
味気ない夜だ
出発の前夜
瞼を潤おし
〝お母さん〟と
呼んだ事であろう
その君は
既に一人寂しく
椰子の木蔭にねむっている
僕の心は
暗く悲しくなる

安らかにねむっておくれ
温い〝お母さん〟の胸に抱かれて
君の功績は
決して戦友の心から
永遠に消えぬであろう
おやすみ
清水君よ
山畑君よ

（九月二十二日夜）

お姉様
実《みのる》は元気で
軍人として
お父様お母様の許へ参ります
天皇陛下万歳

母を恋う

村上　博

福岡県出身。東京外国語学校学生。元海軍大尉。昭和二十三年七月十日、「バタビヤ」に於て銃殺刑。二十七歳。

手　紙

御母上様

懐かしい御便り已《すで》に二回有難く拝見致しました。御母様には御変りもなくお達者に高齢の身を以て克く終戦後の混沌とした社会の荒波と闘い乍ら二人の弟を励まして父亡き後の一家をお守り下さる御様子、又帰り来ぬ博の身を案じて日夜御神仏様の御加護を御祈念下さる尊い御姿、目に見えて博は只喜びの裡にも朝夕感謝と無念の涙にくるるのみであります。博は今迄幾度か御母様を想い筆を執りましたけれども不覚にも涙が先立って心乱れ思うことも書けない様な有様で今日迄打過ぎましたこと何とも〳〵御詫びの言葉も御座いませぬ。どうか此の掻きむしられる様な博の胸の裡を御察し下され、万死に値する不孝の罪をお許し下さいませ。

御母様

博は今死刑囚として悲運に泣きつつ、海山千里遠く離れた此の異郷の獄舎で寂しく然し元気に短くも尊い人生の一日一日を送り迎えて居ります。

〔中略〕

御母様

博も矢張り御母様の子です。軍隊に在っては幾人かの兵の長として勤務して来ましたが子として親を慕う気持に今も昔も変りありません。これが博の虚飾をかなぐり捨てた偽らざる赤裸々な心の中であります。〔中略〕

御母様

博を信じて下さい。御母様の子として博は決して世の人に後指をさされる様なことは断じてしなかった事を。博の事は誰よりも御母様がよく知っておいでになる筈です。博はそんな悪い人じゃない、御母様の子としてそんな大それた事を仕出かす訳がありません。唯職に殉じ部下をかばい男らしく責任をとって散って行く博を信じて下さい。幾多醜聞のある終戦当時の日本軍隊に於ても博は御母様の子として人にとやかく言われたりする様な真似は絶対にしなかった積りです。自分のやるべきことをちゃんと果して来て今日の様な結果になったのです。せめてこれだけでも知って居ていただき度いと博は何時も思っていました。博は予て今日の運命は覚悟して居りましたものの御母様の御心を愁傷させるに偲びずつい申し上げずに居りました。子の悲しみは親の悲しみです。子の喜びは親の喜びです。〔中略〕兎もあれ博はこんな耐え難い逆境に在っても御母様の心を信じ変りない絶対的な愛を感謝しつつ幸福に生きて居ります。

夕焼した茜雲《あかねぐも》の湧く懐しの空の彼方を眺めていますと、ふと御母様の懐しい笑顔が浮んで来て「博さん、元気を御出しなさい。お母さんがちゃんとついているから」と慰めて下さる様な気がして不知不識熱い涙で瞼を濡らしたこともありました。なんだ余り感傷的になるなと人は笑うかも知れませんが然しこれが窮境のどん底に喘ぐもののみの知る気持ではありますまいか。涙の涸れた人生程索莫たるものはありません。博は近く銃火に散って行く身です。今更この現世にもさして未練もありませぬが御母様を慕う心だけは如何とも思い切ることが出来ません。「人は死しても尚魂魄は残る」ということが事実であれば博の霊はきっと〳〵遠い海原を越えて懐しいふるさとの御母様の膝下に帰ることでしょう。死刑を宣言されて何も望むことも別にありませぬが、ただ一事御母様の幸福を祈り願うのみです。〔中略〕

では御母様、博は不孝の罪を詫び、御厚恩を感謝し御長寿と御多幸を祈りつつ最後のお別れを致します。

御母様　御機嫌よう。左様なら

於バタビヤ市チピナン

二十三年二月二十五日

博

懐しき御母上様

遺　書

奇《く》しき運命、悲しむべき敗戦国家の犠牲として死刑の判決を受けて、悲運に泣く逆境に訶《せめ》られ乍らも雄々しく耐えて、清き露の生命を生き長らえつつ兄は、今多くの同じ運命にある戦友達と此所バタビヤ市チピナン刑務所で、尊い最後の人生を送って居ます。

母上様からは已に二度御便り拝受、終戦前後の内地の動向、人心の変易、懐しき人々の消息等々、聞くもの総て驚きと悲憤の涙を催させることのみ。

今更乍ら敗戦国家の悲惨な実情を知り、戦争が如何に人道上、大いなる罪悪であるかということを、つく〴〵感じさせられます。敗戦、全く予測し得なかった古今未曾有の悲惨な歴史的現実を契機として、急転直下流転の一路を辿って来た無常なる運命に対する悲観、愁歎、甘美な過去に対する感傷と執着、将来に対する不安と煩悶《はんもん》或は勝者から受ける耐えられぬ屈辱に対する憤激、反感、こう云った敗戦国民の誰しもが味ったであろう複雑且悲壮な心理状態を、痛切に体験して総《あら》ゆる苦難と闘い乍ら、幸い今日迄生きては来たが、此の苦しみも祖国の人々のそれに比べては遥かに生易しいものに違いないと思って居ります。戦後、人道地に墜ち国民の思想が転落の一途を辿ったとは云え、矢張り祖国を斉《ひと》しうする人々のどん底に喘ぐ苦衷、粥をすすり襤褸《ぼろ》をまとって、何一つとして楽しみも知らずに、その日暮しに生きることのみで、精一ぱいの祖国の人々を想うとき、名状し難い悲惨な気持に駆られ、ひとりでに目頭が潤む。父を失い帰らざる兄を待ちつつ年老いた母を扶《たす》けて社会に出た許りの御身等二人が如何に行き悩んでいるかと思うと、天の余りにも苛酷なる試煉を恨まずには居れません。

最近特に祖国と海山千里かけ離れた異郷の獄、娑婆の空気には全然無関係なるべき此の小社会にも祖国の動きが感じられます。〔中略〕祖国が今や敗戦国家として国家的発展を阻止され、国際的地位を抹殺され、政治的、経済的、思想的危機と闘い乍ら而《しか》も戦争の辛苦と悲惨な後味を味いつつ、力を協せて雄々しく再建の基礎を固め、平和主義民主主義を標榜して立ち上った現代日本の滔々《とうとう》たる時代の流れ、新しい国家への陣痛期であり又大いなる昏迷の時代を背景とした国家的風潮が、着々進歩する再建の朗報が、又混沌たる世界の風雲に処して立ち上る新興日本の力強い息吹きが、ひし〳〵と伝って来ます。〔中略〕然し未だ〳〵

日本はあらゆる点に於て徹底的に改革を要する。生半かな治療では駄目だ。生れ出でんとする苦しみの時代は相当永く続くことだろうし、国際的、又社会的、個人的闘争軋轢は更に熾烈の度を増すことだろう。故に甘い夢を見ている奴は、結局人生の荒波に耐え切れず、落伍者として葬り去られて了うことは勿論である。どうか二人共此の昏迷の時代に処して力強く生きてくれ。遠い所にある一つの理想に向って行き、行きても尚到達し難い遙か彼方の理想に向って現実の苦難と闘い喜びを味い乍ら一歩々々歩いて行く、その行程が人生なのだ。現実の刹那々々の苦悩、悲哀、喜び……の連鎖が人生なのだ。故に幸に酔わず、不幸に悲しまず、現実の一歩々々を堅実に力強く生きて行くべきだ。幸も不幸も決して偶然に起り得るものではない。因《よ》って起る因縁の種子を自分で播くからだ。〔中略〕

敦の様にお人好で兄に代って家を継ぎ広く世の人と交際して行かねばならない立場にある者は特に此の点留意して下さい。そして一旦交際せんと心に決めた人に対しては、常に和敬信愛の精神を以て、交際して行けば間違いありません。協和敬信の欠如した家庭や社会は転落の道を辿るのみです。これは兄が短い人生の体験した処世上の信条の一端です。

又愛こそ此の惨憺たる荒《すさ》み切った人情の世にあっては最も不可欠のものと思います。刑務所の様な、ともすれば殺伐な気分に迷い入り勝ちな処でも、家からやさしい便りを受け取った時は、誰しも涸《かわ》き切った瞼に熱い涙が流れてまいります。最後迄自分を信じて下さる母上様や、御身等の限りない絶対的な愛情に感謝しつつ死んで行けるのは、此の上ない幸福者であるとしみじみ有難涙にくれることがあります。

次に今一度簡単に戦犯の問題に触れて置きます。ポツダム宣言の規定に依り所謂戦争中違反行為を犯したる者と称して終戦後特に作戦上枢要のポストに在った者は次々と挙げられて彼等の戦争犯罪者法と称する速成不備な法律に依って公判に附せられ幾多の戦友は已に悲憤の涙の中に次々と葬られて逝った。多分に政策的な意義を含み、且報復的感情や先入主に依って行われた所謂戦犯裁判が実は一方的であり、不公平なものであったということは、恐らく此の裁判を受けた人々の誰しも共通に感ずるところだ。世界平和戦争防止を希求せんが為との美名の下に、白日堂々阿世《あせい》的惨虐行為が行われているのを神は御存知なのか？　実際犠牲となって散って逝った人々は誰も忠誠報国の一念に燃え故国の危急を救い軍の安寧を維持せんが為、緊迫した不利な戦況下に在って、身も寝食も忘れてただ一途に祖国の為にと、陣頭に立って闘って来た人達であるのに、何故に今かかる戦犯者の汚名の下に、悲しき運命に泣かねばならないのか。諸行無常万物流転と簡単に片附けて此の矛盾撞着を解決するには余りにも割り切れないところのものである。戦争に負けたんだ、戦争の犠牲となったんだ、諦めてくれと云う人々の言葉では到底戦犯者をして納得せしむることは出来ない。戦犯者の気持を他の人々は到底推測し得るものではない。日本国民は概して戦犯者の問題に対して冷淡すぎる様な気がする。甚だしきに至っては普通の犯罪者と同視しているものが中にはある様であるが、これでは犠牲者の霊も浮ばれない。速《すみやか》に此の問題に関しては日本人の再認識と熟考を要望する。人類の平和は一刻も早く望ましい。大いなる罪悪であるところの戦争は極力避けねばならない。然し戦争より甚だしい手も足ももがれた戦敗国民が、民心懐柔、自己の報復心満足の犠牲として道徳慣習法律の解釈を異《こと》にした他国民によって、槍先に葬られて行く此の似而非《えせ》なる所業を世界の人々は対岸の火事みたいに手を拱《こまね》いて高見の見物視して居てなんともないのか。そんなに迄世界人の道徳観念は低落したのか。又戦争に疲れ切ってそれを考える余裕がないのか。兎もあれ戦犯者の問題は近き将来、法律学上、社会学上、倫理学上の由々しき問題となるべき性質のものであることは論を俟《ま》たない。そして又自分は祖国が完全に元通り頑とした国際的地位を確保した暁に、戦犯問題に対し徹底的解釈を与え今我々の云わんと欲するところを世論に訴えてくれることを確信する。然し乍ら事実上此の問題に対しては如何とも手の下し様のない現状だ。昔から人柱と称して尊い命を抛《なげう》って洪水の災害を救った犠牲者の話を聞いているが、実際国家再建の礎たらんとして散りゆく我々の気持はその人柱の気持と変りない。そして更にやがては故国に帰るであろう現在の戦犯者の苦しき体験より生れた思想と、闘志と、地下に眠る犠牲者の魂魄とは、相俟って腐敗した社会人心を刷新し、国民精神の源泉となって新日本建設の原動力となることを信じて疑わぬ。兄は今職責に

殉じて潔よく散って逝く。戦犯犠牲者の弟として必ず後日此の問題を立派に解決して、兄の死を意義あらしめ兄の霊に報い下されんことを御願いする。母のことは何時も申す様にくれぐ〳〵も御願いする。

三十年の厚恩に報いず断腸の思いをして散って行く、兄の胸の裡御推察下され兄に代って何卒十二分の孝養を励み下されんことを切に〳〵御願い申上げます。これが兄の最後の願です。〔中略〕

では最後に二人の御健闘と御多幸を祈ります。自重自愛して男らしく波瀾万丈の此の浮世の荒波を乗切って下さい。父と兄の霊が常に御身等二人の身辺を護っていることを忘れずに

昭和二十三年三月十日

於チピナン　兄

敦　殿

健二殿

在バタビヤ市グルドック　　　　　博記

絶筆

時ぞ来ぬ今こそ行かめ玄海の
　空打つ波の心意気もて
くれないに空は匂ひてますらをの
　いで立ち行かむ朝ぞ来にける
寄せ縫ひの無垢を送りて逝く我に
　別れを惜しむ友は床しき
我が母の吾を偲ぶらし殊更に
　ふるさと恋しき今宵なるかも
ふるさとに我を待つらむ年老いし
　母の心にやすらひぞあれ
　　七月十日　出発の朝

獄中吟（当処刑前日）

一、仰窓白雲去悠々
　幽室静聞鳩鳴頻
　面壁心浄似秋霜
　誰知単身笑座獄
二、休悲空死埋塵土
　人生浮沈我何愁
　不敢責人不恨天
　鉄心従容赴死地

　母上様
　敦殿
　健二殿

御厚恩を深く深く感謝し併せて村上家の興隆と御多幸を祈ります。何卒不孝の罪をお許し下さい。博は明朝人に笑われない様、立派な最後を飾る決心で居ります。何の思い残すこともありません。

　昭和二十三年七月九日夜

孤島の土となるとも

牧内忠雄

長野県出身。元海軍大佐。昭和二十三年九月二十五日、「バリックパパン」に於て刑死。

遺書

大東亜戦争に於て、其の緒戦期ボルネオ、タラカンにて草むす屍となるべきを果さず、其の中戦期サイパン戦に於て、水つく屍となるべき身を果さず、生き永らえて遂に終戦の大詔《たいしょう》を朝鮮に於て拝命す。正義の戦も利あらず、皇国遂に外敵に降るの秋、身を皇軍の将校に置く者、いかで一死以て大君に謝罪し奉らんとこそ願わざる。三度死地にありて死するを得ず、茲に二歳九ヶ月、昭和二十三年五月二十一日元敵国政府より死を宣せらる、嗚呼、之天命哉。

一度死地に投ぜし故、戦場のボルネオに於て死す、本望なり。皇国の新興亦遠き将来に非ざるべく、南進繁栄の秋、親善インドネシヤ国の日も来るべきを信ず。身はボルネオの土と化し、永《とこし》えに皇国発展の礎石とならん。大和魂は永遠に幾多戦友と共に同胞の進展を助けん。

所感

一昨日死刑の宣告を受けたが「嬉しくもなし悲しくもなし」とまではいかんが、余り心に手答が無いのに驚いた。死刑を覚悟すること、茲に二歳余、神経も凡そ疲れ果てたと見える（戦争中は張り切って死処《しにどころ》を探し求めた位だったが）。敗戦の憂目《うきめ》に遭っても、徒らに永《なが》らえた身も愈々天命ありて死んで行く。

人は皆死にたくはないが死んで行く。万象皆然り。一切空なりと仏は申す。神の業也、流転の世相を観ずれば生も死も！　只今は死は恐れはせぬが、敗戦母国の姿を遙かに想起する時、生の未練が湧く。然し、新興日本を信じ、皇国は永遠に亡びることは無く、やがて隆々と立ち上るを考え、心易し。亦妻子の事を想えば情愛の念胸に迫る。然し妻は立派に子供を育ててくれること間違いなく子供は皆よい子供であったことを思い将来も必ず立派な日本人として日本再建に貢献するであろうことを信じ、我なき後も一家よく助け合い力強く生活して行ってくれると信じて疑わぬ。安子には苦労をかけるが何事も運命とあきらめてくれ。正夫、慶子、暉夫、晴子よ！　父として充分養育し得ざりしことを遺憾とするも魂は我家に帰り常に御前達を守るであろう。

大日本帝国万歳！

親戚御一同の多幸を祈る

先輩諸友の健康を祈る

昭和二十三年五月二十三日

ボルネオ、バリックパパン獄中にて

残恨

浅木留次郎

北海道出身。「スラバヤ憲」所属。元憲兵中尉。昭和二十三年九月二十三日、「グロドック」に於て刑死。四十五歳。

遺言

愈々私の最後の日が参りました。明朝八時銃殺執行せられ再び帰ることなき身体となります。私の心境は今迄の便りに依り大体お判りと思いますので今更申上げる事もありませんし又詳記するを許されません。ただ日本憲兵中尉として元気に、そして心安らかに部下と共に散って逝きます。

〔中略〕

父上にも今日お便り別送しました。折角御骨折下さいました助命嘆願も無駄となりましたが私はこの一万二千余名の方々に感謝しつつ逝きます。

安らかに眠れる母上や子供の所へ永眠出来る私は寧ろ幸福と考えていますが後に残る君や子供の事を考えると胸が痛みます。

結婚二十年ですが昭和十七年から別れたのですから短かい運命でした。四人の子供の生活の為に現在も相当苦労されているようですが今後更に苦労されることを思うと気の毒に堪えません。でも私が逝っても余り気を落さず総べてが前世からの運命と諦め、四人の子供の為に元気にそして何処までも朗らかに永生きして下さる様お願いします。

生れて四十五年決して短かい生命だったとは思いませんが子供の為めもう少し生きてやり度い気持ですが、止むを得ません。

ほんとうに永らくお世話になりました事を茲に更めて御礼申上げます。旭川の母上や兄上達にも宜しく申して下さい。別便しません。子供宛の分は同封しました。では世界平和と日本の再建を念じ且つ君達の御多幸を祈って君に対する最後の手紙とします。どうぞおすこやかに。さようなら。

渓川《たにがわ》に散りし落葉は朽ちるとも
　下を流るゝ水は絶えざる
憂方《うれいまさ》に心想へば限りなし
　庭潦《にわたずみ》にも月影ぞすむ

遺品として爪哇《ジャワ》で作った軍服の上下と内地から持って来た水筒（但し外布なし）其他を送って下さる様依頼してありますが果して到着するかどうかわかりません。

昭和二十三年九月二十一日

浅木留次郎

小夜枝様

愈々お父さんの最後の日が参りました。とう〳〵再びお会いする事も出来ずにお父さんは永遠の眠りに就きます。大きくなったであろう、そして美しくなったであろう、あなた達に一目会い度かった願いも総べて終りでした。総べてが運命と諦めてお父さんは元気で逝きます。そして何時迄も蔭で皆様の幸福を祈り且つ見守っています。

あなた達四人の姉弟の幸福の為めにお母さんはどんなにか苦労される事でしょう。やがては二人共お嫁さんに行かれるでしょうが、それまでは姉弟仲よく朗らかにお母さんの手助けをして、少しでもお母さんに楽をさせて上げて下さい。之がお父さんの最後のお願いです。愛子さんも来春は女学校卒業ですからお手伝が出来るでしょう。「お父さんが居ない娘だから……」と他人から後ろ指を差されない人になって下さい。戦争で両親共亡くなった方も沢山居ることを思えば、良いお母さんがあなた方には居て下さるだけでも幸福です。どうぞ何時迄も元気で暮して下さい。ではさようなら。

昭和二十三年九月二十一日

父留次郎より

百合子
愛　子
様へ

絶　筆

昭和二十三年九月二十一日

浅木留次郎

○一時間以上に亘り山本閣下、西田閣下を始め多数の御世話になった方々と心ゆくまで面会を終って想い出のチピナン刑務所を出た。悲しき命であるのに人々と語るうれしさにおのずからほほえむ。
○運命を共にする旧部下五人と一緒に一行六名は和蘭《オランダ》憲兵二名に護送され、ジープで懐かしのバタビヤ市内に入る。切る風秋風の様に涼し。

秋の風心に泌みる死出の旅

○日本は明日か明後日は彼岸の中日だが常夏の国ジャワでは太陽が燃える様に鋪道を直射している。

火焔樹の花鮮やかに鋪道燃ゆ

○憲兵二名の内一名は福岡に一名は長崎に俘虜として居た由、親切で心から礼を言って別れ、グルドック刑務所に十一時頃入って獄衣に更《あらた》めたが明朝は着て来た私服に着換えるとのことだ。独房否今度こそ真の死房に入ったが、落ちつくべき処に落付いて心がさっぱりした様だ。

昼食後間もなく公判中の検事と例のロシヤ人通訳が来て「何か遺言はないか」と言うから「妻から外務省並マッカーサー司令部経由で送付した日本の首相以下一万二千名の歎願書を見せなかった理由は」と尋ねた所「自分は係でないから解らない」と言うから「今歎願書が却下になったと言ったじゃないか」と突込むと「自分は通知に来たのだ」と逃げる。部下の斎藤軍曹に対しても和蘭人二名からこんな親切な日本人はないと言う歎願書が来たのを人違いだと言って却下したが之等が正義の名に於て裁判する和蘭の行為か、不正義極まる、復讐の裁判じゃないかと毒づくと「決してそんなことはない。君の歎願はこれから帰って早速調べる」とぬかしやがったから更に「自分は今更生き度くて言うのじゃない、偽善者の為に言うのだ。日本人を裁判した関係の和蘭人には七代自分の霊魂が怨みたたってやるから覚えて居れ」と言ってやったら「歎願書を調べて来るから明朝迄待って呉れ」と言って出て行ったが恐らく公判中と同じく良く文句を言うやつだと思っただろう。

○午後二時頃鉛筆と紙一枚渡されたがその紙の分は検閲を必要とするとの事、持って来た花束包紙、煙草の巻紙を飯粒で貼ってこの分はこっそり佐藤禅師さんに持って行って戴くつもりで書き始めた。

○親子雀が房の前で遊んでいるのを見ると矢張り

妻や子供のことが想い出される〔中略〕
○夕食後水浴をやって父や母宛の正式の遺書を書いていると、豆電球がついたが此の老いの目には此の細字が書き難い。
○煙草を吸っているとチピナンの人々の事が想い出されて来るが然し悔も苦もない。心はまことに晴やかである。

顧みてたがわず皇道踏みしかば
　悔も悩みも苦しみもなし
とことはに行く道晴れてすこやかに
　富士の高嶺に雪は輝やく

○すっかり暗くなったので六人で唄の会を始める。
○明朝は自分が一番に銃口前に立つ様になっていたが佐藤曹長が検事に連絡したため、佐藤、山畑、野中、斎藤、浅木、清水の順になるらしい。
○スコール一過、涼しい夜風が吹き出したので蚊が少くなった。フマキラを請求したが返答だけで呉れそうもない。蚊だけならまだいいが床が板の為南京虫がうよ〳〵白髪を這い廻る。空はすっかり晴れて星はきらめく。
○交代で次々と唄いながら玆まで書いて来たらもう十一時になったらしいが、六人で三時間も唄い続けたのでもう歌の種もなくなってしまった。
○後九時間の生命だがなんだか殺される様な気持にならない。今迄苦しんで来た為安心した結果かも知れない。
○もう零時を廻って二十二日に入ったらしい。刑場で銃口の前に立つとき、正義の名に隠れて不正義極まる戦争裁判をやっている和蘭国は後五年以内に滅亡することを予言すると共に吾々死刑者の霊魂はその実現を見てから天国に昇るであろうと絶叫してやるつもりです。
○凡人の悲しさで良き歌も句も浮んで来ませんし紙ももう無くなりましたので手紙を終ります。

○では皆様の御多幸を祈りつつ元気で逝きます。

運命と諦め逝かんそのかげに
　惜しむ人あるはただにうれしき
ふがひなく逝く身なれども心には
　祖国の行末憂ひやまざる
雲切れて大和島根のおほらかに
　晴れきはまるを念じつつ逝く

○もう紙もなくなってこれ以上書けません。蚊と南京虫と、スコール等の寒さの為遂に一睡もしませんでしたが今暁から永久に眠れるでしょう。

九月二十二日

○六人で又朝の歌会をやって元気をつけると朝食のパンとコーヒーが入る。間もなく佐藤和尚さんが来られて自分と清水君は一日延びて明朝執行実施との事で、一入淋しい気がする。此処に来た以上早い方を望む。そして六人共に逝きたかったが、運命だ。止むを得ない。

○佐藤、山畑、野中、斎藤君の順に皆元気で行く。

お先にと言ひつつ元気に次々と
　旅立つ部下の姿おろがむ
数多き部下の中より誠もて
　勤めしもののみ逝くもかなし

○夕べ一睡もしなかったので昼寝しようとしたが眠れない。取残された様で唄う元気もない。昼食後三度佐藤和尚さんが来られて三十分以上に亘り親しく話して別れた。全く逝く人にとって生仏様だ。煙草を下さったのでその包紙を利用して又少し書いている。

○明日が彼岸の中日の由、この日に逝けるのも反って幸福の様な気がする。

なごりなく秋の彼岸に逝くさだめ
四十五で仏となるや秋彼岸

○事務所の谷口様出発の時お願いしました手紙二通と手帳一冊と遺髪の包紙は命日を二十二日と書きましたが二十三日に直して置いて下さる様お願いします。昼食夕食黙っていたのに素晴らしい御馳走で、殊に豆腐は終戦後初めてであり、最後です。いよ〳〵紙もないのでお別れします。又今晩も蚊や南京虫で寝られないので隣室の清水君と語り明します。
では皆様さようなら。

山岸延雄

長野県出身。元憲兵准尉。昭和二十三年四月五日、「アンボン」に於て銃殺刑。三十七歳。

遺稿（吾が人生譜の中より）

戦犯

帰還の船が着く頃に　敵軍のため人道の
叛逆者ぞと指定され　戦争中に国思う
敵性帯びた住民を　興国のため必勝の
信念に燃え検挙して　処置した故に罪問われ
囚われて泣く身となりぬ　噫々《ああ》悲しくも無念なり
吾れはつわもの戦場の　花と散るべく決意して
国を征立ち一線に　励みし努力入れられず
国は破れて散りも得ず　戦い止みて囚れの
運命苦しき身となりて　恨みも深し降伏の
鐘を聞きたるビル町に　囚われたるは翌年の
二十一年春四月　二十七日夕まぐれ
蘭印軍は非道にも　人あらための名に於て
検査をしつつ暴行と　恥辱の限りつくしたり
死ぬには死ねず生きるには　尚余りある苦しさに
如何に過してゆくべきか　思い迷わぬ日とてなく
反撃夢にえがけども　かいなきこととあきらめて

日の経つ程に身も耐えて　安汶島《アンボン》に移りても
日に日に受ける暴行で　顔や足腰はれ上り
人目を避けるみにくさは　支那の苦力も及ばざる
あらき仕事とけがれたる　厠や下水と汚物捨て
此の世の様と思わねど　ただ潔白の身を信じ
故郷へ帰るを楽しみに　耐えしのびつつ和蘭の
裁きの庭に立ちたるに　嘘で固めた住民の
証人に破れ極刑を　言渡されて口惜《くや》しくも
争いたるが如何せん　国破れてはかいもなく
無念の心止みがたく　報復の念燃ゆれども
身辺常に見守られ　今は止むなく日本の
再建の日を祈りつつ　安汶島は弁天の
刑場あけに染めなして　従容として死に就けり
噫々悲壮なる人生ぞ　秋は昭和の二十三年
春四月の五日朝

辞　世

国破れ大和桜に風寒く
　土くれないに今朝ぞ散りゆく

戦友諸兄に

明け暮れを苦役にすごす友の身に
　早く廻れよ幸多き年

妻に送る

吾が妻よ浅き契りと思ひつつ
　今朝ぞゆくなり永久の旅路に
思ふまい思ふまいぞと定めつつ
　思ふは妻や子供等のこと
吾れとても明日の命を思ふ時
　人知れず泣く弱き心ぞ
春浅くヒナの節句も過ぎし頃
　父は旅立つ永久の異郷へ

国を興し何時の日か来よ此の島に
　父は笑顔で吾子を迎へん
吾が庵は南の島の浜近く
　汐風香る椰子の葉蔭ぞ
妻や子よ世の風寒く吹かむとも
　強く進めや人のゆく道
妻に寄す便りを友にいたくして
　心をきなく死出の旅路に
五年前別れし妻や子供等に
　今日の便りはいたましくあり
年老いし母は今尚おはすやら
　離れ小島で知る由もなし
妻や子と幾春秋を過せども
　与へし幸の少なかりけり
子供等の事を思へば此の胸は
　千々に乱れて筆もはこべず
上記の歌は囚われて詠んだものです。

妻　さかゑ殿

遺　書

何も私心でやった事でなく国のため、上の命令で動いて、戦いに勝つためにやった行為が蘭印からみたら罪になるとしたなら今は止むを得ないが、自分では心にとがむる何物もなく、いたって元気です。私の力では報復も不可能です。ただ無念、死あるのみ。

昭和二十三年四月五日

山　岸　延　雄

覚悟

岡　村　亀　喜　代

姫路市。元憲兵准尉。昭和二十三年四月五日、「アンボン」に於て刑死。三十六歳。

和歌山県出身、海軍上等兵曹、金田馨君を紹介する。この人は私が昭和二十二年七月五日死刑の判決を受けて以来、昭和二十二年九月○○日死刑執行される迄の○○日間、ＭＰの留置場に於て起居を共にし、そして毎日特別の御世話になり、又死出の旅に立つ前夜の夕食の時、水盃を交して生別死別した人です。〔中略〕そして心境を克く知っている人です。自分が何月何日何時に死ぬるのだと云う事が判って居り乍ら其の一日々々をどんなに愉快に、どんなに面白く、毎日々々歌を歌い乍ら過ぎし昔を振り返り、自分の歩んだ道を反省し、そしてあの世に行ったならどんなに楽しい事があるだろうと、色々の事を毎日愉快に語り合いつつ、死を待った時の私の状況を克く聞いて呉れ。

そして私が何一つ死を恐れず国家の犠牲、人の犠牲となって喜んで死んで行った事が、金田君の語る話に依って察する事が出来たらそれで安心して呉れ。それで私が最後迄世話になった金田君だ。呉々も私に代って御礼申上げて呉れん事を祈る。

遺　詠

紫の煙草の煙輪を描き
　囚屋の外へ流れ出で去る

今暫し映る大地の吾が影を
　見れば浮世の儚さを知る

精魂をこめて打ち振り薪を割る
　その一《ひ》と時ぞ浮世を忘る

唯心　海野馬一

岡山県出身。陸軍士官学校卒業。元陸軍少佐。昭和二十三年四月五日、「ポンチャナック」に於て刑死。四十九歳。

遺　書

児等よ。この本の余白に父の手記がある。文章の下手、字のまずいことを笑ってくれるな。牢屋の内で監視の眼をかすめながら、内々に書いたものだ。長さ五分《ぶ》にも足らない鉛筆の芯に、椰子の葉の筋を括《くく》りつけてかいたものだ。

予は敵俘虜を戦場の勇者として愛の心で接していたし、部下もよく自分の言を守ってやって呉れた。之等の部下は後備兵で、直接俘虜達と交戦していず、皆温和だった。

武装は解除したが、俘虜のもっていた金は私有財産として引き上げなかった。

私の父母は信仰家で、母は予の出征の際懇々《こんこん》と「無用の殺生をしないように」と戒め、その言は耳に沁みている。私は人を斬ったことはない。キリストの言葉である「汝の敵を愛せよ」を常に心していた。

ポンチャナック刑務所では四月十八日、四月二十日、四月二十四日、五月五日非常な私的制裁を受けた。然し予はキリストの「人もし汝の右の頬をうたば、左をも向けよ」との教を心に持ち、「こんなことをする者も亦神の子だ」と思い、心に愛を充たしていた。

当地の住民や刑務所の看守等で当時のことを知っている者は私に感謝の意を述べるものが多い。「海野が俘虜斬殺に関係していたら完全な身体で本日迄いる筈がない」と言うて呉れる看守もある。

此等のことを裁判の時陳述しようと思い書いておいたが、弁護士さんが「日本内地の裁判なら効果があるが、此処の裁判では、このようなことも述べると悪い結果になるのでやめた方がよい」と云うので一言も述べなかったし、弁護弁論の中にも加えられなかった。取調を受けたのは四月十八日より十月に亘り六回であったが、九月三十日の取調では、調書を読み聞かせられることなしに署名させられた。

日記

十一月十四日

私は日誌を書くことが好きだ。十六歳のときから本日迄日誌を書かない歳はなかった。併し昨年末、新嘉坡《シンガポール》から以降は書くことが出来なかった。本年二月ポンチャナックに来てからは針で穴をあけ字を書いた。「生命の実相」の水の巻、火の巻に大事のことだけをかいた。十月二十四日起訴状を受けとってからは鉛筆が手に入らなかったが二十九日になりそれを手にしたので又かきつづける。尤も鉛筆は裁判準備の書類を作るためのもので日誌をかくためではない。内々に書く日誌なのだ。十一月十三日迄いろいろの都合で書けなかった。

〔中略〕

十一月十五日

一昨夜姉の夢を見た。二十七年前に死んだ姉である、なつかしかった。〔中略〕

忙がしい裁判だった。二時間少々で終り、すぐ検事の求刑。私としては申したい事の十分の一も云えなかった。遺憾の極みだ。これが和蘭の裁判だ。昨年五月以来一年七ヶ月拘留しておいてこの粗雑さ。敗戦者に対する裁判はかくの如きものか。陳述したいことを何故なさしめないのか。弁護士が大いにやってくれようとしても、その陳述を止める。被告に対しては特にそうだ。最も不快だったのは冗談のつもりか、裁判中煙草の紙を予の顔に投げつけたことだ。弁護士さんは「冗談だから、冗談だから」と申されました。冗談も度を越して居る。が冗談として置けば事はなくすむ。

巣鴨に居た時、或る死刑を宣告された人が「何んでもよい。刑務所を出るまでに一つ良いことを修得して帰りなさい」と申されたことがある、実に味うべき言葉である。予は何を修得したか。「大いにある」がここに記すべきときでない。

十一月十六日

巣鴨に拘留されたとき、或人が、「ここは極楽だ」と言ったことがある。吾々は「何も監獄を極楽だなどと云う必要はあるまい」と非難したものだが。しかし今ポンチャナックに来て巣鴨は極楽だったと思う。巣鴨―新嘉坡―バタビヤ―ポンチャナックとだん〳〵悪くなり、此処は地獄だと言っている。「生長の家」の一人である自分は愚痴をこぼさぬ。「打ち向う人の心は吾が心の現れなり」と黒住教祖は申されている。私はこの刑務所の中に仏を見出し、信仰に生きている。信仰は有難いものだ。

十一月二十一日

宣告の日だ。早く起き、身を清め〔中略〕祈ってる間に衛兵が来て予を呼びだす。「祈禱中だから許されたい」と云うても、中々許さぬ。他の衛兵は祈禱中は何も云わぬのに、此の人は困った人だ。宣告の日だと云うのに嫌になった。朝食を了え事務所前に行くと、又衛兵より私と上杉大尉とが一つずつ叩かれた。今週の衛兵は悪質だ。裁判所に行くと、「宣告は二十八日(金曜日)に延期す」と申渡された。私は生来物事を気にするたちで今日のように祈り中にごたごたすると非常に気になるのだが延期になった。小島君が「延期は良いことだ」と云うてくれた。神が、物事を気にするなと私に教えて下ったものであろう。

十一月二十八日

宣告のある日だ。午前三時頃起床、冷水に身を浄め、神仏に祈る。常時の通りに。朝食の際入所以来初めてお芋を二皿貰い幸先よい感じがした。七時過ぎ迎えの自動車が来た。待って居る間合掌していたら、ピシャリとやられた。監視人の曹長に……此のビンタが一生の終りになるような気がした。

九時、「死刑を宣告す」と、実に簡単に片づけられた。呆然たらざるを得ない。馬鹿気た気がする。が格別悲しいとは思わなかった。同輩の上杉大尉も死刑だった。死刑を宣告された時の心は、この様なものかと思う。本年三月以来「和蘭裁判だから……」、と覚悟は決めて居た。

監獄に帰ると身体検査があり紐類を没収された。皆から「スキヤキ」とあだ名されてる監視人が同情してくれ固い握手をしてくれた。原住民の収監者達が、芋を半切ずつくれた。地獄のような監獄の内にも仏がたくさんいる。午後上杉大尉と将棋をさした。獄衣が支配された。一六〇番の番号をつけられた。

今日裁判所で半田通訳さんが「あなたが爪哇に残して来た、日誌と衣服がつきました。後刻お届けします」と云うた。世の中は皮肉なものだ。裁判が終ったのに、その証拠となる日誌がついたとは……夜が来た。「本日以降、特に日本人として体面を汚さないよう加護あらんことを」と祈った。諦めて居たせいか、悲しみも、怒りも出て来ない。五十年の人生を生かして下さった神仏に対し感謝の念が沸いた。〔中略〕

余世一、二ヶ月の間、少しでも人のため世のために尽したい、その念が沸いてきた。

予は幸福だ。何故なら神仏を信じているからである。死刑を宣せられたが、人道に反したことをなしていないと信じているからだ。

「生死一如」古人の言、宜なるかな。

十一月二十九日

妙な人がいる。監視人の一人だ。私が死刑を求刑されると早速やって来て、私のもってる独乙製の眼鏡を「死刑になったらくれ」と執拗に云う。四回目には一寸強く断ったところ少し赤面していたが又今日ねだりに来た。それが相当の階級の人だから呆れる。〔中略〕

愛する児等よ。

父の死を嘆く勿れ。父は決して決してお前たちを不幸にはしない。世の人は父の死を笑いはしまい。世の多くの人はお前たちを白眼視する事はないであろう。否同情して可愛がって下さるであろう。なぜなら父は戦争犯罪者として今ポンチャナックで死するとも、父は何の悪事をもしたのではない。私は自ら云う「俺は立派な人間だ。東条大将や山下大将と共に国家の為に斃れるのだ」と。世の人はいつか父を認めて呉れる時が来る。

仮令《たとえ》認めてくれる時が来なくてもよろしい。人に認めて貰うために働いたのでもなく死ぬのでもないから……。

さて世の人がどんなにお前たちを可愛がって下さってもそれに甘えてはならぬ、母の申されることをよく守り勉強して立派な人になりなさい。父がなければない程勉強しなさい。お前たちのお母さんはこの世で一番立派な人だ。その立派な母の下に育つお前たちは幸福だ。言いたい事はあるが父が申さなくても母の言葉は父の言葉だ。まだ暫くの間があるかも知れぬから、気のついた時に申しますが、今日は一つだけ「父の死により何か心に得て下さい。悲しむことでなく、よいものを見出して下さい」。

愛する児等よ。おまえたちは幸福である。(幸福を祈りながら筆をとる)

昨日醍醐海軍中将に死刑執行命令が来た。閣下は平然としていられる。実に立派なものだ。一、二日の内に死んで行く人とは思えぬ位に……。曾《かつ》て侍従武官までされた人だったのに。

十二月六日
海軍中将侯爵、醍醐閣下銃殺さる。余りに憐れな御最期だったが、併し御立派な死だった。国歌を唱い、陛下の万歳を三唱し斃れられた。その声我が胸に泌む。天よ。閣下の霊に冥福を垂れ給え。

予と閣下とはバタビヤ刑務所以来親交あり、予の病気の時は襦袢を洗って貰ったことがあり、閣下は私のおかしした「生命の実相」をよくおよみになり、死の前日その礼を申された。
閣下の霊に謹んで哀悼の意を表す。

十二月九日

昔支那の或る坊さんが将《まさ》に死刑に処せられようとしたとき、六日間の日延を願いいで、その間に一書を著し後世に遺したことを本で読んだことがあるが、予は今死を宣せられていながら唯無意味に日を過している。嗚呼我は凡人なるかな。我ながら恥かしい。毎日「何んでもよい世のため人のためのことを一つでもなさしめ給え」と祈っている。昨日は妻楊子を作って人にやり、又肺結核患者を慰めてやった。今日は不用の下駄や襦袢を人に恵み、斯くして自らを慰めている。

十二月十日

遺言を書き残した人が偉いのか。残さなかった人が偉いのか。辞世の一言、天下を震わしたものがあり、大楠公、松陰先生のがそれであり、俳聖芭蕉翁は遺さざりし故に名高し。遺言して笑われるものもあれば、遺言せずして敬《けい》せられる人もある。

十二月十一日

昨夜は天晴れ美しい星が輝いていた。じっと見つめていたら、何とも言えぬ気がした。天文学者の中には「星の中には地球より進歩した生物のいるものもある」と云う。人間より進歩した生物のいる世界には罪人は居らぬであろう。所謂天国と云うのであろう。大宇宙の創造神の造られた星の世界、美しき星よ。じっと見つめていると父母の顔が浮び、うれしい熱い涙が出る。幼い頃、父母と共に夏の涼台《すずみだい》でみた星。若かりし頃、夜学に通う冬の夜見た星。兵隊であった頃、露営の夜みた星。内地で見た星。北満で見た星。南洋のラバウルで見た星。

嗚呼なつかしき星よ。

十二月十二日

父上様、母上様

御健康で御暮しですか。御伺いいたします。もう新聞やラジオで御承知と存じますが馬一は十一月廿八日死刑の宣告をうけ近く処刑される事となりました。海山の大恩をうけた御父母様に万分の一の御返しも出来ず、家名を汚した罪を何卒御許し下さい。馬一は死する迄御両親の平素の御教訓を守りました事を信じて下さい。特に昨年五月巣鴨に発ちます際父上より訓《おし》えられたお言葉を守り一言も虚偽の申立をしておりませぬ。御安心下さい。この事件も戦争の継続と思ってます。仮令戦争犯罪者として死んでも、私は立派な戦死の心算であります。御喜び下さい。立派に立派に日本軍人として戦死いたします。

何卒御身御大切に百年の長寿を心よりお祈りいたします。鉛筆が短かいので乱筆お許し下さい。

親愛なる妻よ。

永らく御世話になった。苦労ばかりかけ相済まなかった。特に昨年五月収容せられた後の苦労は推察も出来難いものであろう。

今度とうとう御別れすることになる。今更何も申すことはない。言わない方がよく私の心が判るであろう。嘆願書を出して下さった方々によろしく御礼を申し上げて下さい。

私は立派に戦死をいたします。

嘆かずに日本軍人の妻として立派に暮して下さい。御健康を祈る。

十二月十三日

人間の最大の苦痛は用事の無い事である。昨今は全く用事がなく用事を見出そうとして色々やってみるが、やっぱり用事はない。

用事のない中に仕事を見出せ。十坪に足らぬ牢屋の中にも仕事はある。日常行事を出来得る限り念を入れてやる。庭を掃くにも運動と時間とを考え丁寧に丁寧にやる。毛布一枚乾すにも色々考えて乾す。斯くして毎日を過し、毎日は過ぎて行く。

十二月二十一日

『恩師』

私が戦犯容疑者として巣鴨に拘留されるときわざわざ私の宅まで来て下さったのは吉永万太先生だった。「君は南方から帰還したばかりでまだ顔色も良くなっていない。この米を食い、元気になって入所してくれ」と申し見舞って戴いた。「此の御飯を食べ元気になって……」の御言葉が身に泌みてうれしかった。〔下略〕

十二月三十日

年末所感

昭和二十二年も残り少くなった。〔中略〕

昭和二十二年を回顧すると、私の為には乾坤一《けんこんいっ》擲《てき》の大きな芝居の年だった。今更ら愚痴を云うのではない。立派に諦め、覚悟はしていた。が実際死刑の宣告を受けようとは思わなかった。それは自ら罪なしと信じていたからだ。事件のことは神様は見透しなのだ。従って宣告をうけてからも心は平穏である。有難いことだ。

本年最も強く私の心を刺激したのは人の情と云うことだ。金光教の御理解に「我が身の苦難を忘れ他人の苦難を知らぬことを戒《いま》しむ」とある。獄中にあってしみじみ他人に親切をつくすことの善なるを知った。一粒の南京豆、半切れのバナナ、物質のみではない。言葉の丁寧、愛らしき笑顔、我が過去を顧み、すべてが恥かしい次第である。

私は昨今、心に誓い「一日一善何んでも人の為つくさしめ給え」と神に祈り、実行にうつしている。
次に私は御幣《ごへい》をかつぐ癖がある。縁起を云う習慣があった。軍人として恥かしい次第だが実際その通りだった。それを止めねばならぬと気がついた。しかし信仰とは別だ。信仰は信仰だ。〔下略〕

十二月三十一日
昨夜金刀比羅様と安仁《あに》神社の夢を見た。私を加護されているのだ。有難い。

昭和二十三年元旦
兎に角元旦を迎えた。目出度い。五十歳になった。
午前四時起床、若水《わかみず》で洗身、神々様にお祈りした後、食餌を神仏及両親にお供えしたのち食事に手をつけた。結構な御馳走、炊事から上ったものの外に土人ラデンさんからパン一切れ、又別の人からコーヒー一杯と煙草一本を戴く。朝の祈り中にお茶の分配があり隣房の土人マカシンさんがとってくれた。現象即極楽。牢獄即浄土、三界は唯心の所現だ。食後神想観をなす。明朗な正月、故郷では父上母上初め家内の者が無事お正月を迎えていることであろう。父上は七十六母上は七十四になられた、そして私は五十、一日一日を正しく楽しく生きる為、元旦に次のことを誓う。
一、腹を立てぬこと。二、物事を悪意に解しないこと。三、人に親切にすること。四、小言を云わぬこと。五、迷信にとらわれないこと。
自分の欠点はよく判っていながら、それが矯正出来なくて苦しんでる。自ら神の子であることの実相が見えずに苦しんでいる。「神よ（我即実相）なることを悟らしめ給え。（我は神なり）と云うことを悟らしめ給え」
牢獄の粗食なれ共父母に
お供へして我はいただく

若水に洗身するや星淡し
牢の春ひねもす聖書を読みにけり
君が代の声あり牢の春の朝
牢の春遊び来れる蝶二つ
初日の出鉄格子より拝みけり

一月二日
昨夜誰か知ら、水槽の中に生茄子を投入れてくれた。朝食の時食う。
右隣室に「マカシン」と呼ぶ原住民、窃盗罪ではいっている。誰も相手がなく独り寂しく黙々として壁によりかかってる。可哀想に思い内証で煙草一本をやり良いことをしたと自らを慰む。

一月六日
夕づけば祈る声あり牢の中
夕づけば復《また》思ひ出す故郷のこと

親しき妻へ。

いい御天気なので洗濯をした。洗濯中いろいろと思い出した。下手な筆でかくより書かない方が私の心がよく判ってもらえると思い、十二月十二日のときも格別のことを書かないでいた。が今日は少しく書いてみる。

愛する妻。否敬する妻と云う方が本当だ。実際私は感謝の他はない。

二十年前嫁《か》して来てくれてから、何一つこれと云うてして上げることも出来なかったのによくやってくれました。私が陸軍の少佐に迄なったのもあなたの御蔭だ。子供達の健康で利巧に育ったのもお前のお蔭だ。東京での暮しのときは随分御苦労をかけたね。数度の出征……その留守生活は大変だったと察する。巣鴨入所以来の御苦労は筆舌のつくし得る処ではなかろう。東京への見送り、面会、通信、私のこと丈けでも大変なのに愛児達の教育……。殊に御両親に対し、よく仕えてくれたことは心より感謝する。今日ここに安心して其の日其の日を過していられるのも、お前様の御蔭であろう。毎食事のときは、たのしかった昔の食事の事を憶い、蔭膳をして、毎朝私のためお祈りしていてくれると思い乍ら、私は家庭の健康をお祈りしている、どうか健康でくらして下さい。神仏に祈っています。〔中略〕

一月二十七日

瑞子ちゃんへ。

　みづみづと育ちし大和撫子よ
　　野に咲き匂へ清く正しく

誠子ちゃんへ。

　誠もちこの世の中をわたるとき
　　ならざることの何物もなし

和幸ちゃんへ。

　和合して仲よくくらせかづかづの
　　幸おのづから現はるるなり

二月一日

早いものだ。二月一日になった、内地は大寒の候だ、西大寺観世音社御会式《おえしき》も近いと思う。天照皇大神様と弘法大師様とに参詣した夢を見た。

　牢獄に迷ひ入りにし螢をば
　　そつととらへて又逃しやる

二月四日

刑務所長のお母さんからコーヒーを貰う。

　お母さんの厚き情のコーヒーを
　　闇の獄舎に謹みてのむ

　父上とたのしく野辺に鍬ふるひ
　　芋作りする夢をばみたり

二月六日
散髪を久方ぶりにして貰ひ
　かうべにかろく春の風吹く
二月七日
鶏の親子たのしく獄庭に
　遊ぶをわれは窓越しにみる
二月十一日
建国の佳き日迎へて牢獄に
　君が代うたひことほぎにけり
二月二十二日
名月や獄舎に唄ふ佐渡おけさ
名月や獄舎に啼けなけ名無鳥
三月三日
レモン水がくばられる。これは邦人有期刑の人五人が椰子細工をこしらえ儲けた金で求めたものを分与して下さったのだ。
三月十九日
月日は流れる水の如しと云う。ここに送られて来てから一年の月日が流れた。昨年の本日ここについたのだ。じっと眼をつぶるといろいろのことが思い浮んで来る。まず浮ぶのはふた親の顔だ。不孝の罪をわび心より御健康を祈る。いつも蔭膳をした前に食事をして居る。私の力でこしらえた食事を父母に食べて貰うことが出来たらどんなにかうれしいことであろう。私の幼いとき大事に大事にして下さった祖父様、祖母様、御先祖様。家名を汚した罪をお許し下さい。
三月二十四日
上杉君が右隣りの室に移って来た。間の壁に節穴が一つある。

すき間よりのぞいてみればわが友の
　神祈りある姿けだかし

　三月三十一日
　娘達は故郷で学年末の休暇だろう。一人の男の子和幸、あすから一年生として通学するのだろう。「神よ、児等の上に幸を垂れさせ給え」

　四月一日
　愛児和幸は今日から通学する。その姿を瞼に浮べ。

いとし児の嬉々とたはむれ学校に
　通ふ姿を目に浮べをり

玉つゆ

佐藤源治

岩手県出身。岩手県立水沢農学校卒業。元農業。元憲兵曹長。昭和二十三年九月二十二日、蘭印バタビヤ、チピナンに於て銃殺刑。三十二歳。

　更衣室で全部着換えて囚衣となった。跣足《はだし》で独房に歩いて行く。山本閣下等が入っていた独房である。奥の方から、浅木、佐藤、山畑、野中、斎藤、清水の順である。
　ゴミだらけの独房の板床の上に仰向いて寝てみたが、何も考えるものがない。俳句、短歌もワザとらしく感ずるのでジッとしている。
　昼食が来た。バナナ二本と辛い汁とテンペイを煮たのとミリン漬がある。別に胸に万感満ちもせんが、飯は食わない。
　大便をしていると、デイプホイス（検事）が来た。所長とロシヤ人の通訳も来た。「貴方の嘆願書が却下になって、四十八時間以内に……」と言い渡してから、何かいうことはないかと云うから、「俺は死刑の執行を受けるが、心に何一つやましいところはない。君が云ったような、死者も怪我人もつくったことはない。しかし今助かることを考えているのではないから誤解するな。……われわれがいかに最期を遂げるか、その死に臨む様、死の様をよく見ておけ……」

検事にいい終ってから、ニッコリ笑ってやったら、彼は泣きそうな大分困った顔をしていたが、さらに「一番先に執行してくれ」と云うと、肯《うなず》いて行った。多分そうなるのであろう。十分して松本（弁護人）藤井（通訳）両氏が来て煙草を置いて行った。そのうちに私は浅木氏の室に入れかえになった。執行順らしい。この室で坊さんと会った。いろいろと御話を承り涙が出そうであった。別れる時「野中、山畑、斎藤、清水達にはすまない。彼らには妻のある人もあり、片親の人もいる。その人達に同情し、お詫びしていることを坊さんの胸に入れておいて下さい」と頼んだ。佐藤師の悲壮なる決心をきき感謝に堪えず、安心して死んで行ける。

明日先駆であるが見苦しい真似などして、笑われぬよう心がけよう。

便所用水に顔を映して眺める。これが自分の顔の見納めかと思って見ると、父の顔に似ているなァーと思う。笑ってみたり、しかめてみたり、百面相をやってみた。マタハリの花が枯れるので、その水に挿してやった。明日まで咲いてくれと祈りながら。

えにし

太田秀雄

宮崎県出身。延岡商業学校卒業。元憲兵准尉。昭和二十四年一月二十日、「グロドック」に於て刑死。三十二歳。

遺詠

合掌の死囚にくるゝ秋の夕
名月や夢は故郷に駈けて飛ぶ
灼く塀《や》に堪へてのびゆく獄の椰子
山ゆかば二百十日の銃殺台
水盃の門出にわびし今日の月
万才のわが声とどけ天が原
灼くる白壁に歩みの速き影時計
鉄窓の夜空に光る雲の花
格子窓ほたる恋しや片団扇
獄友逝くも相変らずの虫の声
守宮《やもり》の子すべつて落ちて迷ひけり
うたたねの夢破らるる耳の蟻
戦友の情に灼くる囚屋かな

手紙

水元年雄様　九月二十八日

私の為只単に県人たる情義《じょうぎ》に依る親身にも及ばぬ御心配をお掛け致し真にお詫申上げ様もありません。頂きました慰問帳を読まして戴き溢るるばかりの貴男方《あなたがた》の御愛情に私は筆に書き私の心情を申上る事は出来ません。お察し下さい。

次々に続く死刑執行、独房も大変淋しく成りました。

私等も後追うのも真近であります。

根立、林両兄も本日出発致しました。

両兄とも出発は非常に元気で行かれました。根立さんからは兄の様に御心配を受け私は一入淋しさを感じます。

林さんの御様子は虫が知らすと申しますか何時になく「太田君話をしよう〳〵」と申して居られ林さんの独房に参っては面白い昔の話をして遊びましたが、様子が違う様に感じて居りました。本日又「ジョクジャ」佐藤大尉、大塚さん等出発致されました。

何か情況が変った様に感じられます。

私は次の事をお願い致したいと思います。実は遺書を書いても完全に父母の手許に届くか如何かも判りませんし手紙の制限を受けるので私の言度い事が書けません。

月並の手紙なら書かない方が良い、と思って書かないのです。貴男にお願いすれば、心残すことはありません。

――死刑囚としての生活――

㈠死刑囚の独房は、厳しい規則はあるが、自治制を認められて娯楽、読書の設備があり其の上既決になった日本人一同より月二回の差入を受け又日曜毎に慰問の芝居、劇、浪曲、漫才、唄等が聞け其の上、戦友の差入慰問、尚県人会の一同より差入慰問を受け、斯うした死刑囚が世界中に又とあろうか。同胞愛、戦友愛に抱かれ愉快な日を最後迄送って逝けるのは日本人戦犯死刑囚位なものでしょう。

私は此の事を強く父母弟妹に話して頂きたいと思うのであります。

㈡歎願書に就いて

私の為の歎願書を見て無念で残念で泣きました。私の為め父母が心配して八方飛廻り頭を下げる姿を見て毛唐《けとう》に頼み入る親等の事を考えると何と申上げて良いかお詫の仕様もない。有難さに胸の詰る思いがした。孝行の真似も出来ず天命と云え先立つ私をお許し下さい。

㈢死刑執行に就て

私としては勤務に於て私生活に於て天を仰ぎて恥じず、俯して悖《もと》る事は何一つありません。此点御安心して下さい。

只二十世紀の残虐憲兵として蘭軍法の極刑に斃る。しかしファンデルプラスの検事総長宛の住民指導のため云々と云う電報私信の一事を見て判る様に彼等の民衆指導の宣伝材料の犠牲であった事を言って下さい。

㈣弟妹には信ずる道に徹底してやって欲しい。

御無理を申しますが明日の出発も予測出来ませんので此の事をお願いして置きます。

バナナも頂き気の毒で仕方がありません。何卒御心配なく県人の方に呉れぐ〵も宜しく申上げて下さい。

太田拝

絶筆

昭和二十四年一月十七日朝、チピナン刑務所より、グロドック刑場へ出発時の訣別

友々の固き握手が胸に泌み

於護送車

空高き椰子の林を走り過ぐ
腕の鉄鎖エンヂンの音によくひゞき
ドライヴや夢見るやうな並木路

於グロドック刑務所

楽書を探して見るや吾が住居

十八日

わが霊にバナナ供へて祀りけり
石の床わが半生を夢みつゝ

十九日

わが心如何に動くや今日の日は
鉄の窓残月淡く街の音

佐藤禅師来て明日の準備を吾々に知らせる。

マンデーや身も心もうつくしく

愚感綴（二十二時三十分）

今板の床に左手を枕にして、天井から降りた守宮を眺めている。想いは爪哇の三年のこと、窓には星見えず、稲妻が光る。何処かで守宮が啼く。明日の出発のことを考える。心に問う「何を考えているのか」「何も考えていない、ぼーっとしているだけ」

守宮が蚊を食うたのであろう。首をのばして口をもぐ〳〵させている。足がだるい。二日間夜の寒さに疲れたのであろうか、眠くなって来る。

今迄書綴った俳詩は、頭に浮かぶ儘に、親兄弟の印象が解る様にかいた。訂正する所は沢山あるが、頭の神経は考えで疲れた。ぼーっとして読み返して見たくない。淋しさと云うものは一つもない。自分の気持を疑う。飯を食べたのでだるさを覚えたのであろうか、眠りたくない。

回　想

爪哇富士や遠く霞みて汽車の旅
女働く一文銭の夢の島（バリ島）
ドリヤンのにほひの強き竹の家（マドラ島）

二十日（執行の朝）

窓の空が白み始めた。大体私の希望は書き上げた。今迄少しも淋しいと思ったことがなかったが、空の白み行くのを見ると、皆さんと別れる時が近づいたと思った時、胸に熱いものが出来た。脈《みゃく》に手を当てて血の流れを調べて見る。平常と同じ。

自己暗示を与えての様になるが白み行く空を眺め
ている。

便所の臭気が鼻につく。「死期迫る冷たき房に空しらむ」の俳句なる。人間の死ぬのを自分で験《ため》してみる。苦しむ―妄想を猛ける―小雨となる。眠むたい―雨やむ―雨しづくしきり「俄雨格子ぬらすは唯涙」一句、雨やむ―風少々―誰かわれに物を呉れる。錯覚する。蚊耳元で猛る。自動車の音。眠むたい。又雨となる。夜仲々明けず。雨やむ。

食事運ばる。パン、牛乳、コーヒー、ゼンザイ。パンを食べ牛乳を飲む。パンの中には焼卵とピーナッツが入れてあった。

看守の軍靴騒がしくなる。ネシヤ囚の祈り声しきり。爪垢掃除、後数時間、何も感じない。

兄弟へ

前田利貴

鎌倉市。法政大学卒業。元会社員。元陸軍大尉。

昭和二十三年九月九日、「クーパン」に於て刑死。

三十一歳。

遺書

親愛なる兄弟よ、そして未だ見ぬ妹達よ、兄利貴は昭和二十三年四月二十九日天長節の今日、クーパン市に於ける軍法会議の結果、死刑の判決を下された。取調を受けた時から私が将校であり且つ又華族の子弟であり法学士である為に検事の「シェファー」中尉が非常に反感を持って居たので、今日あるを予期し前以て遺髪を送った次第だが、兄の場合は現住民間の人望もあり、検事側の証人「ルジャタニヤ」も公判の時には証言をぐらつかせて居たので最後まで希望を捨てなかったが、や

は り此の様な結果になって了った。

事件の内容は兄の弁護に立って下さった金田賢三弁護士殿に良く聞いて見て下さい。只兄は現在でこそ人も恐れる殺人犯として死刑されるが、世の中にある殺人と殺人が違う事丈は明言して置く。又其の責任も決して兄にあるのではないのだ。又兄の行為でもない。

敗戦後我々が如何なる虐待を受け、又如何なる恥辱を受けたかも、既に帰った方々から聞かれた事と思う。併し我々は只管《ひたすら》停戦の御詔勅《しょうちょく》を奉じ、一重に国家再興に翼賛し奉る事を唯一の希望に、忍耐に忍耐を重ねて来たのだ。併し今となっては総べてが水泡に帰して了った。只兄は外の人々と異って後に優秀な弟達を持っている。そして皆は人格、学術、教養、総べての点に於て兄より優って居り、又兄として絶対の信頼を置き得る粒えりである。

例え兄は茲南方の地で俗悪の刃《やいば》に斃れるも、皆の居る限り前田家は安泰であり、御両親は御幸福であることを確信するし又確信出来る事が他の方々より一層幸福である。

又終戦後とかく部下から種々非難され、又此種戦犯者の取調に際しても、上官と部下が互に責任をなすり合い、果ては外国人に対し我が身可愛いさから部下を又上官を売り、無事帰国した人々も多い中で、兄は常に部下たる石田、石渡両君及他の人々から愛され、召喚を受けてからは只管「部下及上官を無事に内地へ帰す」と云う初心を最後迄守り通せた事、加うるに現住民特にサウ島民の総べてが最後の公判の時まで私の為に有利な証言をして呉れた事は、サウ島警備隊長時代（兄の責任のもとに行われた一切の仕事）の至誠が天にも通じているものと、之れ亦現在如何なる罪の汚名を受くるとも兄は幸福である一つの理由だ。現住民は皆「前田は曲った事のきらいな真直な人間だ、善人であるからなんとか助けて下さい」と嘆願して呉れたのだ。如何に兄を極悪人なりと軍法会議で決定しても一般の声は善人なりと言う。之れ丈けでも充分ではないか。

死！　聖人は死を安んず、賢人は死を分《ぶん》とす、常人は死を畏《おそ》る。人間最大の恐怖。最大の悲しみは死である。併し生あらば必ず死す。死は人生の内必ず通過せねばならない門戸である。到底避け難いものであるが、然し兄は聖人でも賢人でもないから、此の問題に関してやはり種々なやみもした。それは将来の希望を胸に浮べた時一番死ぬのが嫌になる。併し之は人により異る様である。兄の一つおいて隣にいる穴井秀雄（兵長、富木大尉の部下）は昔の楽しかった思い出にふけると死ぬのがいやになるらしいが兄は将来の方だ。過去の思い出は非常に楽しい夢を見ている様で、お父様、お母様や皆に会い度いとは思うが、死を恐れる気持にまではならない。親不孝な男かも知れぬ。之又将来に対する種々なる欲望が強すぎる為かも知れない。併し日本人の中でも死を恐れて泣いたりした者も居るが、兄はそれを見てつくぐ〵不幸な人だと思った。依《よっ》て皆は日頃から死に臨み之を恐れず、理の当然として受けられる様に心の修養をして置かれたい。そうすれば人生の最大の恐怖、最大の悲しみに直面して平然として居られる事は一番幸福な事である。又兄が死の判決を割合に平然と受けることが出来たのは、之れ全く御両親の御教養の賜《たまもの》に外ならず、之れを見ても我々の御両親は我々が知らぬ間に人間最大の修養を、ちゃんと教育して居て下さったのだ。其の崇高にして偉大なる御両親の御恩を兄は死に直面して初めて身にしみて感じている。之れは兄が如何に俗物かを物語るもので、今となっては其の高恩を何一つ御報いする事が出来ないのが慚愧《ざんき》に堪えない。故に皆は是非兄に代って御両親を大切に孝養を尽して下さい。そして兄の如き不孝の罪を犯さぬ様切にお願いします。

将来故国の様を想像するに、それは余りにも悲惨なものです。既に復員された戦友からの手紙により其の一部は兄にも解って居りますが、自由快楽主義のその中には必ずふしだらと懶惰《らんだ》とがつきものです。故に皆は特に子供達の教育に細心の注意をし日本古来の美徳を忘れぬ様、決して骨抜きにされぬ様御留意下さい。之なくして故国の再建があるべき筈がありません。そして前記の如く何時かは南方の草にうずもれた我々の墓を清めて下さい。「戦争は敗戦といえども祝福さるべきものなり。何故ならば自己民族に対する洞察が深くなると共に零より再出発の余儀なきに至らされるからなり」之は「ビスマルク」の名言だと思う。敗戦後特に収容所生活をして兄は幾分変形はして居るだろうが、日本人の赤裸々な民族性を見て来ました。

花は桜木人は武士、節義に厚く勇武に富み且民族としての団結に富み、勤勉で教養の高い点で世界にその名を轟かして居たと思っていたのは大きな誤解でした。花は桜木、人は武士、全く我々がかくありたいのは山々ですが、これすら非常に我田引水的な自己満足の自己讃美にしか過ぎなかった。確かに日本人は「さっぱり」はしていましょう、併しその「あっさり」した気質は反面「ねばり」の無い事を明らかに示しております。之を美しい桜花に形どって自己の欠点を塗りつぶして居るに過ぎない。つまり反省する点に、之を改める点に、非常に欠けていると思う。又日本人の最大の欠点は、教育が非常に低いに拘らず、自分一人をまるで聖人君子の如く自負し又はその様な言論をはく民族であり、従って自分より少しでも評判の良い者又は上の者の欠点を探し出して中傷し之を陥れることに長じて居る民族である。之は国の面積に比し人口過剰な為生存競争上自然に出来た短所と思う。

公の為に其の人を援助し其の人の短所を補う事は決してせず、只之にけちをつけて落す事のみを工作し、而して之に代りて自己の責任に於て、代ってやるだけの勇気は持って居らず、実に卑怯千万な者である。それとても蔭口をたたき面と向っては良い顔をして居ようと云う人々が多い。又日本人程規則を守らぬ人種もめったにない。収容所でも自分達丈けで決定した規則ですら二、三日後には平気で之を破り、その上規則違反をするのに自分勝手な理窟をつけている。此の点から見て決して団結し得る民族ではない。つまり各自の道徳観念が全く違って居るから自分で良いと思った事でも、自分より教養のある者が見ればやはり悪い事なのだ。そしてそれに関し注意を受ければ、その人に以前又は現在如何に御恩になっていてもすぐ蔭に廻って陥入れの策をとる民族である。故に全般に団結を行う為には分子たる各人の教養を高め、犠牲的精神と行動をし得る様教育する必要がある。

内地の現在の政治だとてそうだ。民主党であろうと自由党であろうと、又誰がやっても現在の政治が巧く行く筈がない。夫れを政治屋は互にけなし合い蹴落し合いをして居てさっぱり政治がままにならぬ。国民は益々インフレに苦しむばかりなのだ。故に誰でもよろしい、大臣になったら国民全部が之を補佐して行わねばまとまりがつくわけがない。要するに正面を切って責任をとり得る勇気のないくせに蔭に廻っては人一倍口のうるさい国民であるのだ。

それから我慢の出来ぬ民族でもあり得る。此の我慢が出来ぬから自然規則も守り得ぬ結果となり、自己の責任をとり得ぬ。自然節義の無い「コーモリ」の様な男になり下るのだと思う。だからこの点に特に注意して愛児を養育され、奥様達を指導して行かれる事を希望する。最低の而も最悪の逆境に入って見なければ仲々此処まで解るものではないが、死に直面せる兄の忠告として是非玩味して頂き度い。

さあ之れで書く事も終りました。兄は心から皆さんの健康と御幸福を祈りつつ一足お先に行きます。せい〴〵御両親を大切にして下さい。今日は昭和二十三年五月四日火曜日です。死刑の判決を受けてから六日目です。隣の山口大尉殿は早や三ヶ月にならんとして居ります。判決後この様に期間があるのは全くつらいものです。その上悪い衛兵司令が来れば犬や猫の真似をさせたり、夜中に起してコンクリートの上に二時間も坐らせて悪口雑言をたたいたり〝前に支《ささ》え〔腕立て伏せ〕〟を長い事やらせたり、彼らが我々の事を事件にとり上げている以上の虐待を重ねていじめます。其の為に兄は字も忘れ又手が痛くて思う様に字も書けません。併し我々四人は「我々はどうせ死ぬのだ。この虐待は我々一身に引受けオエバー〔クーパンの刑務所〕に居られる同胞の人に少しでも虐待の及ばぬ様に！」と申し合わせ又神に祈って居る次第です。

　私も収容所の生活を始めてから宗教の有難さを感じ、場所がら「キリスト」教（プロテスタント）に入り、クリスチャンネームを「トフィルス・パウルス前田」と申します。然し若し内地で墓を作って下さるなら皆様の御意志におまかせ致します。

　私は現在米ソ間が危機なので死刑の執行はないと云う様な話をきいておりますが、之れは日本人の逃亡《とうぼう》を恐れての謀略で他の方々の裁判が終れば四人並べて一度に銃殺にすると思います。ですから多分六月の終りか七月に執行される事でしょう。その間我々は生きながら地獄の苦しみを受けねばならぬでしょう。現在の我々は一日も早く処刑されることを祈って居る次第です。では皆様御機嫌様、生前の御厚情を感謝致します。　終り

絶筆

山口、西条、笠間、楠本さん

親愛なる皆様、先程御親切な御激励の辞をいただき厚く感謝致します。

　今迄遺書の清書をして居りましたので御返事が

遅れて申訳ありません。

大変面倒を見ていただいた同胞も金田さん〔弁護士〕も引揚げられ、我々は兄弟以上の間柄でありました。一本の煙草も分けて喫い、助け合い激励しあって来ましたが、愈々私達二人が先発することになりました。今迄の厚情に対し深く感謝致します。二番目と四番目〔判決〕が行くことになったので、名主殿〔山口〕と五セルの旦那〔西条〕はひょっとすると——とも思いますが、我々の気持はお互に知り過ぎていますので又赤飯情報〔「死刑廃止」の宣教師のデマ情報で赤飯を炊いた事があった〕を繰り返す気はありませんが、私の最後の希望として、若し四人の中一人でも助かるならば、私達の最後の状況を何時の日か同胞に知らして戴き度い。又若し後から来られるならば見晴しのよい席を鈴木、和田、久保田〔二十二年八月逃亡自決〕村上〔二十二年十月処刑〕諸氏と予約して置きます。

私の希望として検事に申出た事は

1 目かくしをせぬ事

2 手を縛らぬ事

3 国歌奉唱、陛下の万歳三唱

4 古武士の髪に香をたき込んだのに習い香水一ビン（之は死体を処理するものに対する私個人の心づかいであります）

5 遺書、遺髪の送附

以上全部承認、当日私の決心は

自動車から下りたら、裁判長並びに立会者に微笑と共に挙手の礼をし、最後に遺留品として眼鏡を渡し、それから日本の方を向いて脱帽最敬礼、国歌奉唱、両陛下万歳三唱、合掌して海行かばの上の句を唱え、下の句を奉唱し、此の世をば銃声と共に〃はい左様なら〃と言う順序に行くつもりです。

私の様な凡人に死の直前に歌が唱えるかどうか、之が最後の難問題だと思います。皆様に対し遺留品として糸、針、古新聞、本（馬来《マレー》語）、燐寸《マッチ》、其の他手拭、歯ぶらし、衣類なんでも申出に応じます。

前田

愛しき妻へ

高橋国穂

宮城県出身。元海軍警部。昭和二十三年十月四日、「バリックパパン」に於て刑死。三十四歳。

遺　書

愈々最期の時は来た。本日十月二日午前八時当局から死刑執行の通知に接したのである。私は十月四日午前八時ボルネオ、バリックパパン、マンガルと謂《い》う所に於て散って行く。即ちこの日が私の命日だ。今日あることは既に前々から覚悟を決めていたことであり、今執行の通知に接しても何等心の動揺もなく、自分乍ら不思議な程坦々たる澄切った境地で、遺書を書くことが久振りに手紙でも書くような気持だ。

さて私は何故に死刑になったか、今最後に臨み通告する。私はボルネオ、タラカン州のブラウ県警察庁長として奉職していた。当地に於ては日本占領後、抗日陰謀の計画が企てられ、武力蜂起直前の態勢下にあった。私はブラウ県の治安維持を双肩に担う重大職責にあって、どうしても之れを放任することが出来なかった。最初に行われた事件、昭和十九年三月二十五日タラカン第二特別警備隊司令斑目《まだらめ》大佐の命に依り第一次検挙に着手し、之れが取調の協力をなし、〔中略〕之等被疑者はタラカン司令に身柄を送致した。

次の事件、昭和二十年五月、連合軍が猛然たる活動を開始し、当時私は警察庁長の職を去り現地召集を受けて陸軍二等兵として戦線に出陣したのである。〔中略〕私は所在警備隊長小路始義中尉の指揮の下に、曾って警察庁長の職にあった故を以って、之等抗日分子の撃滅を命ぜられ、部下、住民、警察官を指揮して情報の蒐集《しゅうしゅう》、犯人の検挙取調に当った。当時既にタラカンの本隊と連絡は遮断せられ、〔中略〕抗日分子処分其の他爾後《じご》の行動作戦は小路部隊長に一任せられていたのである。故に隊長は之等分子に対し取調の上証拠十二分なる者に死刑の決定を与え、私は他の部隊員と共に隊長の命に依り死刑執行をなした。祖国を去る時に握って来たあの軍刀は幾人かの血を吸った。

噫々《ああ》八月十八日畏《かしこ》くも陛下の御詔勅、刀折れ矢尽きて連合軍の軍門に降伏した。そして我等の行為が戦犯として公判に附されるに至った。部隊長小路中尉以下之に参加した部隊員は遂に戦犯者としての悲運に遭い以来三年の間取調を受け昭和二十三年五月十八日バリックパパン蘭印軍法会議に於て小路中尉及び私の二名は死刑の判決を下され、〔中略〕本日死刑執行の通知に接したのである。私の生命は後数十時間、然し実際は透徹した心境である。

さて事件の概要は之位にし、自分の覚悟、遺族に対する希望等を書く。妻静江、最愛の妻、永遠の妻静江よ、お前の夫、私は愈々昭和二十三年十月四日午前八時の空気を最後に吸って刑場の露と消えて行くのである。何も彼も運命である。嘆くな、悲むな。お前は大日本帝国警察官の妻ではないか。況んや君命を帯びて祖国を出る時既に覚悟を決めていて呉れたと確信する。然し憶《おも》えば長い恋愛から花園の結婚生活へと諸友達の羨望を受けて……そして三人の父となり母となった。

その間お前には全く苦難の辛酸をかけた事を謝すと共にお詫する。また三十四年の人生に於て小牛田の両親、涌谷の両親、兄弟姉妹一族に対して迷惑をかけ、何一つ孝養を尽さなかったことは寔《まこと》に慚愧に堪えず冥土に旅立つ瞬間まで心苦しく申訳の程もなく最後のお詫を申上げる次第である。何卒不憫《ふびん》な奴と思召し赦して貰いたい。共に喜も楽も苦みも与えて来た最愛の妻静江よ……繰返して最後の叫び否願いを伝える。元気で今後の人生の棘《いばら》を突破邁進して呉れ。そして永遠の妻であることを再び誓って貰いたい。決して現世のみの妻でない事を。

噫々残るお前たち、遺児彌穂、栄穂希《ねが》わくば神の加護の下に父なし子としての歪者《いがみもの》にならず、脈々たる父の血潮を享継《うけつ》いで立派な正しい人間に育って呉れ。父は遙か異郷の地下から必ず護っている。妻たる静江も決して其の私の意志を忘却してはならないぞ。夫は再建日本を希い祖国日本に殉じて立派に日本人としての最後を遂げて行く確固たる信念がある。私の霊魂は境を異にすれどもお前たちと永久に繋り結ばれて瞬時も離れることがないのである。

また運命を共に明後朝一緒に散って行く我が隊長小路中尉の奥様政子さんとは今後何時までも交際してお互に励し合い慰め合って呉れ。隊長は人格者である。この隊長と道連れに行く私は幸福感で胸が一杯である外何等の恨も憎みも毛頭ないのである。三十四年の至極短かくて今後益々尽忠赤誠、祖国のために戦わねばならなかったが祖国敗れての犠牲だ。然し魂は永劫不滅必ず天に通ずることであろう。祖国のために斃れる私、事件も御承知の通り一個人の利害に捉われたものでなく決して破廉恥ではない。この点坦々たる心境におれるのである。

此の事件に関連して私の部下住民警察官も亦私に殉じて数名私より先に散って行ったのである。之等は総て最後まで私に忠誠を誓って斃れて行ったのである。私の冥福と共に亦一緒に彼等の冥福を祈って貰いたい。部下を旅立たせてどうして上官の私が生き永らえることが出来ようか、亦協力して呉れたインドネシヤ民族も各々判決を受け私に対して聊《いささ》かの憎悪の気持も抱かず長期の刑に服役している。感謝せねばならない。〔中略〕

死と生、私は判決以来随分考えた結果、死とは形の変化であって現世の人間が名称付けたもので宇宙万象の上から見れば何等変りはなくやはり生があり魂が生きていると謂うことである。

吾が血潮妻に宿りて子に伝ふ
　草むす屍咲く花ぞ待つ

遺児たちよ、正義の道を踏み草むす父の屍の上に必ず栄光の花咲く日を期待している。〔中略〕
天皇陛下万歳、大日本帝国万歳
昭和二十三年十月二日午前十一時記
　バリックパパン刑務所
　　高橋　国穂　血判

妻　静江
遺児彌穂　殿
　栄穂

遺児　彌穂、栄穂宛
彌穂、お父さんが南方にきたのは彌穂が四つのときだった。おまえが小さい手でおじいさんにだかれて、ひのまるのはたをふって父ちゃんばんざいとさけんだことをおぼえているか。お父さんのかおをおもいだせるか。彌穂も二年せいになったが、お父さんのてがみがよめるか。さかほはよめないな。
お父さんはせんそうにきてバリックパパンというところでしんでゆきます。くわしいことは、お母さんからきいてください。一しょうけんめいべんきょうして先生のいうことをまもってお母さんやおじいさんのいうことをきいて、りっぱなえらい人になりなさい。お父さんはれい子ねえさんと一しょにおまえたちのえらくなることをいのっています。おまえたちが大きくなったらボルネオに来ておはかまいりをして下さい。まっています。
〔中略〕
栄穂はお父さんのかおをしらないでも、お父さんはしゃしんを見てお前をしっています。元気で大きくなりなさい。それからお母さんにしんぱいをさせてはいけません。お父さんは国のためにはたらいたのです。

子に遺す

森　国造

静岡県出身。海軍兵学校卒業。元海軍中将。昭和二十四年四月二十二日、「マカッサル」に於て刑死。五十八歳。

　父は四月二十二日立派に大往生を遂げます。昨年二月巣鴨にて初めて和蘭将校の取調べを受けて以来、一身を投げ出して部下を救おうと苦心に苦心を重ねました。指揮官たる人の踏む可き道、又人間として踏むべき道を能《よ》く〳〵考えて下さい。父は真に有難い死場所を御仏から与えられて、本当に本当に喜んで死んで行きます。此の身は朽ちるとも父は永遠に死なない。日本国のあらん限り私の生命は尽きません。此の様な大往生を遂げる事が出来ましたのは、全く栗栖〔弘臣・後の統幕議長〕弁護人の厚き御同情と強き正義感の賜です。何千人かの戦死者の中にも、私程幸福な最後を遂げる事の出来た人は私以外には無しと思って居ります。

　国明よ、国治よ、一枝よ、繁子よ、決して忘るるでないぞ「誠」の一字を。

　昨年「マカッサル」に到着して以来、私は総ての人から非常に親切にしてもらい洵《まこと》に気持よく過ごしました。日本人は云うに及ばず「インドネシヤ」の番兵からも、亦和蘭当局からも、又私の処刑に就ては新聞を初め「インドネシヤ」支那人等から迄も非常な同情を受けました。〔中略〕

　恩を受けて忘れる人は、人にして人にあらずと聖賢は深く教えております。人の道を踏んで行けるのも、忠孝も皆感恩に源を発することを深く悟って下さい。

「神仏は誠を以て努力する者には必要とする最小限度のものは必ず与え給う」事を確《かた》く信じて、如何なる困難に直面しても、決して落胆失望することなく世の荒波と奮斗して下さい。父は今は家事の憂いも持って居りません。それは皆々を厚く信頼して居るからです。皆々心を合せて母へ孝養を尽して下さい。父がこんなに喜んで大往生を遂げる詳しい事情は栗栖君から能く聞いて下さい。

父は此度の裁判を通じて信仰の力の如何に偉大なるかをつく〴〵感じました。何宗教でも宜しき故信仰の生活を営む様すすめます。人は常に感恩感謝の生活をなし得る人が最大の幸福者であります。

父は今静かに〳〵祖国日本の再建を祈りつつ栗栖君、浦部君、山崎君、柴田君、滝沢君の御親切を感謝しつつ、特攻隊の勇士を偲びつつ、家族の皆々の幸福を祈りつつ、此書を認めました。

父の肉体は終るとも、霊魂は常に子供等を護って居ることを確く信じて下さい。

四月二日夜

森　国　造

森　国　明　殿

あら嬉し身は南海にすつるとも
　永遠に輝く我が名思へば
外国の裁きの庭に名をとめて
　我は行くなり彌陀《みだ》の浄土へ

金丸秀蔵

東京都。陸軍士官学校卒業。元陸軍大佐。昭和二十四年一月二十六日、「ホーランジヤ」に於て刑死。五十八歳。

遺　書

金　丸　秀　蔵

金丸秀敏殿

昭和二十四年一月二十六日死没の日

愈々父は死刑に処せられ、あの世に行きます。其の罪状は母上より聞いて下さい。然しながら其罪は和蘭陀《オランダ》側が勝手につけた罪であって、父は大日本帝国軍人として少しも恥ずる所はありません。

軍人として軍司令官の命令は天皇陛下の命令と心得て、父の部下がオランダ大尉以下七名を処刑したのであります。私はその誘発と云う罪で殺されて行きます。然し乍ら父は天に向っても少しも恥じる所はありません。又死と云うことを恐れては居りません。只戦後の「インフレ」の世の中で御身の母上や秀敏が生活するのに大変難儀をしていることを思うと誠に誠に残念でたまりません。

私は獄中でも一時も家族のことを忘れたことはありません。

又父が死刑になったため御身がこれから一生の間、日蔭者となって世を憚《はば》かる様な弱い人となっては困ると考えます。御身は強い、正しい、しかも物の道理の解った人となって下さい。父は決して軍人として悪いことをしたのではなく、軍人の義務を立派に果したので若し軍司令官の命令を部下が行わなかったなら、天皇陛下に不忠の臣下となるからであります。結局は戦争に敗けたために忠義の人々たる杉山元帥や山下、阿南、東条外六人の大将や中将以下何百人の将校下士官が死んだのであります。勿論世間では米国や英国其他戦勝国をほめて日本軍人をけなす人もありますが、それは精神的に弱くなっているからであります。父も其中の一人であって、明治勲章の勲三等旭日章を戴いた人であることを決して〳〵忘れることなく、心の中で一種の誇りを感じて一生を幸福に暮す様にお願い致します。然し自慢をしてはなりません。父は本日あの世に行きますが、父の霊魂は御身の背後でいつも御身を護ります。

又母上は父を失ったため心が弱くなり、其上年令も追々多くなります。御身秀敏の只一人の頼みとして生きて行く人です。母上の心によく従いて立派な人となり孝行を励んで下さい。

又父と別れて淋しいことと思います。生活が苦しいために碌々《ろくろく》学校教育も出来ないことと思います。しかし人間は学校ばかり卒業しても、人間が頑固で利己主義で愚物では役に立ちません。一生勉強して実力のある人となって下さい。お別れはつらいが運命なればしかたがありません。職業は何んでもかまいません。職業に生きて自分の力をつけて社会国家に尽して下さい。それのみを地下で父は祈ります。

以下御身の一生を通じて守って貫いたいことを書き残します。亡き父の遺言故よく守って下さい。

一、忠義と親に孝行を励むこと。

二、正義に生き実力ある人となれ。力のない人は駄目である。其力も正義を伴わざる力は暴力であって又正義も正しい力を伴わざる正義は何の役にも立ちません。

三、人を信用せよ。又人を信用するな。人は正しい人もあり、不正な人もあります。利害関係が相反すると人は頼みになりません。人を信用するより其人の言うことが正しいか正しくないか、又実行する人か否かをよく考えて人と交際しなさい。この事は現在では御身に解りません。十年二十年の後によく解ります。

四、情深い人となれ。情のない人は多くの人を使うことは出来ない。一人の力は弱いものでありますす。多くの人と力を合わせて初めて大事業が出来ます。

五、理窟の解る人となれ。

以上をよく守って立派な人となって下さい。御身等の一生は敗戦後の日本を背負うため非常に苦しいと思います。どうか元気で立派な人となって下さい。職業は自己に適したことでしかも末の見込のあることを選びなさい。御身の子供が出来る頃日本にも軍隊が許されます。故に、御身は実業に志して、子供に二十万円の資産を与え得る身分となったら御身の子供を将校にして国家のため忠義を尽さして下さい。資産がないと遺族が可哀想です。

作詩があります。父の獄中の作です。御身も大きくなったら父の心を思って詩を吟じて下さい。

敗戦国衰運命極
災禍接踵喰身心
懐往時感慨無量
托児孫邁進皇道
蘭人依米酔戦勝
狡智非曲刑日人
雄心勃々恨空拳
魂魄留南加宝刀
白奴狡猾強非曲
罪禍凜烈処死刑
壮心仰天自不愧
赤心堅持大和魂

〔中　略〕

左様なら。元気で進み立派な人となって、母上に孝行を頼みます。

多田初二《はつじ》

山口県。元海軍大佐。昭和二十三年十二月二十四日、「バリックパパン」に於て刑死。四十七歳。

遺　書

多田　稔殿
同　勝殿
同　恕殿
同　礼子殿

前　略

父は死に際してお前達の将来並に現在の修養のため一言遺しておく。其れは「人間の価値は何処にあるか」或は「人間の真の幸福とは何か」ということである。常に心の底から之を追求し探究することが一番大切であることを忘れてはなりません。是に向って修養することが学校で勉強して更に社会に出て働く時の根本の力となるものです。是につけても思い出すのは童話の「青い鳥」です。私はお前達がここに出て来る「ミチル」と「チルチル」の様に早く青い鳥（幸福の鳥）を発見する様に希っている。真の幸福は遠くにあるのではなく、之を把握せんと願う人には真に身近にあって、発見出来た時にはどんなに歓《よろこ》ばしいことか、六ヶ敷く言えば真善美を究め更に百尺竿頭《ひゃくしゃくかんとう》一歩を進めて聖なるものを把握する様修養することです。幸福も人間の真価もはじめてわかるでしょう。

　地位や学歴や身分の高下貧富で真の幸福、人間の真価は、はかるのではない。公明心の持主、慈悲心の持主、人としての道（日本人及び世界人としての道）を踏み外さない、世間のため、人のために喜んで力を尽すことの出来る人になって呉れる様希います。

　稔は既に高等教育を受け父の言わんとすることも略《ほぼ》判るであろうから折角身を以て工夫探究し良師先輩を得て文字の上ばかりでなく、身を以て体得して弟妹を指導してやってくれ。父と運命を同じくした人々の内に二人の特に勝れた若い人があった。何れも燃料廠関係の人で一人は東大法学部出身で海軍主計大尉、一人は同じく東大工学部出身海軍技術大尉であった。この二人の方の精神修養の道程は科学から哲学であり宗教へであったと私は予てから特に尊敬していたのだ。そして現代の科学は今や宗教に接近して来ていることを感ぜしめられた。父はお前達の心の修養について書いた。父の亡き後はお前達をか弱いお母様の女手一つに託さねばならなくなった。お前達兄弟妹は常に一心となり、力を合せ相助け相励ましてお祖母様とお母様に孝養をつくしてくれ。〔中略〕

　父は死んでもお前達のことは忘れません。お前達の傍に何時も居ります。身体を鍛え心を鍛えて成人しお祖母様、お母様を喜ばしてくれる日を待っている。お前達の中でも礼子は父と一しょに居た期間が一番短い丈に可哀そうに思います。三人の兄達は克く彼女を可愛がって元気をつけてやってくれる様に。〔中略〕お前達の居る所には必ず父が居ることを忘れないでくれ。

合掌

昭和二十三年十二月二十四日

田中透

東京都。陸軍士官学校卒業。元陸軍少将。昭和二十三年四月七日、「グロドック」に於て刑死。五十六歳。

遺書

父透

父は死に当り文子克己に遺言す

父は大東亜戦争勃発するや、台湾歩兵第二連隊長として出征し、比島攻略には、皇軍の最先鋒を承《うけたまわ》って、挺進して飛行場を占領し、続いてマニラ攻略戦、次いで爪哇《ジャワ》攻略戦に従事し、弾雨の間を馳駆《ちく》する二十数度、人に後れざる働を為したり。次いでチモール島の防衛に任じ、困苦欠乏に打ち勝って、能く其任を全うせり。然るに悲しい哉。昭和二十年八月十五日、大東亜建設の聖戦敗れ、終戦後、父は、和蘭軍によりて戦争犯罪に問わる。其の理由は、戦争中、チモールの東に在るスルマタ島にて、土民が反乱を起し、我兵を殺害せり。依って、父は討伐隊を送りて、全犯人一千百名中より、主なる者約百名を捕え、死刑とせり。当時我軍律会議は、アンボンに在りて、チモールより一千粁《キロ》以上を隔て、其間敵飛行機、潜水艦の危険甚大にして、犯人を送る方法なく、父は司令官として、緊急自衛権の発動により、此処置を為せり。之は国際公法に違反せざる所なり。然るに和蘭軍は、見解の相違により、自衛権を認めず。昭和二十三年一月廿四日、父に死刑を宣告せり。事情右の如き故、父は心中何等やましき処なく、俯仰全く天地に愧じず。唯戦争に負けたる故、此運命に遭遇せり、従って、全く名誉の戦死と同様なり。御身等二人は、絶対に父の正義を信じ、他人に対して臆する所勿れ。父は御身等二人さえ信じ呉るれば、此世に何等思い残す所なし。

御身等二人は、今後母上に孝行をつくし、姉弟仲良くして、文子は日本婦人として恥ずかしからぬ人となり、高き情操と教養を身に修め、固く貞操を重んじ、つつましく、情深き婦人となれ。克己は剛健たる精神と身体を練成し、日本人たる誇りを高く保持し、天皇陛下に対し忠節を尽し奉れ。

大東亜戦争は、科学の力により敗れたれば為し得れば科学者となりて、日本の再建復興に努力せよ。

父は、南洋の果てに在りて、御身等二人の健康と多幸を祈る。

昭和二十三年一月廿六日

謹啓、予の運命も遂に決まった。一月十日の裁判にて死刑を求刑され、廿四日同様の宣告が有った。事情は、文子克己への遺言の通りで、唯戦争に負けたる故に、此運命に遭遇した。之は個人の力を越えたる国家の運命に殉じたのだから如何とも仕方がない。全く名誉の戦死と諦めて呉れ。

百万のつわもの死せり我も亦
笑つて死なん日の本の民

現在の心境は従容そのものだ。悠々として運命と諦め、唯日本の再建を祈るのみだから安心して頂きたい。死刑の執行は多分四月十日頃と思う。之は日本政府から通知が有ると思うが、無かったら前記の通りと思われよ。予の遺骸はアンボンの日本人共同墓地に土葬されるから、遺骨は送れない。同封して遺髪遺爪《いそう》を送るから、骨壺に収めて葬って呉れ。墓標には「元陸軍少将田中透之墓」

として呉れ。

墓所は佐賀の本行寺を希望するが東京からでは一寸困難と思うから、何所でも良い。

御身には誠に御世話になった。苦労ばかりかけて、全く済まぬ。軍人に嫁したる御身故戦死の際の覚悟は出来て居たと思うが、飛んでもない運命となり、誠に気の毒だ。台湾引揚げ以来定めし苦労した事と思う。今どんな暮しをして居るかも全く心配だ。之から子供の養育は、尚更生優しい事ではないと思うが、それこそ耐え難きに耐え、忍び難きを忍んで、努力してくれ。今は御身の努力を願うより外に、何の方法もない。どうか武人の妻として、其の遺子の母として奮闘を頼む。

服部の母上、綱彦氏、その他の方々にも何卒よろしく。溝口叔父上は帰られたか。御一家に何卒よろしく。

十八師団長元中将土橋勇逸、其後任山田国太郎(住所は復員局照会)予の副官少佐磨島豊、大尉依田潔に、死刑の事丈け通知して呉れ。又討伐隊長の大尉島田稲作にも通知し之には、「事件は片附いて君には災は及ばぬと思うが、名前は出してあるから、平和会議の済む迄は変名して地下に潜め」と附加され度し。之で擱筆《かくひつ》する。之で今生《こんじょう》の別れだ。又あの世で逢おう。呉々も御身の健勝と奮闘を祈り、子供の事を頼む。

透

縫子　殿

辞世　　昭和二十三年一月廿七日

南洋常夏国　青波碧緑濃
還家万里夢　幽愁五更愁
花咲実成落　天命我事終
僅留取丹心　待皇軍再到
待久乎短乎　驟雨忽一走
白雲浮蒼旻　塵外是悠々

日の本の民は逞し百難を
　乗越えて立つ時ぞ待たるる
故里の人よ山河よ永久に
　隠れ去る身ぞいとゞ淋しき
今一度逢はんと思ふ望絶えて
　身にしみじみと我れを憐む
阿佐ケ谷の日の暖き我庵を
　瞼に画き文子思ひぬ

彼岸への友情

清水勇蔵

滋賀県出身。元陸軍軍曹。昭和二十三年九月二十三日、「グロドック」に於て銃殺刑。三十四歳。

皮肉な運命は、何処まで私を虐めるのだろうか?

予想に狂いはなかった。明二十四日になるらしい。それでも浅木さんと二人残るらしいので、海原から救い上げられたような気がする。監視が四名だけの私服しか持って来ないので、確実だろう。

「仕方ない。今夜は何処にも行かない。待っているぞ! あした来い。俺は一足先に元気でゆく」十六号の房から、山畑が悲痛な声で、しかし、はっきりと呟いた。

七時過ぎ、佐藤坊さん来る。

「浅木さんとあんたは明日に……」

私は佐藤坊さんの顔を見たらいいたいこともいえなくなった。

「私を恨んでくださるな」

佐藤坊さんの気持も随分つらいことだろうと思う。

初めに佐藤源治さん……二番目の山畑の番が迫って来た。私は内扉に寄りかかって、山畑に伝えたいことを怒鳴っていた。

後手《うしろで》の山畑が、私の房の前に立った。私は笑うことが出来た。「山」の顔を見て二人は笑い合うと一緒に怒鳴っていた。

私はこの時、すっと明るい不思議な気持に抱かれていった。説明は出来ない。「山」の顔は明るく厳粛だった。そして眼玉を物凄く開いて……。私は八、九年一緒にいたが、彼のあのような眼を見たことがない。しばらく立っていた。

「山！」

「オー」

次の一瞬、踵《きびす》を返した彼は、刑場に登った。二段に流れる鈍い音が、私の胸に伝わって来た。刑場に向って頭を垂れていた私の脇下を、一筋の冷たいものが流れた。

逝った！

私の総べてが、この言葉を呟いていた。私はいつまでも立っていた。

十時、総督宛絶筆、きのうは書く気がしなかったが、折角紙があるのだからと思って綴る。思い切り毒づいてやろうかと思ったが、まだ後もあり、私達が書いたのでは意味をなさないように考えたので、それは地位のある方にお願いして、私は死四の仮りの一夜、せめて安らかであり得るよう、多少皮肉ってファンモーク宛、希望を綴ることにした。

午後二時頃、佐藤坊さんが来てくれる。話は先刻先発した四名の上に移る。

山畑は刑場に向う途中、静かな声で「清水はたすかるのではないでしょうか」と聞いた。佐藤さんは突嗟《とっさ》に答えることが出来なかったという。そして「助かりません」と答えた。佐藤さんの言葉を聞いて「そうですか、それで安心しました」といったきり、刑場まで何も語らなかったという。

この言葉を聞いた時、私は胸が詰った。そしてかつて受けたことのない大きい衝撃におそわれた。

「山！」と呼び、ただ衝動にかられていった。世界中でこんな言葉を交し得る友は、俺達二人だけだ！　怒鳴ってみたい程、苦しいくらいに欣《うれ》しかった。

「山」のお母さん、私のお母さん、聞いてやってください、この言葉を。そして私達二人を欣《よろこ》んで下さい、安心して下さい、と私は心に叫んでいた。

執行直前の「山」は「待っているから元気で来いと清水に伝えてくれ」という。

私は霊の存在を信じたくなった。

山畑が一番落着いていて、仏になった顔も一番明るく、美しかったそうだ。

山畑と私は全く不思議な仲だ。彼が発った後の十六号房に、私は二時間も経たぬ間に、十二号房から移って来ているのだから。一日遅れて私が後を追うのも、寧ろ山畑のことを書いて発つためであったようにも感じられる。何故なら、私は死四に移されてからは、何も書かないつもりでチピナンを出発して来たのだが、どうしたわけか、ここに来て見ると、何か書いて見たいような……お母さんから書いて置いておくれ、といわれているような感じに捉われて、いつかこんなに長々と書いてしまった。

今宵もとても眠られないだろうから、今の内にと思って横になったのは四時頃だった。寂しくもない、悲しくもない。死に対する恐怖もなければ、生きている苦しさも感じない。昨夜とは全然異った心境、それは佐藤坊さんが帰って暫らくしてからである。

五時頃だろうか、なお続いているこんな気持で内扉を解かれてマンデーをやった。下痢しているかと思ったが、最後だから無理して水をかぶる。石ケンがないので、手で全身をこすり廻した。意識もなく、右乳のあたりを夢中にこすっていた。そして明日の朝はこの乳を中心にしてどの辺を弾が通るだろうと思う気持を、ふと抱いていた。だけど感傷的な気持はちっとも湧いて来ない。こんなことを考えていながら、あす死ぬんだとは思えない。何故か頼りない夢のような気持。第三者が見ても、おそらく納得がゆかぬと思う。ちょうど酔って自動車を操《あやつ》っている時の気持。当人はどんな障碍物がちらついても、一向平気で、酔眼《すいがん》は殆んど前方を見詰めていないのに、悠々と速度も落さず結構走ってゆく。傍で見ている方が苦しんでいるといったように。横になっていると、街の雑音、自動車の警笛、壁が近いので手に取るように響いて来るが、何んとも感じない。きのうの今頃は、それがとても恋しいような寂しさを私の心に抱かせて来たのに。いよいよ発狂する前の状態にあるのじゃないだろうかとも思って見たが、そうでもない。二十二日も暮れ始めた。あたりがとっぷり暗くなってから、十七房の浅木さんと、スラバヤ当時の話を始めた。どうも二人じゃ昨夜のように唄う気がしないのだ。話はいつの間にか霊界実在説に移っていった。霊界が実在するものならきっと「山」はまだ何処にも行かずに、このあたりにいるに違いない。

何処からか軽音楽が流れて来る。ほんの暫らくで消えてしまったが、この房のすぐ近くにある映画館から洩れて来たのだろう。ほんの一時ではあったが、円《まろ》やかな旋律は私の今の心をこの上なく満してくれた。余すところ数時間の私が、今のこの気持のまま過ぎてゆくのだろう。どんなにか私は幸福だろうか……。

お母さん私は、勇蔵は明るみを得ました。歓んで下さい。ほめてやってください。永い間苦しんで参りましたが、後数時間の今になって、とうとう安心を得ましたよ。これからのことは、佐藤坊さんにお尋ね下さい。ではお母さん、さようなら、お体を大切にして下さいね。

（九月二十三日午前二時）

廿四時間の記録

上杉　旬《ひとし》

広島県出身。広島県八幡村青年学校卒業。元農業。元憲兵曹長。昭和二十三年八月二十六日、「グロドック」に於て銃殺刑。三十三歳。

手紙

〔前文略〕終戦の大詔を拝して以来想いは一入故郷の山野に馳せ乍ら数々の理想を画きつつ、今迄とは変る敗戦国民の俘虜としての立場に於て全ての苦痛に堪えながら未来への希望に張切っていた。然し敗戦の生んだ此の世紀の不幸なる嵐は自分を遂に襲ってきた。身は死刑の宣告を受ける状態に至った。然し自分は日本人として且又日本軍人として忠実に当時の本分に精励《せいれい》したと謂うに過ぎない。戦争と云う特殊な状況下に於て起った事柄により此の刑を受けたのである故、何等今にして悔るところなく、又「悪い行為」を為したとも思っていない。詳細に此の状況を書き度いが、「当局」の認めるところでなく止むを得ない。吾々の行為は日本健在なりせば総て詳《つまびらか》にせられるものであろう。然し敗戦に依り逆転し此の状態に至ったのである。自分は此の南溟に果つるとも悔いないが、此の「真相」を認識して貰えるなら何の心残りもない。笑って嵐に散る桜の如く逝く事が出来る。稔だけは、俺は立派な日本人であり軍人であったと信じてくれる事を疑わない。必ず幾年かの後には吾々の「状況が明るみに」出される事が許されるであろう。

稔達は今からの人生だ。大いに頑張って貰いたい。何事も意気だ。意気で頑張るなれば足りない点も補える。定夫を指導し二人で協力し克く御両親を守ってくれ。至らなかった俺は兄としての義務を尽し得なかった事を悔いるものである。然し、稔、定夫の二人が居ると思えば力強い。二人に絶

大なる信頼を有して居る。呉々も至らなかった俺の分を二人して補ってくれ。これが最後の自分としてのお願だ。〔中略〕

僕は八月頃迄健在だろう。身体は至極元気だ。意気頗る旺盛、体重七十瓩《キログラム》程度はある。死刑の宣告は受くるも信念に燃え乍ら同じ運命の先輩、戦友と共に元気で朗らかに毎日を碁やショウギに過している。時が来たら散り行く桜の如く最後を飾るつもりだ。何卒健康に注意し目標に邁進する事を忘れないでくれ。遙か南溟の空より祈っている。定夫によろしく。

昭和二十三年五月十一日

兄　旬より

親愛なる稔へ

死刑執行前二十四時間の絶筆

○MP三名に護られ刑務所を出る。久方振りに外気に接し気持よし。

○市内は五十周年記念祝典行事のため、にぎわっている。

○路行く人吾々を見る。財間兄より贈られた花束を持っている故であるらしい。振り返ってみる。

○MPは何れも好人物、年令、階級、妻子の事等をきく。

○グルドックに到着、MPの好意に感謝す。握手を求めたら不動の姿勢にて握手せり。

○所長室に行く。村上氏の事等あり敬礼を略す。「ウエスギ　ヒトシ」かと尋ねらる。「然り」と答える。導かれて更衣室に至る。

○附近のネシヤ何れも笑顔にて迎えてくれる。

○私物を全部脱す。白の獄衣を渡される。

○身体検査。口、脇下、肛門等。所持品全部渡す。花束と煙草許さる。

○更衣終了後、監視人及ネシヤホルマン数名来り腰をかけ雑談せり。

○獄衣を着け、花束をとる。山本閣下のおられた側の一番奥の房に入る。
○日本語で「タバコ」「コーヒー」は如何かと尋ねる。メナド人監視人である。「タバコ」と「コーヒー」を貰っておく。
○房はよく掃除が出来ている。新しいアンペラが敷いてある。愈々最後の夜である。感無量、室に入り横になると気分が落付いてくる。目をとじ皆さんの面影を偲ぶ。みんな遠い昔の懐しい事の様に思える。
○今朝からの事が次から次へと浮んでくる。飯塚さん、財間兄、野中兄達の顔が浮ぶ。飯塚さん、財間兄後を頼みます。野中兄元気を出せ。考えている間に一寸眠るが、中食の知らせで起きる。エビを入れた「ナシゴレン」「ピサン」が来る。大食家の私も今回は半分で後は駄目、矢張り胸がつかえるとみえる。食うことよりも「無念」の気持が大なり。
○一時半頃に検事、通訳、所長等が来る。歎願書は全部却下され二十四時間のうちに執行の旨を達せり。此の野郎「ネジッテ」やろうかと思う。
○二時頃松本弁護士が面会に来られる。一時間の予定でアレコレと語る。剣道の話も出た。上杉の歎願書は五月十五日附で却下、弁護士間に二十三日達しがありし由。各戦線又は内地の状況等きく内に気持静かになる。
○三時頃佐藤さんが来る。今迄より打解けて語られる。親しみが増して来る。今迄の佐藤さんの話の内容と異り世界の状況や日本の状況を語られる。吾々死囚はかかるニュースを聴き度い気持で一杯だった。自分の感じを充分に伝えて今迄の佐藤さんの気持を変更させるべくお願いした。
○何卒お願いした言葉を充分にきいて下さい。吾々死囚は佐藤さんを必ず頼っています。約束の如く計らって頂けたら死囚は心から喜ぶことと信じます。

○山本閣下、山口さん、世界のニュース、日本のニュースは死囚の一番求めたいものであります。ニュースに関し特別の御配慮を願います。常に細心の御配慮と多大の御尽力下さる委員の皆様に心から感謝しますと共に絶対の信頼を持って来ました。後の事は何事もよろしくお願いいたします。私も委員の方の信頼に反せず最後を飾る覚悟です。

○半紙二枚が遺言書のために入れられる。房外にはネシヤ、支那、ホルマン人の連中が集り、片言の日本語で話しかける。独房も案外淋しくない。佐藤さん、松原さんより貰った煙草が明朝迄には吸いきれないと思い、彼等に数本与えようとすると何れも恐縮するが、与えるとうまそうに吸う。ネシヤも支那人も今の立場になると非常に親しみが増して来る。

○夕食―ピサン、卵焼、飯、である。

○監視がマンデーをすべく促したが手拭がない。請求した処上司に伺い自分の渡したものを持ってくる。（野中兄の心尽し身にしみる。新しいのでやれる）

○マンデー終る。枕元に飾る財間兄より贈られた花束を見ていると今迄の事が浮んで来る。人生総て夢の如しだ。又しても悲憤の涙が湧いて来る。無念だ。此の野郎と大声が出したくなる。然し又静かに考えると総て運命の様な気もする。

○死は恐れないが、死の場所に不足だ。犬死はしたくないのだ。自分が満足して死ねる場所が望みたい。名を残し度いのではない。之も又我儘か？　今の立場にあってはこの刑場に於て日本軍人として最後を送る事のみが残されているのだ。之が今の吾々に課せられたる任務である。和蘭の者共よく見ておけ。

○ネシヤ人監視が「トワン〔旦那〕」火は如何かと親切に云う。煙草に火をつける。「トワン」決して心配するな。「身体は滅びても心は残るのだ」と慰めて呉れる。ネシヤ人の言葉が馬鹿にうれしく感ずる。霊魂不滅なれかしと祈る。

○だんだん暗くなる。隣の房にはネシヤ人がいる。祈りの言葉が流れてくる。房に電気と紙があれば朝迄書きつづけたい。書いている間平静。

○佐藤さんが帰った直後、英保さんが来てくれる。手を握り「お気の毒です」「明朝銃声が聞えたとき全員黙禱致します」と云って直ぐ帰る。監視が「ラッカスプランシヤ」〔早く帰りなさい〕と云って居た。釈放になって還る人がこの立場を見た場合、此の言葉以外に無いであろうか。何かもの足りない暗い気持がした。

○隣室に居るネシヤ人はバンドン憲兵隊員（ネシヤ）で二十六日に死刑執行だと知った。本人は戦争時日本に捕虜になっていたため日本語が上手で日語で話しかけてくる。ネシヤ人を力付けてやっていると私の立場を心配したためか兄貴振って語る。意外の友を見付け、にぎやかに語る。日本軍爪哇進攻の時の和蘭の兵で現在和蘭の敵として散らんとする彼も又宿命か？

○単純なネシヤの気持から割出される死の観念はあわれなり。これに比して吾が立場は自慰か？只戦争と云う特殊な状況下に於て自分は忠実に自分の仕事を全うしたに過ぎん。此の事は幾年か過ぎたなら日本人は勿論世界の人々も理解して下さる時が来ることを信じて、安心して明朗に立派に散って逝こう。

○飯塚兄よ、私は今真に平静に刑場に赴く事が出来る自信に満々としています。

○夜は静かに更けて行きます。私の気持も静かになります。明朝刑場に於て検事が来たら何んと云ってやろうか？

○只今何時かと監視に聞いたら十二時三十分だと告げた。

○紙がないので書けません。

○死刑囚房の皆様御機嫌よう。飯塚、財間兄、杉山、生田兄大いに頑張って下さい。野中兄、財間兄に連絡を頼む。いよ〳〵明朝、息の根がとまるのか、うその様だ。死んだらどうなるのか？不可解だ。
○祖国よ、一日も早く再興してくれ。
昭二三、八、二六、午前一時書き終る
上杉　旬

○朝六時、マンデーすべく監視来る。最後のマンデーをやる。両親、妻子宛遺言す。総督宛二通出来る。これで全ての準備終る。
七時に佐藤さんが来る予定。
○愈々待つものは執行のみ。心静か。時間早く来い。
○「よし　やるぞ」。チピナンの皆様安心して下さい。
○肉体は亡ぶも魂は残る。

日本軍人として死す

董　長雄

台湾、高雄県出身。元陸軍軍属。昭和二十三年六月二十二日、蘭印「グロドック」に於て銃殺刑。

（日本名「玉峰長雄」）

遺稿

〔前略〕本職は台湾人である。あるが故に一身を捧げ妻子を犠牲にして法廷に於て最後の一線を守り、そして散るのである。日本のためを思って終始一貫の信念を守って戦ったのである。そして国家の所属が変っても、本職は日本軍人として死んで行き度いのである。

又法廷の通訳の松浦中尉の為めに一言して置く。彼に対し悪評あるも、皆の誤解である。彼は日本軍将校として日本人の為めに尽し、決して不利を導くような人格のものではない。少しでも有利になる如く心を配ってやった彼である。特に後日の為に証す。
松本大尉の特志勲功に価《あたい》し〔中略〕彼に会えば死囚の本職は殺されても一切をあきらめる程よくして下された。
死囚房に於ける谷口武次大尉の奉仕は親が子を思う熱情なり。〔中略〕本職はつくづく彼の部下であることの幸福に泪《なみだ》せり。
吉武智茄男大尉は立派な人格であり〔中略〕山口男爵閣下の尽したる事象は感謝に耐えず。将来日本対朝鮮、台湾の連結に深い深い種を植えつけた。
鬼倉中尉は憲兵に対する戦犯裁判に於て、将来憲兵が再現せば彼の銅像を憲兵司令部に建立せねばならない程の功を立てた。理由は生き残った「ジャワ」憲兵の誰もが心より感謝し立証するものである。〔中略〕
若し此の裁判は「正義の為」と言わずして報復と呼称せば本職は死刑に処されても何をか言わん。若し叩いた蹴ったの行為が悪いにしても、それだけで果して死に価するか——彼等は非戦闘員「インドネシヤ」人を射殺しても三年半の刑なり。何等利害関係なき「イ」人を二名射殺して八年ではないか。そして刑務所内に於ける彼等が我々に対する虐待は如何。特に平和時に於てである。何が正義だ！　何が裁判だ！　以上
最後の御願いに将来大日本帝国が復興せば、どうか本職の一子董英明を政府に於て日本教育を恵み給わらん事を御願い申し上げます。
昭和二十三年二月十九日
於チピナン刑務所死囚房　玉峰長雄

遺　詠

惜まれて吉野の花の散る如く
　散らましものをますらを吾は
たわけ奴の撃つ十発は男の子
　吾が胸板貫くもまことは貫けじ

ビルマ

小さき生命

岩　城　喬

兵庫県出身。元会社員。元憲兵准尉。昭和二十二年十二月十六日、「ビルマ・ラングーン」に於て刑死。二十九歳。

遺　書

昭和二十二年十月二十八日午後三時五十分蘭貢英《ラングーン》軍事法廷に於て死刑の宣告を受けました。名を惜しむ日本人として喬は男らしく是を甘受しました。

不肖喬も軍人として愈々最後の御奉公を尽す時が参りました。父上様、母上様に先立つ不孝を御許し下さい。私の事は聊かも御心配悲嘆なされぬ様、喬は父上様、母上様始め皆様の海山に勝る御恩と愛情に今は只満ち足りた気持で一杯であります。しこの御楯として十年、殉忠報国の大義に生きる事の出来た喜びはたとえ一朝の夢と消え失せても尚烈々たる闘魂は七生尽きません。異国の果に朽ちるとも私の魂は必ずや祖国に帰り懐しい皆様の御許に参ります。

刑の定まった後も不思議な位、気も心も晴れて何の苦しみも悩みもありません。喬は刑の日迄男らしくそして最後の時も立派にやって見せます。何卒此の点御安心下さい。

私の事を不運な奴と嘆き悲しんで下さらぬ様、寧ろ立派な最後と誉めて戴きたいのです。もし皆様が悲嘆に明暮れる様な事がありましたら喬は残念です。私は何処までも最後を飾りたいのです。

　私は戦雲激しきビルマに参り激戦につぐ転進を繰返し幾度か重囲を脱出し死生の間をさまよいました。そして幾万の将兵が眠れる此の地で死することも感慨無量であります。軍事法廷に於ける裁判の状況も時世、時節が来ればわかる事です。負けた者が、勝った者に裁かれる。そして勝った者の自由にされるのが世の慣いです。私達は最後迄堂々と戦い続けました。何の未練もありません。軍人として戦の庭に立つ上は予てより覚悟の上です。戦争犯罪者として散りゆく喬の気持は決して犯罪人の様な汚れた心ではありません。何処迄も清く正しく悩みも良心の苛責もありません。只国家の為、日本軍の為、軍人として戦争に勝たねばならぬ、任務を果たしたのみに過ぎません。従って裁判に問われた事件も憲兵として当然為さねばならぬ、間諜《かんちょう》スパイと兵器を持って日本軍に反抗する強盗団との弾圧事件です。彼ら英国は政策の為之等を、無辜《むこ》の住民と称し、憲兵の取った行為が戦争の法規並に慣例に違反せるものなりと私達を陥し入れたのです。

　父上様、母上様始め皆様、此の喬が軍人にあるまじき恥ずかしい悪事を為した等と思い下さらぬ様、真相を知らぬ世の人の口が恐ろしいのです。私達の裁判も道義をわきまえぬ、犬猫の様な人間の口に依って捏造と嘘言、そして誇大の証言に陥し入れられましたが、斯くなる事も、運命と諦めて居ります。此の様な状況の下にビルマで既に護国の鬼となられた人が十一名あります。本日の朝も昇る朝日と共に尊く散って行かれた二名の憲兵将校があります。

　続いて之等殉忠の志魂を慕いて散らんと、その時の来るのを待っている人々が七名居ります。私もこの中の一名であります。何れも勇士揃いで朗らかに元気で暮して居ります。尚私達の事件で起訴された四名の隊員中、癸生川《けぶかわ》曹長、鼻野曹長は同じく死刑、派遣隊長であった徳山准尉は十五年で四名中一名が幸い助かりました。私達三名は何処迄も行動を共にします。終戦後の内地と新興日本の姿も大凡《おおよそ》雑誌、ニュース等で判って居ります。美しい伝統に生きる日本と、正義と平和の祖国に一日も再建の早からん事を神かけて祈って居ります。〔中略〕

最後に喬は、父上様、母上様の末永く壮健で長寿を完《まっと》うされん事、又家族の円満なる和合、両親に対する孝養を願上げると共に何時迄も私の志を生かして戴きたいことを先立つ喬より御願い申し上げます。

皆様の御健康と御幸福を祈って一言別れの言葉と致します。

御父上様

御母上様

秀夫兄上

嫂《あね》上

百合野

豊　様

義行

昭和二十二年十一月四日

ビルマ蘭貢西独房二号

憲兵曹長　岩　城　喬

辞世

とつくにの涯に散るとも益良夫は
名こそ止めて悔を止めず
現し世に果し終らぬ殉忠を
死出の旅路に背負ひ行くらん

徳山喜美与

兵庫県。元憲兵准尉。昭和二十四年五月一日、「ビルマ・ラングーン」に於て病死。三十三歳。

手紙

はる子さんへ

おとうさんははるこさんがおおごにおることを一がつ十五にちにしりました。きょうはしゃしんとはるこちゃんのえをもらってたいへんうれしくおもいます。そうしてはるちゃんがたいへんおおきくなっているのにおどろきました。おかあさんのてがみによりますとはるちゃんはたいへんおりこうでよくべんきょうしたり、おかあさんのてつだいしたりするとのこと、うれしくおもいます。いよいよしがつからがっこうにゆくことになりましたね。おじいさん、おばあさん、おじさん、おばさん、おかあさんのいうことをよくきいていっしょうけんめいべんきょうしてください。おとうさんははるちゃんがみんなにかわいがられるよいこになることを、ビルマのそらからいのっております。がっこうではよくせんせいのいうことをききなさい。べんきょうじかんによそみをしたりほかのことをかんがえてぼんやりしてはいけません。せんせいのいうことをよくきくこはよいこです。がっこうからかえったらそのひにならったことをべんきょうしてからあそびなさい。ばんはあしたならうところをべんきょうしてからねなさい。がっこうではやすみじかんにはおともだちといっしょにげんきよくあそびなさい。わるいことをするともだちとはあそんではいけません。がっこうがおわったらすぐうちへかえりなさい。はるちゃんががっこうからかえりがおそいとおかあさんがしんぱいしますからがっこうからかえるとちゅうであそぶことはわるいことです。はるちゃんがてがみをかくことができたらおかあさんのてがみといっしょにおくってください。きょうはこれでしつれいします。さようなら。おとうさんよりはるこさんへ　三がつはつか

日本の進むべき道

神野保孝

岡山県出身。中野高等無線学校卒業。元陸軍中尉。昭和二十二年六月二十七日、「ビルマ・ラングーン」に於て刑死。二十八歳。

故郷の皆様へ

昭和十五年十一月三十日溢れる歓呼の声に見送られ「若人の燃ゆる如き意気と熱により必ず国家の干城として郷党諸氏の御期待に副《そ》い奉らん」と絶叫しながら感激に満ち尽忠報国の決意も堅く故郷を離れて六年有余、其の間各地に転戦微力を捧げ聖戦完遂につとめてきましたが大した働きをする事も出来ず、遂に終戦の詔勅を拝し涙と共に鋒《ほこ》を収めました。

燃ゆる如き斗志に溢れ烈々たる気魄に満ちて、次期作戦準備の為困難なる敵中突破作戦に成功した直後、拝した此の終戦の詔勅に無条件降伏の痛恨極みなく如何なる苦難の途をたどるも断じて此の仇を討ち国家を再建せん事を固く固く誓いました。涙と共に拝した終戦の詔勅！　涙と共に収めた正義の刃！　此の痛恨を誰が忘れる事が出来ましょうか。

祖国の前途は実に苦難の道であります。国民一致協力して此の苦難の道を突破し再び輝かしい祖国を建設する事は、此の敗戦の責任者である国民全員に課せられた重大なる責務であります。然るに此の私は今更なる此の責務を遂行し得ず戦犯の犠牲となり、敵の政策におちいり痛恨の涙をのみ此処に散りゆく事は誠に遺憾の極みであります。思うに愛国の情熱に燃え最後まで祖国の必勝を信じ大陸の広野に、絶海の孤島に、或いは彼の大海に悪戦苦斗、大君に身を捧げ遂に護国の鬼となられし数多《あまた》先輩戦友諸氏の霊が果して此の敗戦の今日静かに眠ることが出来るでしょうか。

此の戦争の結末を見て死にたいと常に語り天皇陛下の万才を絶叫しながら散っていった戦友達が果して此の無条件降伏を予想していたでしょうか。彼等は斉しく勝利の感激の内に酔い乍ら死んでゆく事のみを願っていた事でしょう。此の無条件降伏を知り哀れなる昨今の皇軍の姿を見て彼等の霊が何んと思うでしょう。彼等の祈念するものは輝かしき祖国の発展のみであります。輝かしき祖国を再建し彼等の霊に報い、又此の霊を慰める事も又斉しく国民の責務であります。幸か不幸か終戦まで生きながらえた国民は、其の身代りとして尊き一命を捧げて今尚静かに眠る事さえ出来ぬ此の霊と共に生きてゆかねばなりません。生きながらえた国民一人一人の内には必ず幾人かの尊き御魂が宿っているはずであります。

国民斉しく此の身代りとして喜んで散っていった勇士の霊を抱き遺志を継ぎ、国家の為此の尊き犠牲者の為個人の生活は犠牲にしても祖国の再建に邁進しなくてはなりません。又此処に各戦域に悪戦苦斗、尽忠報国の赤誠に燃え若き情熱に溢れ熱血ほとばしる前途有為の青年が終戦後まさに二年にもならんとする今日に於いて、今尚戦の犠牲となり痛恨の涙をのみ、唯一筋に聖寿の万歳と祖国の再建のみを祈り従容として死につく姿を永久に忘るべきではありません。彼等の内果して真に犯罪行為を犯している者が幾人あるでしょうか。戦争其のものが既に惨虐なるものである以上戦争遂行の為には或る程度の事は又止むを得ない事も多々あります。彼等は総べて真に国家をおもい戦勝獲得の一途に邁進し断乎其の障碍の排除に努力したものに他なりません。云わば彼等は其の職責に熱心積極的に精励し正義のもと堂々と自己の信念に向い断乎邁進して来た者であります。国家の為に戦勝獲得のために烈々たる気魄に満ち戦って来た若人は今此処に戦犯の犠牲と散りゆくも何等悔ゆるところはありません。彼等はすべて自己の赤誠を信じ自己の犠牲により益々敗戦の痛恨を深刻に痛感し義憤に燃えたつ若人の続出を信じ、我等の遺志をつぎ我等の赤誠に感動し祖国の再建に総べてを捧げ、輝かしき祖国を再建し、我等の痛恨を必ず晴らして呉れるものと確信し、喜びに溢れ幸福に満ち真の日本人として潔よく敵の政策にかかる事も忘れ従容として死につく事が出来るものであります。

大君の為此処に散ってゆく彼等の心は実に美しく澄みわたっています。真に神に仕え神に我が身を捧げる人間の心境が斯くまで美しく冴えわたって来るものかと現人神であらせられる我が大君の聖恩の有難さが五体に犇々《ひしひし》と迫ってくるのであります。今此処に敵の政策の犠牲となり無実の罪に倒れてゆく個人の痛恨を超越し幸福に満ち喜びに満ち清く美しく冴えわたった心境にある事の出来るのは、国家をおもい大君に総てを帰一し奉る日本人としての尊き信念より生まれ出ずるものであると信じ、日本人として生まれ日本人として散りゆく事は無上の光栄であり、最大の誇りであります。即ち天皇を神と仰ぎ総べてを天皇に帰一し奉り我等斉しく神の子であるとの自覚に生きる事こそ、日本古来の伝統であり我等日本人の信念であります。此の神の存在なくして我等に安心立命の境地なく生死を超越し悠久の大義に生くる喜びも生まれて来るものではありません。故郷の皆様、現在の生活は誠に苦難の多き事と思いますが、此の時につけこむ敵の仇《あだ》な情《なさけ》に心を奪われる事なく必ず日本古来の伝統に生き国体を護持し、真の日本人としての力強き信念を養い国民一致協力して此の苦境を楽しく明るく突破せられ輝かしき祖国の再建に向って邁進せられん事を祈ってやみません。民主政体の確立は人間が人間らしく生活してゆく為には最もよい政体であると思いますが、徒らに三千年の伝統を無視し敵の政策に迎合する事は決して日本人としての最もよき生活を得られるものではありません。各民族それぞれ異った風俗、慣習、言語をもち其の民族の歴史と伝統より生まれる国民思想なるものがあり国民道徳があります。此の一つの民族に他の民族の政策を其の儘強制しようとしても絶対に出来るものではなく亦民族の最もよき生活の道を得られるものではありません。必ず其の民族の伝統を根本としたものでなくてはなりません。此の伝統にたつ民主政体により新日本の建設は出来ると思いますが、此の日本の姿はあたかも世界の遊園地的な存在にすぎず輝かしい国家の姿と云うものは見る事は出来ません。我々日本人が此の様な被征服民族として永久に其の生活にがまんする事が出来るでしょうか。国民が其の内より生ずる個人の刹那的な享楽のみを求めて満足するとすれば既に国家の再建は不可能であり何日《いつ》の日か必ず滅亡の運命におちいる事と思います。

絶対に世界国家主義の実現は不可能であり絶対に斗争の絶えざる地球上に於いて国の力なくては国家の再建は不可能であります。即ち現在の改正憲法の存続する限り国家の再建は出来るものではありません。国家に力を与える事は実に困難なる事であると思いますが国民が常に国家再建の信念に燃えているなれば必ず其の機会は到来するものであります。或は積極的に国外に於いて此の力をつくる事も不可能ではないと思います。

郷党の皆様、絶対に弱くなり、あきらめる事なく新日本の建設ではなく祖国の再建に向い力強く邁進せられん事を祈ってやみません。現下の祖国の状況は先ず祖国の建設に全力を向けられる事は当然の事であると思いますが然し其の内に再建の理念だけは充分おりこんで置くべきであります。

祖国の再建は一朝一夕に出来るものではなく此の完成は幾十年先の事であるかも知れません。それまであらゆる苦難と戦い此の信念に生きる為には色々の施策が必要であると思います。青年層の思想の統一と子供の教育は実に重大なるものであると考えます。菲才《ひさい》なる何の経験ももたざる此の私が死に直面し自己の感想をくど〱と書き遺す失礼一重に御許し下され度、此れが此の戦いに身を捧げ或いは戦犯の犠牲として散っていった者の最大の念願である事を充分御理解下され、祖国の為御奮斗せられん事を切に祈ってやみません。

賢明なる郷党の皆様の努力により日本古来の伝統を護持し得て再び栄えゆく祖国の姿を信じ、此の南海の果に皆様の御健康と御幸福を祈りながら安らかに眠ってゆきます。

昭和二十二年六月四日午後一時半

マレー

英国に告ぐ

河村参郎《さぶろう》

東京都。元陸軍中将。昭和二十二年六月二十六日、「シンガポール・チャンギー」に於て刑死。五十歳。

遺　書

前略　愈々死刑執行日時の通達を受けた。之が妻子への最後の手紙である。

恐らく此の手紙が到着する頃は新聞で父の刑執行の事実を知り、一応の嘆きは既に済み新しき諦観の下に遺族としての新生活へ出発していることと思われる。哀愁より離れて再起の精神に燃えつつあることと信ずる。従って茲に事新しく悲しみを増すが如き感傷的な文句を並べることは止めようと思う。

父は兎も角最後まで何等良心の苛責もなく毎日精神的には光風霽月《せいげつ》、すき透った朗らかな気持で日を送ったことを喜んで欲しい。別紙辞世にも歌った通り全く山下将軍の命令を遵奉し、出来るだけ正しく之を履行したのであるから、そこには何等の未練もない。あの任務を与えられた軍人なら誰でもあの通りやる外はなかった。否自分なればこそあれ丈け正しくやれたのだと信じているからである。

英軍は対華僑政策上どうしても極刑を出さねばならなかったであろう。要は英軍の復讐的犠牲となったのであるが、敗戦地にまみれて無条件降伏を為した以上致し方なき次第であって、全部是れ宿命であり因縁であると謂わざるを得ない。勿論之は自分一身に関する場合の悟りであり諦めであって英軍の裁判が正しいという理由には決してならない。幾多の無辜の軍人が不法な英軍の裁判に依って如何に極刑に処せられ、或は長期刑に苦んで居る事か、それに関しては別に英軍司令官に対し父の忌憚《きたん》なき所見を提出して置いた。写《うつし》を送る如くしてあるから夫《それ》で承知して貰うと共に、弘中さん位とも相談して復員局等へ要すればその写を送って参考にする等適宜《てきぎ》の措置を採られたい。

父は死に直面して特に大なる所感はない。何だか馬鹿らしい気もするが、そこを何事も運命だと信ずることに依って落付けているが自然にそれでよいのだと真から思う様になりつつある。唯妻子一同の事のみが気の毒でならぬ気がする。人生五十二、これ位の年齢で病気で死ぬ人はいくらもあるが果して病気の場合妻子の事のみこんなに気にかかるものであろうかどうか、少々疑問があるが結局自らに死の苦痛を直観しないが故に思いが妻子の将来にのみかかるのではあるまいかと思ってみたりする。兎も角父自身は死ぬ事に何等の不安も未練もない。

既にこの死刑囚房に来《きた》ってより約三ヶ月、その間原田将軍を始め日高、大塚二法務少将以下六名を三回に送ったのであったが、何れも帰するが如く従容と陛下の万歳を三唱して絞首台上の華と散られたのであり、自分もあの通りに立派にやれるとの確信が十分あるので実は何等の心配が無いのである。この手紙持参の人は立派に逝かれた旨の通報もする事と思うが事実その通りにゆけると信じている。どうか安心して呉れ。

既に述べた如くこの手紙受領の時期には一同元気に将来の希望に向い夫れ〴〵努力精進している事と思う。どうか一同今の決心を堅固に保持し、苦しい生活戦線の中にあっても明朗に純真に実直に進んで欲しい。この前子供等の為に若干の心得を書いて送ったが既に入手せられた事と思う。全部を理解するのが難かしければその中の気に入ったの丈でも覚えて実行して貰いたい。病気で死ぬのだったら到底本当の遺言も出来ずに仕舞うことが多かろうが、本回は兎も角父として子供等につまらぬ乍ら遺訓めいたものを残し得た事を喜んでいる。父は死んでも父の思想は之を通じて子供等の上に残っているわけであると考えると心嬉しい。春子の自分に対する愛情貞節に対しては、茲に再び厚く御礼を申述べる。自らも、又子供等の、健康に特に留意し無理なことをせぬ様に、ひがまず神仏への感謝を忘れず、信と愛とを以て子供の教育に、親戚知己との交際に、努められ度い。この間の手紙にもあった如く五、六年後の我が家が如何に幸福なる立派なるものになりゆくであろうかは自分も確信を以て之を予言し得る次第で、及ばず乍ら我が霊魂之を守護せんことを期して居る。どうかそれを目指して一同努力して欲しい。長男司しっかり頼むぞ。ではこれを以て最後の通信を終る。

春子、司、洋子、文子、務、何れも御元気で。親戚の方々へは書けぬかもしれぬ。星野母上様に特によろしく御伝え下され度。

死刑執行は六月二十六日午前九時なり。

今夜は特に馳走あり。日本食が食べられる筈。尚煙草もかなり貰える筈。これ等は主として外部に残留する日本軍の好意による差入れなり。

遺髪先回送れるも再び残りを送付す。尚刑務所にて今迄使用の箸並びに執行直前入歯を取脱《とりはず》して形見として送る予定なり。

昭和二十二年六月二十五日

父　参郎

春子どの

司、洋子、文子、務どの

二伸
御近所の方々にも何卒よろしく。

在シンガポール
英軍最高司令官閣下
一九四七年六月二十五日
陸軍中将　河村　参郎

私は御承知の如く英軍軍事法廷の判決確定に依り明朝天国に向い旅立つ者であります。

夫れ人の将に死なんとするや其の言や善し、正に傾聴すべしとは東洋の格言であります。英軍司令官並に幕僚各位に於かれましては何卒以下私の申述ぶる所を邪念反感を排して虚心坦懐に熟読玩味せられ、現在尚行われつつある軍事裁判を冷静に観察し之に反省を行われ斯くして速かに其の誤を矯正せられ、以て世界永遠の平和確立に向い雄大なる寄与を与うる如く施策せられんことを衷心より希望するものであります。

抑々《そもそも》戦争裁判の目的は奈辺に存するのでありましょうか。私は「ポツダム」宣言の内容を字句に就き詳細には承知しておりませんがその大目的は、所謂戦争法規違反者を厳重に裁判して之を処刑し以て将来再び国、団体、個人が斯る犯罪を犯すこと無き様に予防措置を講ぜんとするにあると思われるのであります。而して将来再び斯る事態の発生することなき様「予防」せんとする所に真の意義が存すと見られるのであり、之を第二義的に考え単に犯罪者を厳罰に附する点のみに重点を置いては本末転倒となることは明瞭であります。然るに今や敗戦国の軍備は全く解体せられ茲に再び同一形式を以てする戦争が敗戦国側より惹起せらることは夢想も出来ないのであります。寧ろ却《かえっ》て戦勝国相互の間の開戦の方が成立の可能性が大なのであり随《したが》って戦争法規違反に関する予防措置は戦勝国相互に於てこそ厳重に守るべき必要に迫られているのであります。若しこの目的の為今次戦争に於ける此等違反者を処断すべしとするならば寧ろ戦勝国自体に於て自国内の此等違反者の摘発処断に重点を置かるべきであります。然るに之には何等触るることなく敗戦国の軍人及関係者に対してのみ戦争犯罪処断を行わるることは大目的達成の為には却って逆効果を来すものであることを断言するものであります。

以上の大方針に関する論議は暫く除外することとして現在の裁判を見ることとしましょう。現在の裁判に於て特に痛感せらるるのは所謂犯罪事実に対する個人責任の限界の点であります。私は法律専門家ではありませんから用語等極めて漠然たるものがあると思いますから何卒字句に捉われず私の大きな精神思想をお汲取り下さい。

私は個人責任とはその人個人の意志に於て発動し之を実行し又は実行せしめたる行為に関する責任であると信じております。所謂統帥権の下、上級者の命令に服従し其の範囲に於て之を忠実に実行する者は軍人の本分であり義務であり、そこには個人意志の発動が無いのであり随《したがっ》て所謂個人責任は存在しないのであると信ずるのであります。而して若し命令に違反し又は命令の限度を越えた点ありとせば其の時は其の限度に於て受令者の個人責任が存する訳であります。

以上の点に於て我々日本軍人乃至日本当局者の見解と英軍法廷乃至法務関係者の見解との間に余りにも甚しい懸隔が存するのに驚くの外はありません。

日本帝国に於てはこの命令への絶対服従に就ては畏くも勅諭に明示し給い、陸海軍読法に於て我々は命令の内容如何に拘らず上官の命令には直ちに服従すべきことを示され吾々は之に宣誓し署名捺印しているのであり其の他幾多の法令に於て服従を定められ之が干犯は重大なる犯罪たることを定められているのであります。このことは当地に於て幾十回となく行われた裁判に於て全被告又は弁護人が抗弁していた所であり英軍関係者は熟知せられて居る所と信ずるのであります。而して夫にも拘らず之に対しては何れの被告も何等納得し得る説明をも聞く機会を得ずしてドンドンと驚くべき重刑が課せられつつあるのであります。

此の命令絶対服従の理念は或は純理論的には問題となる点があるかも知れません。然し乍ら若しありとするも夫れは果して受令者個人に課せらるべきものでありましょうか、否当然夫れは日本国の為政者乃至陸海軍当局の責任に帰せらるべきであります。尚軍隊と云う特別の目的存在を戦勝なる特種の用途に使用せんが為にはこの命令服従の絶対性なるものは何としても保持すべきものなることは各国共通の事象ではないでしょうか。果して英軍に於て上級者の命令に対し下級者が自己の狭少なる見解に於て之を批議し其の拒否権を下級者のみの見解に委することを許容しているのでありましょうか。英軍若し強い軍隊なりと其の伝統を誇り得とせば恐らく英軍の服従理念の根本精神は日本軍と大なる差異は無いと信ずるのでありま す。何れにせよ日本軍のこの命令絶対服従の理念の下に行える受令者の行為に関しては日本法律に於ては無責任の見解を採用しているのであり之に関する判例は厳として存在しているのであります。而して軍隊内の各員は之あるが為安んじて絶対服従の行為に随っていたのであります。

然るに突如英軍軍事法廷に於てこの無責任行為——正当業務行為——に対し責任を追及することは一同の唖然とするところで被告一同は唯英軍法廷の無理解筋違いを嘆ずるのみで何等被告が反省乃至悔悟の念を抱くことにはならぬのであります。而してそこに残るところのものは英軍の判決を以て戦勝者の単なる復讐行為と目し多大なる対英反感の思想の湧出のみであります。

抑々刑罰が古代の応報（復讐）思想より離れて本人の主観を尊重するに至ったものは其の本人を

して悔悟せしめ将来再び此の種犯罪を犯すことなからしむる様教育せんとする道義精神の現れであります。而して今日の裁判が此の大なる教育的意味を含むべきは当然と云うべく戦犯に於ても此の意味より離るべきでないことは申す迄もありません。

英国当事者の戦犯処断の大方針亦この埒外に出ずることなきは英国が正義の国たる以上当然と思わるるのであり、決して裁判の名の下復讐観念を以て処断すべしと命ぜられていることはないと信じます。然らば果して現実は如何、如何に古き応報復讐主義的態度の下に強いて罪人を作成して居るでしょうか。全くの罪無き人が誤れる判決の下幾人絞首台の華と散ったでありましょうか。

日本国内に於ける罪人は大抵悔悟改悛《かいしゅん》の情を示し裁判官の温情ある取扱に感激の涙を見せていることを承知して居ます。英国国内に於ても其の点同様と思われるのであります。然るに現戦争裁判に於て誰が悔悟改悛感謝の情を示したでありましょうか。全く皆無ではありませんか。夫れは畢竟両者の思想態度の懸隔が余りにも甚しく両者が一致する感情の琴線に触れ来らぬ為であり決して言語の不通等より来るものではありません。

長い戦争直後のこの戦争裁判に裁判官諸氏が全く憎悪の念より離れ復讐の心より遠ざかることは或は難かしいかもしれません。然し勝った者こそ之を為すべきであります。苟《いやし》くも「バイブル」を手にし其の前に公正なる裁判を誓う人が現在の如き無慈悲不公正なる裁判を以て之が勝者の敗者に対する当然の措置なりと解して居らるるとせば今次戦争を契機として世界の恒久平和を求めんとするが如きは到底望まれぬ所であります。

私は公判廷で某証人の述べた如く従来国際協調的立場を執る者の一人であり現在尚この夢の実現を期待しているものであります。今当地に来り始めて英軍軍事法廷の実体に接し其の他幾多の無辜の罪人に接するに及び我が夢の尚程遠きに失望したのであります。斯くては世界は依然として強者、勝者の専制横暴の歴史以外にはないと考うる外はありません。

之を要するに無理解な裁判の持続せらるる限り今後の日英両国の親善の如きは到底求め得られず、日本をして他に趨《はし》らしむる結果となるに過ぎないでしょう。仄聞《そくぶん》するに被害者の主体を占むる英本国等に於ては既に戦争裁判に対する関心減少しつつあるやに承知しております。復讐的手段の喝采を拍する時期も既に過ぎ去ったと思われます。

英軍司令官閣下、何卒賢明なる判断に依り政治的考慮と博愛的精神の下真に戦争裁判の目的とする世界恒久平和達成の見地に立帰り本裁判の在るべき態度を再検討せられたいのであります。さすれば速かに之を打切ると共に既決者に対しても再び何等かの減刑手段を講じ以て日本人の対英感情を緩和せらるることが如何に賢明なりやは自ら了解せらるる所であると信ずるものであります。獣的復讐の念を以て裁判を苛酷に取扱うが自国民の感情緩和の為有利なりとの見解をとるのか、神的公正友愛の念を以て温情妥当の取扱を為すことが将来の友好平和の為採らざるべからざるものなりとの信念を以て事に当るか、要はこの二者何れを採るべきやの判断に存するのであります。

以上英軍司令官閣下の切なる熟慮再考を促す次第であります。

以上

在シンガポール

英軍最高司令官閣下

一九四七年六月二十五日

陸軍中将　河村　参郎

閣下に対し私は別紙書翰《しょかん》を何卒シンガポール華僑代表者に御渡し下さる様特に御願い申上げます。

別紙
在シンガポール
華僑代表殿
一九四七年六月二十五日
陸軍中将　河村　参郎

私は明朝刑の執行を受け永遠の旅行に出発致します。総ては運命であり、因縁であります。

華僑諸君、若し私の死が諸君の該事件に関する対日憎悪の感情の幾分にても緩和し得ることとなるならば、私の深く喜悦し且感謝する所であります。今や戦争は終了し平和の時代は来ったのであります。私は中日両国人が旧来の恩讐の念より蟬《せん》脱《だつ》して新なる親愛と信頼の下提携する日の速かに来らんことを切望するものであります。

何卒私の微衷を御汲取り下さらば幸甚であります。

わが祖国よ

小林庄造

大分県。元陸軍法務少佐。昭和二十二年三月二十六日、「シンガポール・チャンギー」に於て刑死。六十一歳。

遺言

私は如何に考えても死刑に処せらるべき理由を発見することが出来ない。刑務所は法規以外虐待等の行為を行って居らぬからである。刑務所の方針として囚人を殴打する如き事をせば囚人は益々精神が「ひねくれ」て決して感化遷善の実《じつ》が挙らないからである。然るに虐待をしたと云うことで、日高、大塚両閣下の如く刑の執行指揮以外に刑務所に対し命令権のなき人を死刑に処す如き、亦多数の部下を処刑したる如き、其の比は他部隊には絶無である。何故刑務所に対し特に苛酷であるのか、それは軍法会議で死刑の判決をした俘虜を死刑に処したからである。

之は総て公判と云う美名の下に全くの報復手段であると考えるより他に考え様がないから私は従容として死んで行く気持にはなれない。殊に私の外四名の人には全く何と申してよいか、私は此の方々に対し慰めの言葉はない。後藤の如きは未だ独身で家庭を持ったこともない。実に同情に堪えない。而して職員でないから一層気の毒でならない。従容として死んで行く気持にはなれないが死なねばならぬ。然し死に対する恐怖は三十五年間の長き間教誨師《きょうかいし》より指導を受けた私としては又家族よりの通信で思い残すことは更に無いが然し死の決定までは落付けない心で失敗であった。人間である以上は致し方がない。死の決定が来て見れば左程でもない。俎の上の鯉の様な気持となった。

祖国再建の速かならん事を思念して死んで行きます。

身はたとえ南の土と化するとも
皇《すめら》御《み》国《くに》を護り通さむ

責を果して

蜂須賀邦房

大阪府。陸軍幼年学校卒業。元陸軍歩兵少佐。昭和二十二年二月二十五日、「シンガポール・チャンギー」に於て刑死。五十六歳。

遺書

愈々今日永《とこしえ》の御別れを致します。時は昭和二十二年二月二十五日午前九時三十分、五十六年の短い様な長い様な生涯を終ります。思えば全く夢の如く曾てのハンガリー俘虜を遇したと同じ精神で彼等の厄介を致し、一番俘虜に理解の深かった私が此の運命に陥るとは全く理非が通らぬ。戦い敗れ国が亡びては是が非に、表が裏になるのも如何《どう》する事も出来まい。喜んでも死ねない。まして笑っても逝かれまい。内地の生活も思いやられて真に御気の毒万感胸に逼《せま》ります。どうか達者で幸福にお暮し下さる様祈ります。幸子につきては全く御心痛の事と存じますが〔精神薄弱〕何事も約束ごと、因縁はどうする事も出来ません。何分御頼み申します。田代の兄等とも篤と相談して早く安心出来る様身の始末が肝要と思います。東京の方〔故人の兄〕も今日の世の有様では色々と困難があると思いますがよく相談して下さい。

上石田の一夫様〔夫人の生家〕へも私から御挨拶して置きます。

辻林様〔百舌の人にて故人の部下〕が尋ねて呉れた事と思います。遺髪は鶴岡の両親の傍へ埋めて下さらば結構です。

これから黄泉《よみ》とやらに行き皆々様に会えるのも楽しみです。

駿三兄〔夫人の兄、沖縄にて戦死、軍司令官〕とは毎日遊ぶつもりです。呉々も御二人の幸福を祈ります。未練が先に立ちますからこれで失礼します。さらばです。万歳

邦房

歌子
幸子　様

今は絶対に逃れる術はありませんが魂は直ちにあなた方の下に飛んで行きます。皆々様に宜敷願います。

昨二十年十二月戦犯容疑者として指名来り充分考慮を重ねた結果、責任を負うた所で高々一、二年の刑で済むと判断し、名乗り出て十四日サイゴン刑務所に収容さる。当時安南革命党は絶対日本軍に信頼しあり、盛んに色々の条件と共に日本軍人の離隊入党を勧誘したものです。私は既に老人であるしそんなものに関係しありては生きて故国に帰る事は出来ずと考えた故、逃亡しませんでし

た。

五月十日シンガポールへ船にて送られ、前に俘虜を入れて置いた監獄に今度は私共が入れられ朝から晩迄実に厳重な監督を受けて居ります。

裁判は約五十日かかり日本人の弁護士二名が附いてくれましたが、結局戦敗者の申条《もうしじょう》は何も通りません。全く彼等の独断と一方的の理窟で私始め幹部と全部六名全滅、個人としては俘虜に常に鷹《おう》揚《よう》に目をかけてやって居ったので、宣告を受けた後の今日でも頭に一寸本当の様に響いてきません。

こんな事なら逃亡しかくれて居たら宜しかったのにと皆々悔みますが夫れも是れも運命であり夢であります。

今は只々精神の修養に努め日夜故国日本の復興と後に残った皆々様の幸福を祈って居ります。立派に日本軍人としての任務を尽したことを堅く信じ、笑って年の順序に従いお先に参ります。

貴女は先に一番頼りとした駿三兄の戦死に会い今は私がこんな悲運に陥り此の後の事を思うと気の毒です。どうか元気を出して貧くとも幸福に暮して下さい。

戦破れ国亡び何所の誰れに訴うべくもありません。敗けた其の時死ぬのが本当の武士の道であったかも知れません。聞けば我々戦犯者と雖も国家の為に斃れたもの故戦死者同様の取扱いを受け得る事となった由最後の慰めです。私の最後を知ったら唯万歳々々を唱えて下さい。

遺詠

獄中之新春　於西貢刑務所
烽火遠銷春色鮮　恩讐事已隔雲煙
無那囹圄悲愁涙　半月懸天転愴然

檻送船中
五月鴻飛向北天　帰心日夜故山辺
無端更渡馬来海　山色蕭条浪亦咽

戦犯公判
五十五年一夢空　無限悲恨敵檻窓
遮莫報復裁廷断　暫坐俎上生大忠

絶命之辞
異境座戦犯
憂憤独断腸
無褫武夫胆
伽首尚拝郷

合志幸祐

熊本県出身。元憲兵大尉。昭和二十二年六月二十六日、「マレー半島・クアランプール」に於て刑死。三十八歳。

遺書

虜囚生活中に於ける感想を修飾なく記述し之を愛妻及び愛児に遺すものなり。

昭和二十年八月十五日終戦の大詔を拝し将兵は濆涙《ふんるい》の中に干戈《かんか》を収め虜囚の身となる。その間英軍は戦争犯罪者の調査を開始す。

昭和二十年十月二日起訴を受け十二月十九日公判に附され十二月二十三日死刑を宣告せらる。

固より小官の行為俯仰天地に恥ずるなし。更に愛しき部下を助命し得たること隊長として面目を施し欣快とする処なり。且日本人として、将校として名誉を発揮したと思えば死の宣告に対して何の観念も浮ばず平静そのものである。寧ろ非常に愉快を感じたり。裁判長及検事、英弁護人等も小生の毅然たる態度に対し賞讃の辞を送りたり。真に日本人は男子の死すべき時に死すべきなり。何故戦犯として死を宣せられたるに平静なりや、天皇帰一即ち「我神の子たり」「我神となる」の信念を有すればなり。普通の犯罪と全く趣を異にするは言を俟たざるなり。愛児よ、世の批判も侮蔑も恐るる要なし。亦社会人も何時の日か戦犯に対する認識を有する時が到来する事を信ず。

死んで行くもの、有期刑を受けたもの、唯一人として個人的私利私欲に因って行動したものはない。〔中略〕敗戦国日本の宿命に因る貴き犠牲である。立ち上らんとする日本、新日本建設の礎石であると信ず。之は我田引水でも自負でもない。然るが故に死んで行く人は皆「神」となることを信じている。泰然自若として「天皇陛下万才」を唱えて逝けるのも天皇帰一即ち神の精神を堅持するからである。こんなに記述している間にも遺家族は如何なるだろうか。之が脳裏から去らない。正義を知り慈悲に厚い日本人だ。仏の道を歩いて来た日本人だ。理解していることは疑問の余地はないと我は信じている。憐みと同情を求めるのではない。認識してもらえば論なしだ。霊魂不滅である。たとえ屍は南国の土と化しても魂魄は日本に帰って君国を守り更に妻子の身辺に常に存在して将来を見守っているのである。我は必ず故国に帰る。そして神仏の御室《みむろ》に座している。

妻子よ、夫は父は死んだのではない。生きている。そしてみなさんと毎日生活していることを忘れる勿れ。故に愁《うれい》も悲哀も淋しさもない。常に明るく強く朗らかに生き抜いてもらいたい。神仏の道を知悉《ちしつ》し更に修養努力し、そして之を日常生活に実践していただきたい。国家も社会も個人も凡て愛と理解によって包容する時節は必ず来る。至誠通天を信ぜよ。〔後略〕

私の死生観

敗戦がもたらせる米英の非人道的日本人抹殺の老獪な手段である戦争犯罪裁判によって死刑の身となり三十有九年の生涯を終らねばならない。考えれば考える程残念であり又馬鹿馬鹿しく思う。

然し人間は生あれば死あり、一度は必ず死に逢《ほう》着《ちゃく》する因縁を有するものである。特に軍人は死生の問題をはっきり認識せねばならぬ。即ち死ぬべき時に死に、生くべき時に生きる。その「べき時」をはっきりすべきである。生きねばならない時は石に噛りついても生き、死ぬべき時は笑って死ぬ。之が私の生死問題の解決である。では如何なる場合に死ぬべきか。それは唯一途に君国のため大義名分に徹するのだ。

私がマライ某州の憲兵隊長として勤務中終戦直後に於て部下の准尉は共産党員処分事件の責任を私に転嫁した。勿論本事件は私の知るものではない。上官と部下との争闘は汚名を後世に残すのみである。然し私の関係のない事件に於て部下のため責任を負うても全く犬死同然の様にも思えた。両名責任の争いは共倒れであり犠牲者を増すばかりである。部下の行為と雖も私心によるものでなく国家のために処分したものに異論はない。右せんか左せんか? 全く去就に迷い進退此処に谷《きわま》らんとした。その一瞬私の死生観が脳裡に閃いた。凡ては解決した。それは唯部下のため大にしては君国のため敢然且笑って死ぬことであった。私は公判廷に於て堂々と何ら恐るる事なく部下助命のため自己の責任を明らかにし亦事此処に至った事を陳述した。私は何等悔ゆるところはない。

絶筆

先日の死刑確定伝達に基き六月二十五日午前九時半頃例の印度大尉に依って「確定に基き明六月二十六日午前九時死刑を執行する」との伝達を監視室に於て受けた。それは恐れ多いことではあるが「不憫ではあるが敗戦日本の犠牲者として将又《はたまた》平和と道義日本の再建の礎石たれ」との陛下の御命令と受けた。そうだ私は陛下のために日本国の再建のために死んで行くのだと云う事を深く深く脳裡に刻み込んだ。そして昭南入城当時の昭南警備司令官河村参郎中将及当時の憲兵隊長大石正幸大佐の御両名と昇天を共にする事は共に私の上官であったので之も因縁であり又幸福であると思った。昇天の準備は完了した。何等心に懸る事はない。本夕最後の晩餐を戴いて明日は愈々私の魂は天翔ってなつかしの祖国へ帰るのだ。

最愛の妻子や親愛なる同胞が温い手を差し伸べており又平和日本の復興の意気燃え立ち、幾千年の荘厳と神秘を抱いて霊峰富士の聳《そび》え立つ、武人の死生観を表徴する大和桜咲く祖国へ……。

ひたすらに還りを待ちわぶ妻子らは
　今日のおとづれ何と聞くらむ

天命

星　愛　喜

東京都。東京高等師範学校卒業。武道師範。元陸軍大尉。昭和二十二年二月二十五日、「シンガポール・チャンギー」に於て刑死。四十九歳。

遺　書

最愛のたか子へ

大君の詔《みこと》畏み何事も
　忍びて生きん御民われらは

耐え難きを耐え忍び難きを忍んで大命のままに生きて来たが今はそれさえ許されぬこととなり最後の便りを書かねばならなくなった私の断腸の思いをお察し下さい。

昭和十七年八月二十一日釜山埠頭でお別れして

から四年有半になりますが、片時だってお前達のことは忘れた事がありません。頼り少ない哀れなる者達にお恵みを垂れさせ給えと祈らぬ日とてはありませんでした。昨年十月二十二日付のお手紙もチャンギーの獄舎の中で見ましたが身を八つ裂きにされるよりも辛い思いがして減刑を祈るや切なるものがありましたが遂に無駄になりました。

終戦後間もなく昭和二十年九月二十四日泰《タイ》俘虜収容所職員全員盤谷《バンコク》効外バンワン刑務所に収容されました。当時非常に俘虜の受けがよかったので罪を受けることなどは夢想だにしていませんでした。

アメリカの取調官の或る大佐などは君は俘虜を正遇してくれたそうで多くの俘虜達は皆感謝している。君を釈放して貰う様英国側に交渉中だとさえ云われました。二十一年四月十九日チャンギーに護送されることになったので意外に思いましたが収容所職員全員送られたので気にも止めずにいました。突然七月二十四日、泰緬《たいめん》鉄道建設に従事せるビルマ側収容所職員十五名が起訴されました。そうして濠洲法廷で裁判を受けることになりました。起訴状を受取った時余りにも誇張して書かれているので責任上覚悟せねばなりませんでしたが、星は直接虐待の出来る様な男ではないと書かれていましたので一縷《いちる》の望は持っていました。当時死の泰緬線と云う題で物凄く新聞で宣伝され法廷に立つ者は次から次と死刑の宣告を受けた様な状況でしたので一同観念していました。

御承知の通り私は弱い者を虐待出来る様な性質の持主ではありません。

国の為讐《あだ》なす讐は砕くともいつくしむべきことな忘れそ、という明治大帝の御製《ぎょせい》を遵守し博愛の心を以て常に正遇した積りですが、千古斧鉞《ふえつ》を加えざる密林重畳《ちょうじょう》たるジャングル地帯に追い込まれ豪雨、泥濘、糧秣杜絶し悪疫猖獗《しょうけつ》せる悪状況下にあの世紀の大偉業を果さねばならぬ任務を帯び

ていた為に相当の犠牲者は免れなかった訳です。〔中略〕

敵の立場としては無理もない事と思いますが結局私が運が悪かったわけです。

九月十六日死刑の宣告を受け其の後前記の人達と共に死刑囚としてチャンギーのPホールに収容されていました。ビルマ時代のキャンプコマンダーラムセ中佐以下四名の将校が私の減刑嘆願書を出してくれたそうですから当然減刑されるものと自他共に信じて居りましたが、濠洲側は一人の減刑者も出さず処刑することになりましたので恩典に浴することが出来なかった訳です。〔中略〕

皇国の将来と君達の事を思うと断腸の思いが致しますが天命ですから如何とも出来ません。俯仰天地に愧じざる自分の行為を思う時明鏡止水、心気和平、心海《しんかい》波静かです。生命は生を知って死を知らず。私は決して死滅するとは考えていません。必ず忠義の鬼となって、極天皇基《きょくてんこうき》を守り長く魂魄を留めて君達を守護することを信じて貰い度い。

遺髪も何も用意しないが物質はものの実在ではないから、そんなものにこだわらないで下さい。力を落さず元気を出して雄々しく生き通して下さい。〔中略〕

明二月二十五日午前九時昇天する一行は十名だ。特に遺言することもない。三人の子供の母として最後迄頑張って戴き度い。

寝ても醒めても君の側を忘れず守り通している事を信じて戴き度い。〔以下略〕

昭和二十二年二月二十四日午後一時

壮行会を賑々《にぎにぎ》しくやっている。では御機嫌よう。皆様によろしく。

合掌

福《ふく》栄《え》真《しん》平《ぺい》

東京都出身。陸軍大学校卒業。元陸軍中将。昭和二十一年四月二十七日、「シンガポール・チャンギー」に於て銃殺刑。五十六歳。

一、大日本帝国の一日も早き再建を祈願すると共に加護せんと思う。

二、妻寿美子へ

自分はシンガポールに於て銃殺の刑に処せられる。安心立命の下に両親の許に行き孝養を尽さん。〔中略〕神仏の御前に恥なし、唯残念至極の事である。

今度斯る事になり其の許の永年の辛苦に報ゆる事なく死し、且今後の精神上及び経済上の労苦増加し、誠に相済ぬ。将来は子供と共に健康に幸福に暮し、長寿を保たれ度く余の霊は必ずや御身を守護せん。〔中略〕

三、子供達へ

達也よ、早く学校を終えて再建日本の為に尽されれ度く母を大切にし健康に幸福な家庭を作り、しっかりやって呉れ。

千恵子よ、康子よ、父は御身等が幸福な家庭をつくり壮健を祈ると共に生母を大切にせられ度く、父の霊は必ずや御身等一同を守らん。

四、五、〔略〕

六、御世話になりし方々にすみ子其の許より宜敷く御伝え下さい。

月良き夕つきぬ名残を惜しみつつ記す。

昭南の土産遺品となりにけり

昭和二十一年四月十二日

死刑中止の為紙をもらい又書きたす。

七、〔前略〕銃殺の折軍服着用の恩典あり、武士として満足して居る。年老いてから並々ならぬ苦労をした。之も運命、死刑確定後の取扱良好。〔中略〕我れ死後は其の許の事なれば強く正しく朗らかに生きて行くものと其の許を信頼し、何等思い残す事もなく唯之も運命にして致し方もなし。〔中略〕

八、〔略〕

九、〔前略〕四月十六日午前七時には心を落付け万歳を唱え、日本の将官らしく銃殺されるから安心して下さい。魂は直ぐ急いで阿佐ヶ谷若しくは他の地の其の許等のところに帰ります。（心静かなれば火も亦涼し）

暑き地に涼しく撃たるゝ我身かな
君が代を静かに歌う我が心

神となり先に行き多くの部下と共に話をしましょう。

十、四月十四日午前十時此の日は日曜に不拘《かかわらず》所長、小山通訳と同道十六日午前七時死刑執行せらるる旨通達。笑って之を受け同日午前六時二十分迄に諸準備を整うる事となる。我命浮世の苦は之で終る事となり、御馳走も喰べアイスクリームも支那ソバも頂戴出来る。然るに午後二時頃別の士官小山通訳同道刑の執行中止、他は不明の由。十五日所長来訪「マッカーサー」司令部よりの命により日本将官全部東京に集め、戦争に関する調査をなすと。之れにて理由判明す。十九日に板垣、木村（兵）、手島、長野の各将官東京に行く。其の後に於ける我心、言動は明日を図らず、唯今日一日感謝の日を送る。其の許や他の人との別れは十四日なるも又生命続く。之れ我にとりて苦痛とするところなり。覚了師より貸与せられし仏書を友とし明日に約束せず、今日一日を楽しく暮す。之東京へ行く事なきを知る故に遺言を次から次へと書き足す。〔中略〕

十一、人の心、ここの衛兵毎日交代するも良き人のみ。親切なる取扱い感謝の外なし。食を頒《わか》ち散歩、水浴其の他我が意の如く特に余暇時々来訪のP. F. TANSSEV（軍曹）氏は将官と自分を呼び敬意を払い四月二十二日神の祈りの日、聖の十字架（銅製）をくれ之は自分が絶えず携行危難をのがれた品故之を持って下さいと、其心誠に美しく有がたし。住所別紙、数年後に礼状及び記念品（手製の）を送って下さい。妻及び三男（九、七、五歳）バンドンに居る。又「アンソーニ」氏は銃殺中止と聞き尋ねて来り「デマン」氏はいろ〳〵心遣い常に親切にしてくれた。此の心〳〵日本学ばざるべからず。此の人らは日本に俘虜となり相当滲めな目に遭った人々だ。然し此の心有り。皆和蘭人、別記の住所。時を見て礼状出され度く、なお小山氏松浦氏にも面接の事有ると思う。厚く御礼を述べてくれ。

板垣大将、櫛田大佐より懇篤《こんとく》な御手紙頂き涙がこぼれた。「チャンギー」所長の厚志により二度生前綾部中将に面会誠に嬉しかった。

暑気益《ますます》昇り半夜寝苦しい。

十二、十五日満月を眺め

月や友故郷を思ふ心かな

御別れの日

暑さ風恋しき今日の別れ哉

十三、死刑の日が来ました。四月二十七日午前七時（二十五日午前九時達せらる）

死ぬ様な気がしないうちに死んで行きます。安心立命、朗かなり。

死の朝、君が代を歌い大日本帝国及び天皇陛下万歳を三唱して終る。

十四、其の許を信頼し世の中に一つも心残りなし。

「有難う〳〵左様なら」

唯比島に多くの部下を残し一人此の地に散るは

心淋し。万城目、和田、金子如何にせしやと思う。

自分の死を知ったら必ず其の許所感の和歌を自分の写真の前に供して呉れ。

父上の使用された縞の帯を腹にしっかりと巻いて死出の旅路につく。正規の軍服を著用して行く事が大変に嬉しい。
十五、今日は四月二十六日、最後の日の前日ゆっくり人間を味っておる、呵々。
上衣は曾て当地に於て著用したもの、奇縁と言うか悪縁かな。呵々。
十六、明二十七日以後は起きる世話もなく、寝る世話もなく、食事もせずにすみ、誠に楽になり、平常の主義に合する幸福、々々々々
体は常に壮健であった。之が何よりの幸だ。ではいよ〳〵最後の御別れの左様なら。

健康なれ。幸福なれ。必ず守護す。安心せよ。

福栄　真平

福栄寿美子へ

正木宣儀

東京都。陸軍士官学校卒業。元陸軍大佐。昭和二十三年一月十六日、「シンガポール・オートラム」に於て刑死。五十八歳。

遺　書

昭和二十二年十一月十九日は最後の審判日でした。大きな犠牲之も日本人として人事を尽しても天命は定って居りました。白人の俘虜に対しては特に大きな関心を有って、最高責任者を罪《つみ》することは当然の帰結でした。極刑を受けても人を怨まず、憎まず、最後の幸福を生か死か分りませんが待っております。戦犯者の妻として肩身狭いことは同情しますが延行を涵養薫陶《かんようくんとう》して国のため家のため名をあげ将来日本のお役にたつよう成育を楽しみに、明るく朗らかに現世と戦って行くのが私に対する否日本再建に対する務めです。身を大切に強

く〳〵生きて下さい。私は安心して往きます。三十年間苦もあり楽しみもありました。種々苦労をかけました。御世話になりました。私は悦んでお先に参ります。親戚の皆様によろしく。観音経百回読みました。これですっかり気持はおちつきました。

鉛筆のしんで書くので遺言もしっかり書けません。

昭和二十三年一月十二日死刑と確定しました。

「スマトラ」「シボルガ」の事件の責任者としてやむを得ません。私は戦犯の犠牲者となった以上は他人を怨まず憎まざること、そして信仰に入って大いに安忍して私の冥福を祈って下さい。人生の悲哀、寂しさ之等に打克って下さい。之ですっかり落着いて笑の中に極楽浄土へ参ります。日本の皆さま、内地の皆さま、私の罪をお許し下さい。そして平和日本のいしずえとしてあの世にまいります。そして魂は日本にかえり皆様をお守りいたします。

国のため尽せしすべも今はたゞ
　野晒しとなる身こそ哀しき

断腸

中村鎮雄

熊本市出身。陸軍士官学校卒業。元陸軍大佐。昭和二十二年三月二十六日、「シンガポール・チャンギー」に於て刑死。六十一歳。

告　別

長い間我儘の余に貞節情義のあらん限りを尽して貰った。有難う。本当に生涯を心置きなく過すことが出来た。本当に長い間御世話になった。浄土に於て百年の後お前の来るのを待っている。元気で健康で幸福なる生涯を百年の寿を完うして来なさい。余はいつ迄も〳〵お前の来るのを待っている。母上は誠にお気の毒であります。老後淋しき思い不自由な生活をおさせして誠に相すみません。先立つ不孝お許し下さい。どうか孫達の成功を見て楽しく余生を御過し下さい。子供等の成功を見ずして逝くのは返す〴〵も残念に思うけれども必ず国家社会の有用な人々となる事を確信して逝く。鎭大の生還も大体確信することが出来之亦安心して逝く。鎭大は達雄と共に精米業を盛んにやりなさい。兄弟四人仲よく協同して過すことだよ。母上はじめ一同の楽しき幸福な明朗なそして大和の生活をなして益々中村家の発展を祈る。余の魂魄は必ず子飼《こかい》に帰り一同と生活を共にするのだ。

幽明を隔つと云へど我が魂は
　子飼の棟を守らざらめや

一縷の望絶えたる今シミ〴〵敵の報復手段を憎んで止まない。

罪なくて散るも浮世のならいぞと
　吹き行く風はつれなかりけり

昨年一月二十一日多少の危惧は懐《いだ》き乍らもマサカと思い巣鴨に向い旅立ったが、それが今生の別れになろうとは思わなかった。余は家庭にありての余であった。しみ〴〵と未練ではあるが思い出される。

東路《あずまじ》は仮りの別れと思ひけり
　今一《ひ》と度《たび》の集ひ欲しけれ

どうかこの上とも楽しく和気靄々《あいあい》たる家庭であって呉れよ。余はそれのみを祈って逝く。写真は毎朝起床後、夕刻入房後に楽しく面会している。昭和十五年第一回「中村家集い」は若し許されたら懐中して絞首台に上るつもりだ。どこまでも家族と共に往くつもりだ。〔中略〕

敗戦のにゑと散りゆくわれはまた
たゞ立ち上る国祈るのみ

別に遺言として今更云う事はない。満洲事変の時、泰行の時と巣鴨の時に云っているからあれ以外何も云うことはない。皆の健康、幸福、発展、中村家の彌栄を祈りて逝くことにする。夫れでは母上、俊子、鎮大、尚雄、達雄、容雄、快三、永子等よ。之が今生での別れである。

闘魂

清水辰雄

横須賀市。元憲兵中尉。昭和二十三年一月十六日、「シンガポール・オートラム」に於て刑死。四十四歳。

遺言状

辰雄儀昭和二十二年十月九日緬甸《ビルマ》国明妙《メイミョウ》に於て英国軍事裁判に依り死刑の宣告を受け生きて故国の土を踏む能《あた》わず、戦犯の犠牲として覇者の剣に殪《たお》れ祖国に報ぜんとす。依って書き遺すこと左記の如し。

左記

〔前略〕俺達は祖国が決行した光輝ある大使命の為めに心おきなく戦って来た。これから身は殪れても尚俺の魂は英国を相手に戦い続けるつもりである。俺は故国を出発する時より既に生還は期して居らなかった。然し俺も人間である。俺には年老いた両親と妻と一人の子供がある。何んで好んで生命を棄てたい事があろうか。私は祖国の為めにそれ等の悉《ことごと》くを棄てた。又棄て去らざるを得ない様になったのである。それは無論私だけではない。緬甸に於いても百名内外の将校以下が英国の発明した戦犯と云う嵐の為めに戦後散ったのである。

俺達に関する戦犯は昭和二十年三月十日緬甸北部「ミヨタ」派遣隊勤務当時彼の激烈凄絶を極めた「盤」作戦時（イラワジ河の大会戦）友軍陣地附近に於て、日本兵一名（負傷兵）を殺害し銃器弾薬を強奪した緬甸人強盗団員二名を捕え、其の首謀者と看做《みな》される一名を第十五軍司令官牟田口中将の命令並に同軍々法会議の指示等に基き俺の部下が処刑したことに因るものである。当時我々の部隊は全く英印軍の為に包囲せられ困難なる戦況下にあったため、上官の命令通り強盗殺人犯人を処刑するより外他《ほか》に方法がなくやった行為が戦後戦犯に問われたものである。〔中略〕

昭和二十年八月十四日南緬甸「ラマイン」派遣隊勤務当時、皇軍停戦の勅命を享け恨《うらみ》を呑んで大命に従い、爾来連合軍から武装を解除せられ監獄生活実に二年有余、其の間凡ゆる苦難を克服して来たが遂に戦犯と云う覇者の剣の犠牲となり再び祖国には帰れぬ運命となったのである。俺は決して人間否日本軍将校として恥ずる行動は何一つ無い。唯尽忠報国の信念の基に祖国の為め働いた迄である。

御両親様へ

年老いた御両親様、永い間御苦労を御かけして居て誠に申訳有りません。終戦後運ありて生還の暁は必ず我家の復興を計り老後の扶養は辰雄責任を以て為し遂げる覚悟で居りましたが前記の如き状況にて総ては夢となり、御両親様より先に行かねばならなくなった事を非常に残念に思って居ります。又今迄の恩に報ずる事も出来ず、尚凡ゆる御希望に添う事も出来得ず、至らない不孝を何卒御許し下さい。〔中略〕御両親様の扶養其他一切は達哉が代ってやる様命じてありますから其点は何卒御安心下さい。上手村の御両親も兄に先立たれ、私が健在であるならば何んとか代って孝養など尽そうと思って居りましたが此れも駄目となりました。何卒よろしく御伝言願います。親族一統の皆々様にも是非よろしく御伝え下さい。

妻へ

永い間苦労をかけて居て誠に済まぬ。既に軍人の妻として覚悟してあると思うが落胆の余り諸事を誤らぬ様願う。俺が無き跡田舎に引揚げて百姓をする事は全く不可能の事である。達哉が一人前に成育するまでは教育其他の関係上現在の儘で居った方が良いと思う。然し恩給も無く政府から生活扶助料も何も貰えぬ様だったら田舎に引揚げるなり其の他一生の事だから皆と相談の結果定むべきであると思うが総て達哉の教育が重点であると思う。其点はお前の自由意志にまかせる。無事に帰ったら平和の家庭を造って皆で幸福に暮そうと思って居ったが皆夢となって終った。十余年間も一緒になって居った事であるが実際は約数年計《ばか》り家庭生活をしたのみにて全くお前には申わけがない。達哉の教育は骨折りだろうが徹底的に頼む。父親無き為め世間に多くある僻《ひが》んだ拗ねた子供にならぬ様明朗性のある、そして人間味のある人物に育てて呉れ。

尚達哉は清水家の正統なる相読人であるから成人の暁は祖先代々の家柄は継がしてほしい。田舎の年老いた両親始め日向の母上の事、俺に代って呉々も頼む。俺の戦地に於ける行動や戦犯の内容の詳細は元部下であった三木氏と山口と云う人が必ず尋ねて色々と話す筈である。遺品其の他は山梨県人の出《いで》氏に託す予定なり。命日は刑の執行を受けた日に定めてほしい。

達哉へ

達哉、お前が待ちこがれていた父は戦後戦犯という無茶な英国の裁判の結果、遂に祖国には永久に帰れず愛する国の為め犠牲となり仏の国緬甸に命を棄てる運命となった。お前も父の悲報に接し相当衝動を受けるであろうが、お前も父の子、既に男子十四才に達している筈、如何なる悲報も苦難も乗り越え得る確信はあると思う。又其の心構えで逞しく成長を遂げて呉れ。将来父に会い度いと思ったり父親の事を考えたりした時は其の都度母親に孝養を尽せ。お前の母は父が出征以来、人一倍お前の教育や一家の事で苦労を続けて来た者である。此の母の恩は絶対に忘れる様な事ではならぬ。母親の言い付は総て父の言い付として心得、従うべきである。

これから上級学校に行く事や職業等は皆お前の希望通り自由にするべきだが、唯お前には田舎に父祖伝来の家があり相続人である事を忘れる勿れ。又父親の代り祖父母様や祖先の事、万事頼む。お前達の幸福は父親が必ず守護して居るから安心して勉強して国家の為め役立つ様な人間に必ずなれ。

昭和二十二年十月二十五日
於緬甸国ラングーン中央刑務所
陸軍憲兵中尉　清水　辰雄
四十四才

遺　詠

緬甸に散る

(一)黄金眩《まば》ゆきパコダの塔
戦禍の跡や今はなし
二歳前の戦に敗れ
大地に俯して丈夫の
咽《むせ》ぶ姿や雨の丘

(二)暗雲とざす敗戦の
祖国の前途如何なると
男の胸に涙を秘めて
遙に拝む宮城の
祈るはただに君の幸

(三)戦犯の名に企《たくら》みの

裁きの庭の裁き受け
判決下るああ絞首刑
覇道の権と知りつつも
詔畏み我はゆく
(四)狭き獄窓鉄格子
警戒兵に守られて
静かに散る日待つ身にも
悠々送る受刑者の
心の中は神ぞ知る
(五)想出深き緬甸の地
獄舎に屍さらすとも
仏陀の胸に抱かれて
もののふの魂永久に
国の栄を護らなん

屋　政義

鹿児島県出身。元陸軍曹長。昭和二十三年一月十六日、「シンガポール・オートラム」に於て刑死。三十二歳。

遺　書

御両親様始め家族一同の安否を気遣いながら、突然此の様な悲しいお知らせをしなければならなくなりました。不孝な子政義をお許し下さい。戦争犯罪裁判に就いては既に良く御承知の事と思います。御両親様の不孝な子政義は、其の戦争犯罪人としてビルマ蘭貢《ラングーン》の英国軍事法廷で昭和二十二年十一月十七日絞首刑の宣告を受けました。約二ヶ月後には不孝な子政義は大事な〳〵な御両親様始め弟妹を残して此の世を去ります。先立つ不孝の数々何とぞ御許し下さい。只今迄何一つ子として孝行出来得なかった事を残念に思っています。

其の点は最後迄思い続け、済まなく思いながら逝くでしょう。せめて草葉の蔭から御両親様始め可愛い弟妹達の幸福と屋家を強く見守り度いと思っています。身は例え南の果てに散りましても政義の魂は必ず永久に故郷の空にあって、御両親様始め弟妹を見守りましょう。勿論遺骨は皈《かえ》らないと思います。然し遺髪と入歯にしていました金冠二本御送り致します。それを遺骨のお心算《つもり》でいて下さい。金冠二本中一本は妹にやって下さい。出来得れば入歯にして貰ったら結構です。其の他の被服類は政義の遺品として永久に保存して置いて下さい。弟や妹の件も随分心配しています。然し如何とも致し方御座いません。政利繁光には良い嫁でも早く貰って幸福にしてやって下さい。特に妹はただ一人の女の兄妹です。実に可哀想です。立派な青年を選んで下さい。其の点は呉れぐ〵も宜敷く御願い申上ます。弟や妹には各々書き残し度いと思っています。小さい弟達には御両親様から兄弟仲良く勉強する様良く御伝え置き下さい。最後に呉々も申上ます。お父さんやお母さんは戦争犯罪者と言う者を誤解なさらぬ様。そうして又如何に世間が間違った感を持っていましても決してお父さんやお母さんは此れをお信じ下さる様な事なく、堅く最後の政義のこの言葉を御信じ下さい。そうして強くお暮し下さい。たとえ世間で今我々の様な者が認められなくとも、何時かはきっと我々の死が無駄でなかったと言われる日が来るのを確く信じつつ逝きます。政義は今迄逝った諸先輩や又同僚に劣らぬ様九州男子として又軍人として且又御両親様の子として立派に死んで行きます。何とぞ御安心下さい。戦争裁判に就いては詳しい事は先般帰郷致しました住田村西仲間在の和田曹長が立寄る事になって居りますから詳しく御聞きになって下さい。書きたい事は山の様にありますが中々進みません。此の辺で筆を止めます。最後に御両親に今迄の海山の御恩を謝し、御健康と御幸福を祈りつつ御別れ致します。

昭和二十二年十一月二十一日

不孝の子　政　義

御両親様

絶　筆

憲兵曹長　屋　政　義

屋　政慶様

一月十五日晩九時

明昭和二十三年一月十六日午前六時昭南「オタム」監獄に於て断頭台の露と消ゆ。一行七名〔中略〕元気で逝ける事を喜ぶ。死に対する恐怖更になし。何卒安心あれ。只《た》だ生前の御厚恩に報い得ざるのみが残念至極。親類、知人には何卒宜敷く御伝ぇの程を。

辞　世

星州に果かなく露と消ゆるとも

魂は帰りて御国守らん

最後に御多幸をお祈りしつつ。決しておなげきなさるな。御奮斗あれ。サヨウナラ（弟妹へ）

獄中記

死刑宣告後感想的な事を書いていたが監視の英人に発見せられ処分の已むなきに至った。実に惜しかった。今後は注意に注意を重ねて監視の眼を盗んで感想的な纏《まとま》りのないものを書いた。十二月十七日昭南移動と決定したが移動後も書けたら死ぬ迄書き続けたい。

昭和二十二年十一月二十一日

後の世の名をこそ惜しめ益良雄の

身は夷《い》等に委ね散るとも

十一月二十三日

若桜吹く仇風に散るとても
　にほひ残さむ母の御袖に
十一月二十五日
今日の苦を語り伝へよ子や孫に
　皇御国《すめらみくに》に光仰くまで
十一月二十九日
聖《きよ》く澄む御空の月の姿をば
　鑑と励め撫子《なでしこ》の道（妹に送る）
十二月一日
七度も生れ変りておごる夷を
　根だやすまでは討たではをかじ
十二月二日
数多き思ひの中の一ことも
　為しえざりしをくやみこそすれ
十二月三日
時来れば咲き出でなんと思ひしに
　吹く仇風に散るぞくやしき

今更に云ふ言の葉もなかりけり
　吾が逝くことも運命なりせば
薄暗き獄舎の壁に益良夫の
　印せし歌に袖濡らすかも
散り逝きし友白壁に遺したる
　三十一文字や紅にして

戦は敗れた。然し此の戦争に依り吾々の多くの先輩や戦友が支那大陸に或は南に北に流した赤い血潮は無駄に流された血潮であったただろうか、虚《むな》しく乾いて消ゆる血潮であったであろうか、決してそうではない。その熱い血潮は深く〳〵大東亜の各地に滲み込んで地軸迄も徹しているであろう。その上に新しく植え付けられた日本は地軸までも滲み込んだ赤い血潮、多量の肥料に依ってやがて又すくすくと天を衝いて伸び若芽を出すであろう。それを確信しつつ立派な肥料となって私は国民の思出の地、昭南で散るのだ。

十二月四日

我々の屍と熱情と血潮は永遠に日本の魂となって代から代へ絶える事なく育てられて行くであろう。そうして又再び芳しく咲き出でる時機の訪れることを確信す。此の南十字の星空の下で椰子の葉蔭で意義深き昭南の地で潔よい余香を残して逝きたい。母国の維新の先輩方と同じ様に殪れて行くのだ。南の此の意義ある土を赤く血潮で濡らして以って其処《そこ》に新しい日本を植えて行くのだ。

十二月八日

大島〔奄美大島〕史をひもとき又研究して見度いと思っていたがそれは水泡に帰した。暗い独房に一人静かに瞑目して孤島大島の将来を思う秋薄暮《とき》の様に余りにも心淋しい。大島の将来はどうなるのであろうか、私の生れたあの東支那海に浮んでいる故郷……？　終戦後新聞や乏しいニュースで将来米国管理云々の事も聞いて心配した。其の儘私は何も知らないで逝く。然し私の故郷は何うなるのだ。私は東の空を眺め暗い夜空に向ってつぶやいて見た。私の目には熱いものがこみ上げて来た。故郷―故郷―故郷程良いものがあるだろうか。死を目前にして昔日《せきじつ》の故郷のあの大自然の風景を偲び其処に住む善良な我が同胞の上に思をはせる時永久に魂魄を留めて故山を護らんの意気に燃ゆるのみである。

花摘む野辺に日は落ちて
みんなで肩を組みながら
歌を唄った帰えり道
幼な馴染のあの友この友
噫々《ああ》誰か故郷を思わざる

静かに誰か故郷を思わざるの歌の一節を歌った。氏神の山が、丘の上の小学校が、荒磯の砂浜が、そうして幼な友達のあの顔この顔が明瞭に浮んで来る。

平松愛太郎

岩手県出身。東京東亜商業学校卒業。元製材業。元陸軍准尉。昭和二十一年十一月二十二日、「シンガポール・チャンギー」に於て刑死。三十七歳。

遺書

昭和二十一年八月二十二日判決を受け、同年十一月二十二日シンガポールチャンギー刑務所に於て死刑執行さる。父は泰俘虜収容所第四分所第二分遣所長として軍作戦による泰緬連接鉄道建設中、即ち昭和十七年十月より同十九年五月迄約一年七ヶ月、此の間泰国トンチャンに於て約二千名の英濠俘虜を管理し之が労力を同建設作業隊に提供すべき過重なる任務を受けたり。然るに該地は人跡未踏のジャングル地にして気候風土及環境等最も悪条件なりしも、自分は全力を尽して同俘虜の合理的管理に専心したるに拘らず、此れを虐待の結果死者を多数出したとの理由のもとに起訴せられ、遂に死刑を宣告せられたり。

裁判は四日間に亘り行われ、元俘虜たりしウェルキー大尉が態々《わざわざ》自分の為に法廷に出頭し、自分に最も有利なる尽力せし事実を証言したるも遺憾ながら其の効果なく、遂に死刑執行さるるの止むなきに到れり。不平不満は山々あれど今更何をか言わんや。天なり命なりと諦め、御国のための捨石となるも、飽迄元気よく、勇しく刑場の露と消えて行く。非常に偉い人々と一緒に行くから安心され度し。次から次へと将官の方々を先頭に行く。妻、秀哉、和哉、長女よ、母子心を一にして日本国の立派なる人間になられよ。父は地下より祖国の再建と共に、お前達の出世を祈り見守っている。

—地下にて。

親、兄弟、親戚及常に交誼《こうぎ》の厚かりし方々に宜敷く御伝え下され度し。

昭和二十一年十一月二十一日記

妻　勝子
長男秀哉
二男和哉　　殿へ
長　女

父　愛太郎

死して護国の鬼となる
魂魄この土に留りて鬼畜英帝国を滅さん
大日本帝国の再建を祈る

昇天行

原田熊吉

香川県出身。陸軍大学校卒業。元陸軍中将。昭和二十二年五月二十八日、「シンガポール・チャンギー」に於て刑死。五十八歳。

死んでゆく気持

原田　厚庵

一、浅野内匠頭の死に対する感想

武者小路氏は浅野内匠頭が徳川将軍から切腹を仰付けられ之を実行する前後の死に対する感情を次の如く表現して居る。

彼は立派に死にたかった。死を眼の前にしては平気でいられなかった。顔色は青ざめた。油汗が顔ににじんで来た。微笑を以て命令を受けた。其の微笑は不自然のものであった。だが見っともない真似をしたくないと思うた。自分のした事を後悔しようと思わなかった。

動《やや》もすれば死の恐怖に圧倒されようとしたがそれを耐えて平気な顔をした。人は死ぬ時死後を考えるように出来ている。死後の不名誉はたえられない。自分のした事が正しい事を誰かに伝えたかった。〔中略〕

自分の行動を後悔しない。怒も静まって行く。

迫る死が耐えられなかった。今日の死は夢にも知らなかった。

切　腹

立派に死んでみようと決心した。怒りを痛感した。庭に出る足は出しぶった。勇気を出して悠然と坐った。死ぬものが落着いているのは凄いものにちがいない。落ち着いていられるのに快感を覚えた。

以上の感想を読んでいるとひし〳〵と我が胸を打つものが湧いて来る。然し内匠頭は此《かく》の如き精神的苦痛は唯一日に過ぎなかった（突発的にて心の準備の時間はなかったが）が我等は相当長い間此の苦痛を嘗《な》めねばならぬのである。従って死に対する感情も境遇や原因や身分や其の他から内匠頭と比較するのは当らないのであるが、武者小路氏の描出している感情は死に直前した経験者にして始めて之を了解し得るのである。即ち我等には其の文句が一々沁み込む様に能《よ》く了解し得て幽愁忿瞋《ふんしん》交々《こもごも》到ると云う感に打たれるものがある。

二、戦犯裁判に対する気持

死刑ホールに入れられた者が軈《やが》て叫ばんとすることは英軍の裁判が㈠計画的である㈡報復的である㈢擅暴《せんぼう》非理である㈣非文明である㈤出鱈目である、等のことであって裁判所の構成上俘虜たりしものが検事や判事であり戦犯関係者は殆んど俘虜又は抑留者であり如何に横暴、一方的の暴戻《ぼうれい》なる裁判所であるかは後世を待たずして明日の批判を招くや必せりと云うのみ。而して裁判の方法は形式を整うる為には相当の努力を払うも総て計画的のことにて唯時間を費し劇を演じ予定の如く「コース」を進め最後の判決を下すに過ぎず。

最も卑劣なるは検事又は裁判長が予定の計画実行上不利なる陳述又は証言を為す場合には或は之を停止せしめ又は中止の上之を強制して改めしめ被告に不利ならしむる如くするを常例とすることなり。

日本人弁護士の如きは非常の努力を以て争斗こ

れ努むるも前述の如き計画的裁判なれば如何に理論正しく神人共に之を是認するが如き事実も恬《てん》として之を無視してはばかる所なきが故に弁護士の努力は初めより真剣なるも徒労に帰するを常とす。

従って全部の処刑者殊に死囚は判決に対し非常な忿瞋懣恨《まんこん》実にやるせなき感に打たれ、何とかして此の如き非文明な非理な裁判を破摧《はさい》することが出来ないか、神聖を以て誇りとする洋夷《ようい》の偽善振りを打倒することが出来ないかと涙禁ずる能わざるものがあるのである。〔中略〕

三、死刑宣告を受けたる当時の感想

裁判法廷に於て死刑の宣告を受けたる時の直感は㈠毫も死刑に対する責任感を持たない㈡戦勝者が勝手に裁定するのであるから仕方がない㈢運命が不幸であった㈣自分の行為は毫末も恥ずる所がない㈤日本国又は軍に於ては一毫も罪になることではない――という感想で満たされる。従って法廷に於ける被告が死刑を宣告されても俯仰天地に愧じず、殊に日本に対しては毫も恥ずる所なく後悔する所もなく実に当時の気持は悲しいとも愁も起らず実に光風霽月の如き感の外にない。〔中略〕

四、死刑囚「ホール」の生活

既に死刑の宣告を受けたる以上最早生きながらえよう等の気持はなくなってしまうのである。即ち潔く俎上《そじょう》に上り従容西帰《せいき》せんと心に誓うことが出来る。嗚呼自分は運が悪かった。愈々死を決するの外は途はないのである。軍人らしく死んで行かねばならぬ。笑われる様な振舞はしたくない。と云った具合に最初は立派な決意が出来るのである。だから死刑宣告後数日にして昇天するならば色々な雑念に襲われて決心の動揺を感ずることはないのであるが、死刑囚ホールの生活が長くなればなる程此の決心を動もすれば揺がし又時としては鈍らし或は減刑を強く希願し何とかして生きて

居りたい、出来る限り日本へ帰り度いと云う気持が持上って来るのを避けることが出来ないのである。〔中略〕

即ち死なんと欲して死ぬ能わず而も生ることは望み少ない。然し出来ることなら何んとかならぬものだろうかと思う。月日が経てば経つほど此の様な気持が起る。色々想像して有利に判断し自己安心を求めんとす。然し覚悟は出来ている。種々と自分が死ぬ時の準備も怠らない。大悟《たいご》徹底する為の精神修養にも精進する。結局自分のみで色々苦心し心労するだけ徒労に終ることを知悉しながら生きることが出来るならば何んとかして助かり度い。減刑を望むのが真の心持ちである。表面呑気に常楽気分で居るが内心は人に語らないだけで随分、生に執着しつつ又一方諦めを強くするに努めて居るのである。

五、六、〔略〕

七、戦友の死刑執行を直接見る

絞首台がP「ホール」独房の一隅より出た所にある為に戦友の絞首される前後の諸言動は最も明瞭に大小之を見聞することができるのである。之を見る時の気持は今到底拙文禿筆《とくひつ》の能く尽し能《あた》わざる所であるが、此の次には自分も此の様な運命と言動をたどって遂に此の世を去り昇天するのだと思うと、好い気持で過されるものでない。而して之により受くる精神的の苦悩は云うに云われない所のものがある。之だけの苦痛を与えられただけで死刑囚の値うちは十分味わしめるのだと思う。〔中略〕

死は素より覚悟ではないか、朗かに日を過そうでないかと互に励まし合って又々日を暮して行くのである。此の死がはっきりと目的を見付け得るならば一層愉快な気持で行けると思うが、祖国の官民同胞が戦犯に対し如何なる感情を持って居るか、我等の死は何の為になるかと考えて来ると花と散るのも無駄花となるのじゃなかろうかと憂えしめられる。

八、愈々死期来る前触れ

死刑執行命令下達日の前日又は前々日位に多くの場合、死刑執行のあることが判明するを例とす。然し誰と誰であるかは判らない。そこで大体覚悟している者は自分の番が来たと覚悟して此処に最後の腹をときめるのである。此の時の気持は、最早、生きて居りたいと云う感じは起らない。今迄の生への執着は立派に払い除かれる。而して愈々命令を受けるや其の時の行動を日本軍人として恥じざる様にしたいと云う心で満たされる。之には戦友が残した言動が手本となるので、大した心配はしなくとも済むと思う。が、此処に又一つ妙な気分が起る。それは誰に命令が来るのかは未だ判らないのだから、ふとすれば自分は此次となるのではないかと云う欲な感じである。これは誰でもが持つものである。そして英軍関係だろうか濠軍関係だろうかと云う様に考えて見たり、誰々のケースは何名だから幾名かの減刑が出るだろう、すると自分は減刑組に這入《はい》るかも知れない。裁判の時のことを想い出し人との比較をして見度くなり、又減刑運動の事を考えたりして努めて有利に考えて一縷の望を持とうとする。彼が減刑だから自分も減刑になるだろう等とは人間として例外なく考えることである。〔中略〕

翌朝、皆の顔を見たら同じ様に憂愁に満たされて居る。此の様な日数が長ければ実にやり切れないのである。

九、死刑執行命令下達

前触れの「ニュース」が適中して愈々地獄の使者はやって来る。氏名が呼ばれて使者将校の前にて死刑確定、何日執行と達せらる。自分の氏名が呼ばれた時に最後の淡き希望として尚持つのは之が減刑の命令ではなかろうか、それであって呉れれば万歳であるとの感じである。然し之もぼんやりと消えて相当緊張したる感情の下に元気を振い起して出て行くのである。〔中略〕

呼び出されて行く時には死刑の下令《かれい》を覚悟して居るから、申渡されても、誰も驚くものもなく悲しむものもなく沢んや泣いたり涙一滴を流すものもない。此の風貌は実に立派なものである。然し心中には忿怒と憂恨とに満ち〳〵て居る。洋夷の野郎と張りさける様な思である。受命後戦友の前で死刑確定を通告する時の顔色は仲々平常と同じではない。青ざめて土色になる。緊張味が満張して居る。然しニコ〳〵微笑して居る。此微笑は本当のものでない。二、三分も過ぎれば予ての悟りは愈々大詰に来て、実演に入るのであるから真に人間としての価値が現れて来る。心が神の如くなるから言葉やすること迄神の如くなる。神の姿となる。見ると神々しくなる。我々はこの命令を洋夷の敵から与えらるると思わない。即ち天皇陛下の御命令なりと思う。それ故万死何も恥ずべきことなく此死が君の為、国の為なりと断定するのである。

十、昇天準備

〔中略〕遺言遺書の如きは夫々の方法を以て予め遺族に送り届ける如く処置したが最後の所持品中尚送るものを整えるのである。持物として裸身の如き身分たる故何等大切なものはないけれども、いら〳〵する気持の中で行く者と残る者との挨拶や別れの言葉を交しながらのことだから仲々言うに云えない気持の連続である。「俺は明日死ぬんだ殺されるのだ」と云う感じを強く考えて居たら何もする気にもなれないのである。天国へ遊びに行くのだと云う気軽な気持にならないとやり切れないのである。平素懇情を垂れられた先輩僚友等への礼状も到底長くは書けないから簡単になるの

は已むを得ない。〔中略〕

十一、戦友と永別

死刑執行受令後、残り得る戦友とは一々慇懃《いんぎん》に別れの言葉を交すのであるが、〔中略〕新しく他から来た戦友や先輩からやさしい言葉をかけられたり同情を罩《こ》められたことを云われたりすると一寸気がゆるんで来て「メランコリー」になる。そしてその様な気分に引き込まれ出したら、涙も出て来る。声も出て来る。大きな声で泣き度くもなる。だから、その様な人々と会う時は余程緊張して居ないと失敗することがある。愈々明日執行の前日午後残留する戦友と生別を行うのであるが此の時は気分も落着いて来ているし他の者と一所に居るから、悲愁、幽寂《ゆうじゃく》の気も制することが出来ると同時に従来の好意と友情とに対し心から感謝する念慮で一杯となり却って此の感情から涙ぐましくなる。残留組が独房に入って昇天組のみが獄庭に集るや、皆同じ運命であるから同情し合う言葉も挨拶もなく「元気で行こうぞ」と励まし合うのみである。独房と獄庭との談話は自然大きな声で行われるから陰気を吹き飛ばして相当陽気になる。これも残留組として送行の微意かも知れぬ。浅野内匠頭の切腹前日の主従対面の気持を思出すと実に能くわかる。能くわかる。

十二、最後の晩餐

残留者戦友と生別して獄庭に立った昇天組は今から与えられるものが今生に於ける最後の晩餐であるから食い度い丈食い、今迄吸えなかった煙草も尻から煙の出る位吸って行こうと云う気持になるのだが、偖《さて》、与えられた食事を戦友と共に庭に敷いた毛布の上に並べて、数名が車座となって食い始めると仲々胸につかえ腹につかえて思う様には食べられないものだ。相互にうんと食って行こうぞと励ましながら、牛飲馬食の馬力をかけるけれども飲むものには酒なく唯茶と水とのみ、是では日本人にとっては最後の元気を出しようもない。そこで景気をつけ陽気に、心を沈めないよう各々が得意の歌を唱って、人間として生れて来て以来の憂欝と忿懣とを吹き飛ばしてしまう様に〔中略〕放唱朗吟して最後の此世への別れの晩餐を採るのであるが、此時の気持は既に大悟し得て死に対し毫も恐怖の念も全然なく、又悲しい心も勿論なく祖国や家族のこと等打忘れて唯現世の憂愁を一掃し心も身体も清く神の如くなろうと、自ら努めるようになるのである。〔中略〕

此時の元気の模様で昇天者の気持も窺《うかが》われるのである。〔中略〕

晩餐も終ったので水浴と喫煙とが続けられる。要するに今日一日のことは総て是れ此の世の名残りである。〔中略〕水浴も愈々最後だと思えば又明日は神の国へ行くのだと思えば平常よりも丁寧に石鹸も上等の準備品を取り出して来て、しっかりと洗い浄めようと考えるのである。夕方になって水が冷えて居るから一層身体に沁みて来てみそぎの様な気分になれる。〔中略〕

水浴が済んでも煙草はすぱ〳〵続けて吹かし、在監中禁煙して居たので、これで取り返して行くぞと云う様な工合にもなる位、喫《の》むこと、喫むこと。

十三、最後の監房

晩餐を終って愈々戦友と最後の別れの言葉を交換して各々指定の監房に入るのだが、規定により通常二名又は三名同房とせられる。此の最後の夢を結ぶべき監房に唯独り入れられたら随分苦しい淋しい気分に満されるだろうが幸にして二、三名同宿し得るので一晩中語り明かそうと云うことになる。〔中略〕

夜も三更《さんこう》を過ぎ戦友の話し言葉も次第に少くなって来て何時の間にやら声もなくなった。皆寝たようであるが、これが仲々眠れない。無理ないことである。これが此の世の名残りである。友は寝たように見えるが未だ寝息は本物でないようだ。然し何時の間にか皆知らぬ間に大安心して夢路に入るのである。

此夜の夢は果して如何なるものであったか、人間には判らないことである。然し仲々安楽なものではないのである。否夢を見るだけの暇がないのである。

それは寝入る時と眼がさめる時の間の時間が極めて短かいからである。夢を見たか見ぬか判らない位である。大体既に大悟神仏化した人間だから夢も見ないで過すのである。

残留組の連中も此夜は昇天者のことを色々と述懐想像して万感交々到り、仲々寝つかれないらしい。此の次は自分が同様の運命に陥るのだと思えば決して安息が出来ない。

実に此夜のP「ホール」の四人は行くも残るも並々ならぬ精神的苦痛を与えられて居るので、神経質の者ならば発狂もするかも知れない。食事も取れないものも出来て来る。

十四、死刑執行当日の朝

マドロム間もなかった。起きねばならぬ時が来た。起きて見ると気分も晴れ〴〵として居る。一夜の仮眠と一日の行事によって大悟し得たのであろう。今完全な健康な身体が、病気でもなく、今二、三時間の後には死ぬのである。殺されるのである。而も犬羊蛮夷の手に依って不名誉極る汚名の下に絞首せらるるのである。然し此事は考えても憤慨しても仕方のないことであるから諦運《ていうん》大悟して死ぬことを愉快なことに考えているのである。

燦然《さんぜん》たる残りの月が庭から見られる黎明《れいめい》、神の気分になり得たる吾々は独房から出て来て、此世の最後の空気を思う存分吸わんとする。

為すべき事は洗面沐浴、朝食、喫煙、別離等である。昨夜中に最後の遺書や戦友先輩への礼状、挨拶等忘れなく書付けたり、今朝は仕事のしのこしが出来ない様に努めるのである。

起きて厠に出て来ると、何よりも残留組の各独房に向って大きな声で「お早う」と朝の挨拶をせずには居られない。各独房からの返事を待つ気持である。〔中略〕愈々此朝の言動こそ此世の最後のことであるから死ぬ準備も十二分出来ているので心中充分余裕があって落着いて居れる。

沐浴も朝食も喫煙もこれが最後と云う気持で男らしく日本軍人らしく戦友に模範を示す様に時間と共に為すべきことを皆為し終えた。愈々獄房から各独房に向って其名を呼びながら本当の最後の別れを告げた。何か言葉を出していないと変な気持に襲われるので最後の別れと最大の元気をあらんかぎりの大きな声を張りあげて歌を唱って元気を鼓舞したが、気分もさっぱりとして精神の静調を得られた。独房から見て居る戦友には此の姿が神々しく見えた事だろう。吾々は本当に君の為国の為に死んで行くのだ。毫末も日本に対しては怨も恨もない。大和魂を永久に此処に残して行くぞ。洋夷共に吾々の死に対する態度を見せてやるのだ、もう外に考えることもなく心残りもなく、唯一時間の後には神去り行くのだ。自分は名実とも神だ仏だと云う気分に満たされる。〔中略〕

坊様が来て独房の中で御経を読んで呉れる。観音経である。馴染の深い御経で、平素はなんとも思わなかったが、愈々此の世の最後にこれを聴くと実によく心に沁み渡った。有難い気持になった。生きながら引導を渡されたのである。もうあと幾十分かの後には絞首台に上るのだと云うことがはっきりとして居ても心に何等の動揺も起らない。読経を聴いて一層落着を増して行った。御経の有難味も此の三昧境《さんまいきょう》、真実、真剣の境遇に入らないと妙味は判らないのである。

和尚様により最後の言葉は、かきものにて此世へ残された。今は唯絞首台へ上る時を待つのみである。

何んとも思わないが唯此の様な気持で居るのが仲々苦しい様な感に打たれる。殺すなら早く殺して呉れと云う欲念が湧き出て一秒も早く苦みから逃げたいと思う。〔中略〕死刑執行の時間は九時開始となって居るので時計台の鐘が鳴る毎に吾身の命が刻まれて行くので、今朝の鐘の音は平常と同じ様に聴くことが出来なかった。最後の死刑執行前の八時半の一点鐘は何とも云えない音に聴えた。其の筈である、あと三十分だけしか此の世に生きられない、一秒一秒と命が刻まれ縮められて行くのだと思ったら、神の姿が消えて凡人となって変な気持ちが起って来て、大きな声を張り上げないでは居られなくなるのである。

十五、絞首台上昇天

愈々時が来た。昇天神と化するのだ。英軍将兵の指示通り覆面、後手に縛《ばく》され、二人の下士官に曳かれて絞首台上に立ち、首に鎖の輪をかけられ三名同時に踏台がはずされてぶら下ると同時に、絞首、絶命、昇天、幽界に天翔するのである。此の様な最後の準備は羊の屠所《としょ》に曳かれて行く如く極めて従順である。是が日本軍人の最後を見せ度いと思うからである。

最後の別れの言葉が交酬《こうしゅう》される。「元気で行くぞ」「元気で行けよ」と行く者も送る者も、あらん限りの声を張り上げて異様な気持を持ち続けるのである。

足一歩動き出したら、最早生きていることは思わない。だから物を言わずに居られない。そこで吾々は、日本軍人として戦死する時に唱える、天皇陛下万歳を声のあらん限り続かん限り、日本へ響けよ、日本迄届けよと幾回でも唱えるのであった。絞首台上にて首輪をかけられてからは此の天皇陛下の万歳を連唱する外に何事をも考えない。

何事をも想わない「無我」の情態に完全になり切って居るのである。

ガチャンの音は残留者には実に筆紙に尽し得ない悽愴《せいそう》な音であるが、吾々昇天者には判らない。否、此音と共に吾々の気持は無上の快楽気分になれるのである。死んだのである。常楽の国土へ這入ったのである。浮世の者には判らない。快感を覚ゆるのである。此時の気持は仲々書き尽すことが出来ないのである。偖《さて》絞首は一回に三名宛であるから数名同日に実施される場合には一番組、二番組と順番が定められる。そこで一番組は前述の如き気持で行くのであるが、二番、三番組の者は更に特種な気分を味うのである。それは、自分が絞首台上絞首されるのが、あと二十分となって一番組の実施の模様を想像し且ガチャンの音を真近く聞くのである。此の時の気持は如何に神となり仏となり切って居る身にも言うに言われぬ、書くことも書けない気持となるのである。然し静かに瞑目して一番組の戦友の冥福を祈るのである。〔中略〕戦友の絞首を眼の前に直視し直聞する残留者の気持は仲々苦しきものである。蓋《けだ》し明日同じ運命に赴くことを心に抱いて其の時の実演を見聞するのだから実に胸迫り気沈み何とも形容の方なき感に打たれるだろう。誰の戯作か知らぬが、机の上に次の如く書かれてあった。

裏の畑で鶏をしめる音がする。一つ二つ三つ ああ此次は俺の番だと、待ち遠しい様な顔をしている。そのくせ死にたくないのだ。ああ然し死なねばならぬのか、ああ！

昇天者の冥福を祈る心は衷心より出て深刻なものがあると同時に自分が死んで行く時には誰が此のように祈る、又祀《まつ》って呉れるだろうか、戦友が次から次へ執行されて人数が少くなったら、どんなに淋しさを感ずるだろうか、最後の番に当るのは堪えられないだろう。〔中略〕然し又一方、出来ることなら減刑の幸運を摑み度いと色々焦慮《しょうりょ》して工作を施して見る気にもなるのである。譬《たと》えそれが徒労に帰するかも知れぬと承知しながらも、最後のドタン場迄、為し得る限りの手段を講じて生きんと企図するのである。

兎も角、戦友の執行を見たる後は一二週間又は一ヶ月位は執行もなかるべきを予想さるるので、突然執行があるかも知れぬと緊張はして油断はないが、心の奥になんとなく、今週は大丈夫なかろう。来週は危険だろう等と不安裡に日を過して行くのであろう。

十六、〔略〕
十七、〔略〕
十八、〔略〕
十九、〔略〕

二十、結びの言葉

吾々は如何なる前生の悪因縁か、此の世に於て実に最大の不幸と不運とに見舞われ、異郷に於て同胞の知らざる状態の下、最も侮辱を受け極悪罪人として洋夷犬羊の徒輩《とはい》の酷遇を甘受せしめられ遂に貴重なる一命をも献《ささ》ぐるのである。之を受くる身となりて考えられよ。如何に憂憤するも尚満足することは出来ない、即断腸言語に絶するものがある。此の真の気持を誰かに依って祖国同胞に伝え能く真相を理解して貰い、以て我々の行為が日本の為真正なる犠牲であって毫も犬死とならざらんことを痛切真剣に冀願《きがん》し要望するのである。

〔中略〕

辞世

みんなみのはなと此身は散りゆかむ
　君のためなり何ぞおしまむ

今ぞたち天かけりても大君の
　みまへにかへりつかへまつらむ
南溟の嵐に花と散りぬれど
　君のためなりとはにかほらむ
君がため花と散れりと世に宣べよ
　海をわたりてかへるみつばめ

絶筆

昨日の最後の晩餐は作業隊の特別配慮による御馳走で実に愉快に満喫した。特に日本米の白飯、かきまぜめし、日本茶、ウニ、塩辛は珍しく美味であった。其他御馳走は皆日本色のものばかりで、バタくさいものがなかったのは嬉しかった。うどん、しるこの甘かったこと、酢合《すあい》の味のよかったこと、魚を焼いたり、テンプラものも実においしくたべた。野菜テンプラも大変うまかった。其他に「なす」の汁やあさ漬物、梅干等云うに云われぬ味がした。煙草はふんだんに喫んで頭がふら〳〵する位であった。久し振りで、昔習った「秋の夜」「わしが国さ」「二上り新内」「からかさ」等を唸ったがDブロックからの歌の声援が盛んで福田君、阿部君、豊山君の声もはっきり聞えた。日高大佐の声もはっきり聞えて感謝した。上谷君も元気で歌った。Dブロックから上谷君への声援が仲々盛んで愉快至極であった。小生も又土佐の高知の「はりやまばし」「豪傑節」や自作の詩を吟じたりして四時頃から七時までの三時間を最後の楽しき夕として十二分味うことが出来た。

マンデーを終り入房したが昇天行の服として自分が東京から着て来た国民服を渡されたので之を着用して行けるのは何より幸である。入房後上谷君と隣合せで談じ合ったり又二つ三つ歌を唸ったり煙草を喫んだりして九時半の喇叭《ラッパ》を聞いて就寝した。

非常な暑さを感じたので寝苦しかったが平常の通り可成よく睡られた。

二十八日四時頃戦友の起きた者があってバケツの音に眼を醒ましたが、寝たまま祖国の前途を憂えて色々考えて見たり又家庭の将来のことを憶《おも》うて見たりしたが、これが為に生に執着を感じたり、死の恐怖を起したりすることは毫もなく、逐次死期の迫る時計台の鐘の音を聞いても少しも平静心を乱されることなく、寧ろ昇天行出発の時間の早く来《きた》らんことを望むが如き感じを持たしめられた。五時半起床して平素の通り排泄を行い、煙草の美味を味いつつ此の記録を認《したた》め、時の到るを待つ。

今まで想像して「昇天行」や「俎上心境」録に死の直前のことを書き留めて置いたが大体当って居たことが判明した。唯昨夜最後の夢を楽みとして居たが、遂に平素と異り何等の夢を見ることが出来なかったのは惜しいような気持である。

六時過ぎには斉戒《さいかい》沐浴が許されるので其の後のことは大石大佐が記録して呉れるだろう。

美しき仲間

弘田栄治

和歌山県出身。和歌山県箕島商業学校卒業。元商業。元陸軍大尉。昭和二十二年一月二十一日、「シンガポール・チャンギー」に於て刑死。二十八歳。

最後の手紙

お父様
お兄様
お祖母様
お姉様
泰坊
昌坊

栄治より

前略御免下さい。皆様に最後の御便り申上げます。

栄治は皇国の臣民として昭和二十一年九月二十

一日「シンガポール」の第一号法廷に於て戦争犯罪人として絞首刑を宣告されました。

それは泰緬線の「ヒントク」という処で作業指揮をしていた頃の事で此の地区の多数の俘虜が死亡した。それは作業の為で其の責任者は私であるということからで、三ヶ月間に七十名程がマラリヤ、コレラ、胃腸疾患で死亡している、其の報復を私一名に課したのである。私の部下は既に無事帰国している。御安心を願う。

栄治は当時少尉でした。馬来《マレー》作戦を終えビルマへそれから泰緬線の建設へと転戦を重ね作業にも兵力の運用にも稍慣れて来た時分であった。そして誠心を以て部下と共に、千古斧鉞を入れざる原始林に闘争を続け、雨季と悪疫《あくえき》に侵され、それは言語に絶する死闘でした。命ただ奉ずるという一言にして誠心の闘いでした。今までの栄治の戦歴をかえりみて最も戦争をしているという感じと御国の為に働いていると思ったのは此の頃のことであります。

即ち栄治としては全力全精力を出し切った時でありました。此処で極刑になるのであります。

〔中略〕有名な画家が死ぬ一歩前に於て絵を画いた処最後の精力を出し切って筆をつけそして其の絵の出来上るまでは死を恐れ又生を神に祈った。しかし家人に助けられて画きおわった時は死は其の人に取って懐しいものであったという事を聞いた。私もそれ程迄には行かないとはいえ青年将校として其の全精力を出し切った処で死ぬのである。帰する如く考えている。又ソクラテスも云っている如く罪ありて罰せられるより、罪なくして罰せらるる事を喜んで頂き度いと。唯父上、姉上、祖母様より先に逝く事を御許し願いたい。しかして家名を傷つけて死んでゆくものでもない事を信じて頂き度い。

以上の事情のもとに栄治は悠久の大義に生きて行きます。否栄治のみではありません。此のチャンギーの絞首台に祖国の万歳を絶叫しつつ散った人々は皆祖国の礎石となって残る国民を信じて立派に安心して逝くのです。

此の戦争犯罪人とは皆祖国愛の最も高かった人々と云っても差支えないと思います。それで此の期に及んで言訳がましいとは思いますが犯罪人というと何か私的な悪事に誤解されやすい為、敢えて御説明する次第です。

食生活に日々を追いまくられている再建の人々に今すぐチャンギーの獄に恨を呑んで散華した神達、仏達のいる事を認識して頂きたいと思いませんが、一人でも多くの方々に認識せしめられたく、これがせめてもの功徳であると考えられます。

明日も二名銃殺されます。哀歌が庭から聞えます。後から逝くぞと見送っています。

見送るも逝くも祖国の春を待つ

獄中作（昭二一、六—昭二一、九）

君の御名呼びつゝ散りぬ獄の秋

水牛の角三尺や雲の峰（泰国）

床下にこほろぎ鳴くや昼間から

「トッケー」の声も交るや虫しぐれ

暗き灯に虫も来ぬなり獄の秋

追悼

一、重なる悲憤に微笑みて

逝きにし君の俤《おもかげ》は

椰子の葉蔭の夏の月

老いたる母も見給わん

二、むじつの罪を甘受して

耐えにし君の魂も

夏草深き南《みんなみ》の

土地より帰れ母の国

昭和二十一年十一月二十二日九名逝く

遺　書

父弘田啓宛

前略愈々確定が参りました。静かに母のもとへ参ります。遺言は既にとどいている事と思うから今更何も書くことがない。

敗戦、地震、栄治の死と内外多事多端の日々お察し申上げます。しかし栄治は生きて泰坊、昌坊を導きましょう。正しく強く立派に。それを信じて頂き度い。

万　歳

これが栄治の最後の言葉です。声は消えるから紙に書いて送ります。

ではさようなら。栄治の五体は健全です。心は爽快です。只今より静かに母のもとに参ります。

昭和二十二年正月二十一日

追て遺髪其の他一切を今井連隊長に托す。

俺が死んだら

俺が死んだら一枚の毛布にくるまって誰かにかつがれて、予め掘られた一米四角の深さ二米ぐらいの穴の中に入れられる。静かな読経の声を合図に上から土をかけられ埋められて終う。新しい墓が此処に完成する。上の方で色々な感情を持った人達が何か他の話に切変えて、がや〳〵話合って三々五々と其処を去って行く。それから俺が一人になる。全くの一人者になる。

二日目には皮膚の色が紫色に変色するだろう。三日、四日と経つと又黄色に変色して、そろ〳〵腐敗し始めるだろう。其の中に蛆が俺の体を我が代の春と喰いあらすだろう。一ヶ月も経てば今迄の俺の肉は完全になくなって上に乗っている土が少々凹んで骨の間に詰るだろう。そうなればもう俺だか解らなくなって単に人間の白骨という丈になる。そして相当永い期間此の儘でいるだろう。

これで俺は完全に此の世と縁が切れてしまった

のだろうか、否何か此の世に残っている様な気がする。もう死んで終《しま》った俺の母が時々夢に出るような事がある。死んでしまった人の遺した書物を読んで此の人が未だ生きている人だろうかと錯覚を起す事がある。だから俺でも何か地球の片隅につながっていると考える。又それを確信する。唯人間の記憶力が足りないから日々うとくなる丈だと思う。若し残るとすれば何が残るのだろう。それは魂だと霊だと皆んな云っている。魂や霊ならばどんな魂や霊になればいいのだろうか、未だ俺は誰にも聞いて見ない。聞けば笑われるに決っているから仕方がないから一人で考えてみた。憂欝な顔をした人の所へ俺の霊が行けば爽快な気分になる。喧嘩をしている人達の間に俺の霊が行けば仲直りする。悪事を計らんとする者の側に行けばザン悔すると云う様な霊になり度いと思っている。そして総ての人達に毎夜々々楽しい夢を見せたいと考えている。

昭二二、一、一九

大塚　操《みさお》

長野県。元陸軍法務少将。昭和二十二年四月十七日、「シンガポール・チャンギー」に於て刑死。五十二歳。

遺　言（四月十五日）

拝啓　去る三月十日附で書面を出して置いたが其の後間もなく僕等の判決も愈々確定の通知がありました。今迄は仮の判決であって、上部が裁判を審査し判決を確認するまで即ち判決が確定する迄は減刑という一縷の望みもあったのであるが、到頭《とうとう》その望みもなくなり死刑の執行を待つばかりになりました。僕等と一緒に死刑の言渡を受けた者五名の内で既に三名は通知の翌日直ちに刑が執行されました。日高少将と僕とは幸か不幸か取残されて（恐らく他の事件に証人に立つ関係であろう）今この手紙を書くことが出来るわけです。今後はそれこそ何時執行があるか判りません。俎上の鯉とはこの事でしょう。内地へ帰還する人の話を聞きつつ戦犯の露と消えねばならぬ我が身、南洋その他遠征の地から復員帰郷する人々を淋しく絶望の裡に迎え又はその話を聞く君等、其の心中如何ばかりであろう。併し泣かないで下さい。何事も運命です。人間は運命には勝てない。この戦争にはもっともっと悲惨な運命にあった者が軍人の中には勿論東京、広島、長崎其他空襲を受けた土地には軍人ならざるものの中にどの位あるかわからぬ。

最近入って来た河村（陸軍省のときの知人）という前広島の師団長は原子爆弾では助かったが、今死刑になる位ならあの時爆死してしまった方がどんなによかったかと云うて居たが、全くその通りで之が運命です。先日執行になった仲間の三名も他の多勢の者と共に先行者に負けない様な雄々しき言動で立派な最後でした。僕も先行の昇天者に敗けない立派な最後を為し得るから安心して下さい。今迄に充分の修養と覚悟ができて居ます。徒《いたずら》に生きのびて床上に朽ち果つるを待つよりも死すべき時に死するが男子の本懐です。今こそ祖国の為の死機です。而もハンドルを廻せば一秒か二秒で昇天できる絞首の楽往生です。内地では非常の苦みをしているのに毎日々々好きな碁や読書に長い月日を過した後にです。ゆく僕は本懐であり而も考え方に依れば仕合せであるかも知れぬが後に残される者のことを考えれば唯胸迫るのみです。殊に国情、社会情勢に於ての生活の如何に苦しいものであるか、特に四人の子供を一人前に仕上げるという大仕事を残されて居るその心労、艱難《かんなん》が思いやられます。併し前述の如くこの国難の下に於て斯の如き運命の下に立たされる人は独り君のみでなく沢山の人があるでしょう。どうか気を強く持ち、勇気を出して万難と戦い、子供を立派な国民として社会人として育て上げて下さい。職業などは社会の不為《ふため》になること以外は何でもよいでしょう。今は物が前の何十倍にもなって居る悪性インフレの経済状況下に於ては少し位の貯金も焼石に水でしょう。あの光り輝いて居た日本が今日の如き悲惨な状態になってしまったのです。昔を思わず昔の一切を忘れ身体だけもらって生れて来た、何も持っていない人間に立ちかえったと思うて今後の生活の方途を定めて進んで下さい。要するに昔のことにこだわらず広く自由に四囲の情況に適したように生活することです。よいと思うなら何でもよい。僕はこの点に付全く注文がありません。唯けい姉上のことに付ては前の書面にも書いたがなるべく一緒に暮すことを切望します。他は前の書面に書いて置いたから之で筆を止めます。呉々も身体を大切にして子供の育成を頼みます。みんなの幸福を祈りに祈る。〔下略〕

四月十五日　　　　操

ゆき様

大東亜建設の大理想も一場の夢と化するのみか、光輝ある三千年の歴史を有する帝国を今日の如き悲惨極まる状態にしてしまって、今更其責任を誰に問うべくも無いが、吾々国民としては日本を立派に築き上げた先輩祖先に対し申訳なく又悲境のままこの国家社会を受け継がねばならぬ青少年諸君に対しても誠に済まない気がする。之から建設せらるる日本は真の民主の而も今迄と全く異り武力に依らざる所謂平和の文化日本でなければならぬが之が大変な仕事である。之がうまく行けば真の日本の姿が顕現されて軍閥、官僚、財閥等に依り誤まられた前の日本帝国の時よりも真の国民の幸福がもたらさるるかも知れぬがうまく行かなければ憐れな日本国が出来るかも知れない。其の如何は全く今後の人、所謂今の青、壮年の人の双肩にあると思う。〔中略〕

愈々君等とも永久にお別れすることになりました。僕としてはどうせ国に捧げた命だ。何惜しかろう、僕等の命がどうしても連合国側、殊に英国に必要なる事情があるなら僕等が犠牲になることは何かの方面に於て今後日本の為になるのであるから今こそ死すべき時機である、死機を得たる死こそ男子の本懐である、斯う思うのです。今迄先行した犠牲者も何れも裁判には承服しないが唯君国の為にという精神で皆立派にいさぎよく刑場の露と消えて居ます。全く神そのものの如き崇き姿でした。僕ももはや此等に負けぬ立派な最後を為し得る確信があります。〔中略〕斯の如く今往く僕は楽往生而も男子の本懐であるが後に残される君等や殊に母は大変である。其れを思うと胸迫る。母はこの国情、生活苦境に於て君等四人の子供を一人前に育て上げねばならぬ。其の困苦艱難、心配は大変であろう。だから君等四人は兄弟姉妹仲良くお互に助け合い勉学に励み、仕事に精を出し、母を助け、母に心配をかけたり、世話をやかせたりせぬ様に心掛けねばならぬ。殊に君は年長でもあり僕なき後は戸主《こしゅ》となるのであるから一層気を付け弟妹の範となり又よく弟妹をまとめ協力によく努め、そうして良き国民社会人となって下さい。勿論僕は天上よりよく君等を護って居るでありましょう。〔中略〕

此の国家の苦境国民の苦難より切り抜いて行くには勇気が大事である。唯勇往邁進である。尚僕は七歳の時に父を失い相当の苦難の後兎も角一人前となることができた。今君等が僕を失うともどうか気を落すことなく此の報復は自分等が立派な国民となり立派な日本を再建することであると決心し奮励努力して下さい。尚昭父子百合子には別に書かず君を代表として書いたのだから君からよく此の旨を話して下さい。

この書を書いて出す便を待って居たら、今日愈々明後十七日僕の死刑の執行（日高少将その他一人と共に）ある旨通知を受けました。かねて覚悟の上であるが、待って居るものが来た様な気がして心が一層落ち着いた。生の執着もなし、死の恐怖もなし、心は明鏡止水の如し。立派な最後が出来そうだ。では呉々も健康に注意したる上勇気を出し弟妹をまとめ、母を援《たす》け立派に成人すること。最後に君等の前途を祝福しつつ永遠の左様ならを告げます。

昭和二十二年四月十五日

シンガポール　チャンギー

父　操より

親愛なる

博君へ

朝粥のかなしみ

木村久夫

大阪府出身。京都帝国大学経済学部出身。元陸軍上等兵。昭和二十一年五月二十三日、「シンガポール・チャンギー」に於て刑死。二十八歳。

遺　書

父宛

此度は御先に失礼することになりました。生前の不孝を御許し下さい。何等報ゆることなく誠に残念であります。

一、妹を出来るだけ早く結婚させて下さい。

二、私の所有の書籍を私の出身の高等学校に寄贈して下さい。(但し妹の夫となる人が此等の書籍を必要とするならばその方に譲渡してもよろしい)

三、私の死に落胆せず、一家が平和に朗かに暮して下さることを祈ります。

四、私は学者として立って行く途中一冊の著書をも作り上げる分際に至らずして死んでゆくことは大変に遺憾に思って居ります。

辞世

みんなみの露と消えゆく命もて
　朝がゆすゝる心かなしも
朝がゆをすゝりつゝ思ふふるさとの
　父よ許せよ母よ嘆くな
友のゆく読経の声をきゝながら
　われのゆく日を指折りて待つ
指をかみ涙流して遙かなる
　父母に祈りぬさらばさらばと
小夜ふけてしんしんとして降る雨に
　神のさとしをかしこみて聴く

処刑前夜の作

をのゝきも悲しみもなく絞首台
　母の笑顔をいだきてゆかむ
風も凪ぎ雨もやみたりさわやかに
　朝日をあびて明日は出でなむ

木村武雄

滋賀県出身。関西大学卒業。元東洋レーヨン社員。元陸軍軍曹。昭和二十二年四月十七日、「シンガポール・チャンギー」に於て刑死。三十三歳。

いはれなき罪に問はれて独房に
　国を憂いて涙乾かず

永い間御世話になりました。厚く御礼申上げます。多忙の中に当番として応援に来て下さった方々、又日曜日毎に慰問に来て下さった皆様の心《こころ》尽《づくし》は永久に忘れる事は出来ません。感謝の念で一杯です。又盤谷バンワン刑務所拘禁所当時は鉄道隊の方々、工兵隊拘禁所の方々にも随分御世話に成りました。御礼申上げます。

皆様方には事件が早く解決して一日も早く釈放せられ祖国の土を踏まれます様あの世で祈って居ります。人間来る所まで来て執行の命を受ければ一瞬胸にゴクンと来ますが只今では以前より落付いた楽な気を感じるものです。平原君が先に書き残した如く誰かの想出の中にでも残って行きたい気持です。私も関大当時搶投の長尾三郎君と共に日本陸上競技会に及ばずながら尽して来た一人です。彼も行ったかと思って頂くだけで満足です。絞首台上でラジオ体操を一、二、三、四とやって万歳、ガタンで昇天せられた大川准尉殿もあるのです。私も日本男子の最後を尽して台上で万歳を叫んで行きます。

あと二分

趙　文　相

朝鮮。開城府出身。元陸軍軍属。昭和二十二年二月二十五日、「シンガポール・チャンギー」に於て刑死。二十六歳。(日本名「平原守矩」)

遺　書

阿部中尉宛

阿部さん、色々有難う。満ち足りた気持ちで行きます。

「ガチャン」と共に開けるであろう豁然《かつぜん》としたものを信じて私は行くのです。晩餐の後から台に昇るまでの迷いを少し書いて見ましたから御笑覧の程を。

先ずPの原田閣下におあずけしますから末永く幸せに強く明るく生きて下さい。

二十五日午前六時三十分

若松大尉宛

しょげたら駄目だよ。待っています。元気でついて来て下さい。「余り大したもんじゃないですよ」体は腐っても必ず魂魄は！何とか在りつづけます。故国日本、朝鮮のいやさかを祈りつつ行ったと言ってやって下さい。

二十五日

胸中何の不安あるなし。

初めて識る大なる悲観は大なる楽観に一致するを蓋し真実なり。悠々たる大自然に帰するのみ。

壁　書

よき哉　人生

吾事　了れり

手　記

神様は人間を作り給うとき、世界を作り給うとき、彼の世界を存在せしむるために、死への恐怖を与えられた。だから俺は今まで死を避けざるを得なかった。しかし絶対に避け得られぬ死は神の意志だ。神によって作られ神によって動かされ、死を怖れるわが身であれば、神が死ねといわれれば死ぬよりほかはない。すべて神の意のままにわれわれは死んで行く。死んでからのあの世があるやらないやら、しかし生きている間はいつまでもこの世のものだ。だからいくら考えたってあの世のことは知るはずがない。明日の九時三十分になればわかるだろう。有るとか無いとかいったって徒労だ。人間にしてこれを知ったものは未だかつて無い。しかし明日解るという俺の考えの底には、有る、乃至は有るだろうという意識があるらしい。少くとも何かありそうだ。しかし何があるかは知らない。いくら考えたって堂々めぐりだ。たとえ何も無いとしたって、またそれほど清々《すがすが》しいことはないだろう。どっちみち心配はない。行ってみるまでさ。

晩さん会＝星空の下でやれないのが残念だ。雨は相変らず降っている。雨が降っているから中に入れられたのに、その雨が僕らの死を悼《いた》む涙雨だと考える。まず煙草を一服、大っぴらに吸うケムリの味はまた格別だ。ミルクを注いで「一緒に行きましょう」と乾杯、田中和尚さんに先ず箸をつけてもらって一同最後の御馳走にとっつく。

二、三分間思い思いのままに口に入れる。「これが酒だろう」という声も聞える。すぐ「これを酒だと思って飲もうよ」と賛成の声もある。

梅干の下に赤唐辛子を見つける。「トンガラシダ」という声に朝鮮人の金子（金長録）はいわずもがな、日本人もコリヤンも皆飛びつく。

「あっ、からい」「唐辛子はからいにきまっとるさ」

「ハハハハ」「フフフフ」

英人の「ノッポ中尉」と「ヤスメ中尉」がノホホンとして立って見ている。

「あいつは昨夕、俺の毛布を取り上げたんで少し変な顔をしてるな」と星大尉、平原（趙文相）インタープレターがヤスメ中尉に説明して曰く、

"I slept without blankets last night, Four cigarettes founded by a tall lieut. in my cell" ヤスメ中尉が手を振った。

「あのね」と馬杉中佐、「会津磐梯山といえば東山温泉で芸者に歌ってもらったっけ、その女は桜子といって忘れんでいるが……」

「桜子とは良いね」と小見曹長

「その東山温泉のね」と蜂須賀少佐のおのろけ、「中尉のときでしたよ、そこの芸者屋に下宿していましたがね、何しろ血気盛りの頃だったんで、前から女将に釘はさされていたものの、ついちょっとね」

「とうとうぼろが出たぞ」誰かの若い声

「いや、のろけも今のうちですよ、思う存分のろけさしてあげなさい」と田中さんがいう。

＊　　＊

「朝鮮の歌はいいね」と小見曹長、平原インタープレター喋り出す。

「いや民族性のせいでね。すべてこの哀調があるんでしょう。愛国歌がありますが、これもやはり哀調が主なものになっていますね」

「それだけロマンティックですね」

「いやロマンティックというには余りに悲哀が強くってね」

「そうね」

金子の「アリラン」がはじまる。惻々《そくそく》とした哀調が皆の胸をつく。

＊　　＊

「今何時か」

「五時半ですよ」

「あと一時間半か」

「いや充分ですよ。いつまででも同じですよ」

「じゃ一つ四畳半と行きましょう」と信沢さんの端唄、蜂さんの大津絵、小見さんの都々逸、馬杉参謀の青柳《あおやぎ》など「四畳半の流行歌はどうです」と平原の幌馬車、「喋る方が得手なんだが」といいわけみたいなことをいう。

じゃ一つにぎやかなところと、星さんの会津磐梯山、蜂さんの新磯節、小見さんの佐渡おけさ、武本君（金沢振）の「トラジの花よ」等々、おだやかな中に興は進む。

いきなりDブロックの方から「元気で行けよ」の声が聞えた。「金康か、お前の裁判はどうだ、俺は元気で行くから」と、長らくの間友にビスケットを送っていた武本君は、あるかなきかの溜息をもらしつつ席に帰る。

＊　　＊

コリヤン四名が愛国歌を歌ってから暫くの間追憶談、お得意の歌等と時は容赦なく流れる。

「オイ何時だ」

「エー、十五分前です」と田中さんが懐中時計をのぞく。

平原「あの、もうだいたい時間も何ですから一つ皆で合唱をどうですか」

「うん何がいいかね」

馬杉中佐「どうです、暁に祈るは」

「それがいい」「それがいい」——つづいて日の丸行進曲。

ほとんど七時になった時、白人の sergeant 達がやって来た。

「じゃ海行かばと国歌を奉唱致しましょう」と、皆は端座瞑目して激しき感動をかみしめつつ海行かばを唱う。

ともすればにじみ出そうなものは決して悲しみではない。悔恨でもない。あの大嵐に命をさらして来たもののみの知るあの感激だ。

「あの世ではまさか朝鮮人とか、日本人とかいう区別はないでしょうね」と金子の咏嘆《えいたん》声。浮世のはかなき時間に何故相反し、相憎まねばならないのだろう。日本人も朝鮮人もないものだ。皆東洋人じゃないか。いや西洋人だって同じだ。ああ明日は朗らかに行こう。

監房の中から、残る人達の螢の光が聞えて来る。

＊　　＊

こんな平らな気持になれるものだろうか、ほんとにわれながら不思議なくらいだ。小学校の時明日遠足に行くという晩だってもうちょっとは興奮したものだ。今まで行った人々を送った時に感じた、あのじめじめした陰鬱な気持とくらべて何と清々しい心境であろう。諦めとかいうそんな大したものでもない。もちろんうれしいとか、たのしいとかいったものでもない。何といっていいやら、ちょっと近くの町に出かける気安さとこんな気持になった自分がいとしいような気持だ。
平原「小見さんもう寝るの」
小見「うん、ねむたいねー」
平原「この世での最後の晩じゃないか、寝るのが惜しかない？」

金子「皆も俺と同じ気持なんだな」
小見「そうさ。みんな同じ状況で同じく死ぬもん、みんな同じさ。今だから本当のことをいうがね。この前、平松さん達が行った時、部屋が隣だったもんだから電燈の穴から顔を出して『どんなかね』と聞いたら、『ちょうど一杯ひっかけたみたいだよ』と本当に一杯飲んだような真赤な顔色で……、しかし声は元気だったよ」
金子「そういうもんかな、僕らもそうなるかな」
平原「そりゃしょうがないさ、蛇が殺される時体をくねらすのと同じことじゃないだろうか。しかし明日の朝いよいよ袋をかぶせられるときだって気持だけは朗らかにゆけそうだよ、ねえ？」
小見・金子「そうだ、何ともないようだよ」
この時鐘の音一つゴーン、小見「また三十分減った！」
平原「いよいよ近づくねえ」

＊　＊

何とやすやすと自分の気持が口をついて出るやら、人間ほんとに正直になれるのはこの時に至ってかららしい。親父に書いた遺書だってほんとをいえば嘘が大分混っていた。この粗雑な手記こそほんとの遺書になろう。

＊　＊

やっぱり死にたくない。碁を打ったのが遺憾だった。碁を打ったすぐ後はふだんのような気持になってしまう。碁を打っている間は夢中だったのが止めた瞬間は以前の死ぬと決らん間の気持だ——いやそれは惰性だ、習慣の片鱗だ。隣りの部屋（一番列車）からいびきが聞えて来る。俺も心が再び安らぐ。

＊　＊

夜はいよいよ更けて行く、獄外の車輪がアスファルトをすべる音もよく聞えて来る。寝れないのじゃない。眠たくてしょうがない。小見さんも金子君も寝ついてしまった。やはり神経は、肉体は疲れたらしい。しかし今晩は眠るまい。

絞首台に上るまでの気持を書き残さねば、……最後のものだもの。犬の吠え声、遠雷、凡て同じく感じられる。何処からか蛙の声も聞えて来る。

金子、衛兵にいう「オイ、インディアン、シガレット一つくれよ——なに？　オフィサーか、オフィサー・ノー・カムだよ、何？　サージャント？　そうか、うん、わかるよ。監視するものは可哀そうだよ、うんヨシヨシOKだ。アイ・アンダスタンドだ、ユー・ベリ・グッドだ、そうとも、そうとも、もういいよウン、グッド・ナイト」。

＊　　＊

絶望の深淵には苦痛はない。そもそも希望は常に苦痛と不安を伴う。この俗世のすべてのことに絶望した時はじめて人間は安心する。決して淋しくない。恐しくもない。ただ空《うつ》ろだ、空虚な中に涼風が清々しく吹く。決してじめじめした陰欝なものではない。理性も五官も至って鮮明だ。排泄も順調だ。死んでも余り変りそうにない。死んで生れかわるとか、天国に行くとかいうものではなく長い夢を見て起きたように、このままのつづきみたいではないだろうか。

＊　　＊

「もうこんな世に生きても仕様がない」、「こんな世に未練はない」等々本当の気持ではなかった。矢張りこの世がなつかしい。もちろんこれじゃ駄目かもしれない。しかしたとえ霊魂でもこの世の何処かに漂い度い。それが出来なければ誰かの思い出の中にでも残りたい。「霊はすでに霊界に行っとる」、嘘だ、未だに人間だ、死ぬまでは人間だ、ちゃんと人間らしい欲が残っているもの。京城北郊、北漢山頂、白雲台の岩壁に刻み残した俺の名前は未だ残っているだろうか。

＊　　＊

あわただしい一生だった。二十六年間ほとんど夢の間に過ぎた。石火光中とはよくもいい表したものだ。この短い一生の間自分は何をしていたか全く自分を忘れていた。猿真似と虚妄、何故もう少しく生きなかったか。たとえ愚かでも不幸でも自分のものといった生活をしていたらよかったものを、知識がなんだ、思想がなんだ、少なくとも自分のそれは殆ど他人からの借物だった。しかもそれを自分のものとばかり思っていたとは何と哀れなる哉。

友よ弟よ、己れの知恵で己れの思想をもたれよ。今自分は自分の死を前にして自分のものの殆んどないのにあきれている。

もう一ぺん古里のことを考えて見たがまとまらない。いや何か知ら肉親との絆がだんだん解かれて行くみたいだ。

金子も同じらしい。「妻が大して気にかからん」といっている。

小見さんだけは目をつぶっている。ほんとに寝ているやら又はやはり何か考えているのか。眠たくて目がふさがれるようだがもう少しの辛抱だ。

今さき二時が鳴った、七時間経てば永遠の休息に入るのだ。早く朝になったら、という気持とまた時鐘《じしょう》の間を早いなあと思う心が乱れ合っている。

＊　＊

朝だ昨夜はいつの間にやら寝込んでしまった。眠さに負けた。いよいよ四時間だ。しかし心は動かぬ。気の持ちよう一つで死すら何でもない。ほんとにさっぱりした。非常にたやすい気持で行く。三人共昨夜は夢を見ずによく寝た。六時が過ぎた。一番列車のマンデー。皆おだやかな声音《こわね》だ。

＊　＊

何だろう。何だかさっぱりわからん。も少し感激みたいなものがありそうだが――。外で「元気で行けよ」と悲壮な激励の叫びがある。他人のように思われる。こうした気持を持って今までの人々が行ったのかな。皆さんに済まないようだが、それ程悲壮な気持になれない。

＊　＊

死んだら頸《くび》がどれだけ伸びるじゃろう。大したことはないだろうな。ぶらさげてそれから外したらまた元にかえらんかな。ダメだろう。弾丸がないだろうか。不思議だ、こんなことが何の暗い感じなしにいえるとは、われながらわからん。いよいよチャンギーともさらばだ。インデアンの大尉が

are you happy?　と聞く

yes, satified（ハイそうです）

と答える。昨夕の唐辛子のせいだろう。盛んに屁が出る。馬杉中佐の声が穴を通ってくる。「金子、からだが水に濡れるのが心配じゃないか」「いいや、こんなの俺のじゃないもん。おれは別の処に行くし、この身体はこの世にやっちまうんだもの。そんなの問題じゃないよ」

「よーしハハハ……」

「ハハ……」

隣の部屋でお経が始まった。金子が、

「あのお経はどういうことをいってるのかい、救《たす》けて下さいといってるのかな」

「うん、お前は仏さまがきっと救って下さるといわれるのだ」

関口さん、田中さんに観音経を上げて戴く。腰の中がチリチリとした。五臓六腑が固まってしまうような気持がする。頭が一人でにお経のリズムに従って行く。

「平原さんは全く朗らかな顔ですよ」と関口さんがいってくれる。――もっと安心した心の片隅で快心の笑が起る。もう後は何もない。向うで殺してくれるばかりだ。わがこと終れりだ。流石にじっとしていたくない。

狭い房の中をあっちこっちとぶらつく。雨がまだ降っている。残る人達の〝螢の光〟有がたい、有がたい。

「寒いなあ――」

「まあがまんや」

「春雨じゃ濡れて行こう」

あくびが出る。体の反応だ。せのびを数回やる。

「早くはじまらんか――」皮膚の色が少しばかり暗くなってきたようだ。ずいぶん真面目な気持になる。矢張り少し気がめいる。しかししょうがない。人間だもの。

しかし、ただ信じて行こう。信ずるよう努めよう。神様すべてを恕《ゆる》して下さい。

人世最大の苦しみだ。この部屋を出るまでだ、それももう八分は済んだ。あと二分だ。俺よ！がんばれ。

九時の号鐘。のびやかにゆったりと鐘が鳴る。父よ母よ有がとうございました。姉よ弟よ幸あれかし。

一番列車出発！

偉い偉い、俺もまねる。あと二、三分だ。俺もあんな万歳を叫ぼうよ。

来た。いよいよらしい。

これでこの記を閉ず。

この世よ幸あれ。

香港

迎春

左《さ》近《こん》允《じょう》尚《なお》正《まさ》

鹿児島県出身。海軍兵学校卒業。元海軍中将。昭和二十三年一月二十一日、香港に於て刑死。五十七歳。(英国「香港」関係)

遺　稿(抜萃)

尚敏宛　昭和二十二年十月二十九日

一、本日絞首刑の判決を受けた。まさか死刑とは予期しなかった。判決の理由は示されなかった。裁判は形式的で判決は政策的と断ぜざるを得ないことは小谷弁護士其他の人々も意見一致した。従来の判決例や「勝てば官軍負くれば賊」の諺もあり、最悪の場合斯る判決あるやも知れないとの覚悟は出来て居たので特に驚き慌てることはなかった。

二、例の明朗元気の習慣は今日の場合に処しても習性となって悲観もせず煩悶もせず恨むこともしない。人事を尽して天命を知るで朗かであり得ることは有難い。

三、Confirmation は約二ヶ月後シンガポールから来るそうだ。死刑と確定したら十二月下旬処刑の予定、此の二ヶ月間を不快に暮すも愉快に暮すも心の持ち様一つだ。例の明朗元気で一日是好日《これこうじつ》、一日を三月と仮定し二ヶ月が約十五年となる。此の十五年を五十七歳の年に加算すれば約七十二歳となる。母方故祖父の生涯に相当す。年に不足はあるまい。不快なる十五年を長生するよりも、六十日間を毎日是好日と愉快に暮した方が気が利いていると思う。

四、昨今の心境に於て安心立命上一番心に懸る事は、日本人誰しも普通の様に家族の将来如何と云う事であると思う。其の点私は誠に幸福であり何等の不安なく安心して死ぬ事の出来ること即ち生活もどうやら困らないらしい。尚敏は人物技能共に父に優れ後嗣《あとつぎ》として申分ない。祖母上も山崎に無事安着、一家幸福な生活を予期せらるること、まことに安心だ。

尚敏宛　昭和二十二年十一月二十日

〔前略〕判決以来毎日是好日と思い極めて明朗元気、生死を超越し得る心境まことに有難い。満五十七年の生涯を顧み後悔するところもなく、まあ普通一人前のことはやったと思うし、一番安心なのは後嗣即ち父の生命の延長たる尚敏あること、家族の状況亦何等後顧の憂いなきことである。日本が敗戦したがための処刑である。普通一般の処刑と異なり正章同様戦死に相当するものと自信している。判決が政策的なる点遺憾なるも之も「勝てば官軍負ければ賊」「might is right」と思えば恨む必要もなし。復しゅう、報復、仇に対し仇を以てすと云う様なことは将来平和に害ありと思う。戦犯者の中にも連合軍の虐待、裁判の不公平等に対し恨み骨髄に徹し、子孫の代に必ずこの仇を報ずべしとして故国に手紙を出したり伝言する人が少くないようだ。父の考えでは斯くの如き事では将来の世界平和は期せられぬ。幾十年か幾百年かの後、日本が又連合軍と戦争をし勝ったと仮定した場合、日本に於ける戦犯処理は今日以上不法となる様ではよくない。仇に対し仇を以て報ゆるという考えは改めなければならぬ。次回日本が勝ったら敵戦犯を虐待せず且戦犯裁判も此度連合軍のやった方法より遙かに公正にやるという心懸が必要である。要は戦争のため国民大衆が如何に迷惑するかということを考え、一部のために簡単に戦争を起さないことが肝要だ。

今日は十二月一日だ。あと一ヶ月で処刑か減刑か決る。従来当地の例では殆ど処刑となる公算が多い。父は昨今も相変らず明朗元気で久し振り約六十日の休暇を貰ったつもりで毎日毎時間を是好日と暮している。〔中略〕物は考えようだ。昨今こんな明朗元気で居られる原因を考えてみた。決して痩我慢でもなく衒気《げんき》を出したり、芝居気を繕っているのでもない。次の様な原因ではないか。

(1)後顧の憂いなきこと。

(2)日本敗戦の結果であること、日本の国内戦争でさえ明治十年役以前特に封建時代敗軍の将は当人は勿論一家断絶の悲惨な目にあった。

(3)絞首刑といっても普通一般の破廉恥漢の絞首刑と同様に考えられないことは当然だし、日本敗戦に依る結果一部の者が負う処刑であり目下猶戦時中の戦死だと思っている。

(4)生物は生あれば必ず死あり、人間亦然り。人間は生れた時から死の宣告を受けている。只期日が確定していない丈だ。

(5)人間は死を怖れる。どんな老人でも殆どそうだ、之は人間の本能である。只人間は病気や災禍に依り死なぬ様注意しなければならぬのは当然である。然しどんなに注意しても各種の病気、洪水、地震、火事、交通事故、戦争というようなことで死ぬ人が如何に多いか。米国の発表によると此の度の戦争で軍人戦死者千五百万、日本軍人約百五十万乃至二百万、日本市民約六十万戦災死。日本では例年約百万人死ぬ。斯くの如く人間の死ぬことは真理である。

⑹私は正章、尚敏父子三名大東亜戦に戦死を覚悟で出征した。其の覚悟が偽りでなければ父に今日改めて戦死の覚悟なんて必要はない筈。未だ講和条約締結せられず尚戦時中と考え得。従って絞首台上に立つことは敵の機銃掃射や爆撃下に艦橋に立つ気持其の儘だ。戦時中幾度そんな場面に遭遇し多数の部下がたおれ水葬もやったことか。正章も島風艦上で戦死したではないか。年僅か二十五歳加之《しかのみならず》父と異り人物技能抜群前途大いに嘱望《しょくぼう》せられたではないか。正章の如く二十代三十代の青壮年の如何に多くが祖国のために殉じたか。人生五十年というが父はそれも越している。余り欲をいえる年でもない。だからといって死を急ぐべしとも自殺すべしとも云えない。要は「人事を尽して天命を待つ」である。裁判には全力を尽した。担当の小谷弁護士は全精魂を傾け如何なる弁護士と雖もあれ以上の努力と成果は期待することが出来ないと私は小谷弁護士に対し感謝と敬意を表するものである。小谷弁護士も父も裁判には全力を尽し思い残すことはない。即ち「人事を尽して天命をまつ」だ。人事を尽したという意味は生きんがためには手段を選ばず偽証を立て他人に迷惑をかけることまでして助かろうというような不徳なことはしなかった。この点丈は安心してくれ。若しそんなことをして死刑を免れ、生きても何時かは世間にも知れ当人は勿論一家や子孫に対しても恥をのこすことになろう。人は死すべきときはいさぎよく死なねばならぬことは、こんな場合も含むと思うね。

はまの宛　昭和二十二年十二月七日

〔前略〕死刑の判決を受けて待機している人が二人居る。憲兵中佐と同少佐が隣室にいるが先達散髪の際中佐が遺髪を国に送ると云っていたが私は止めた。正章同様遺骨と書いた一片の紙のことを思い亦水漬く屍、草むす屍となった戦友のことを思えば遺髪なんかと云う事も不必要と思い止めたから其の積りで万事あっさり考えて貰いたい。そんな形よりも精神を汲んで貰えばました。

此の度のロンドン外相会議の決裂は愈々米ソ二陣営に世界は二分せられ、朝鮮、支那、仏国、イタリー、ギリシヤ、トルコ、パレスタイン、イラン、オーストリー、ドイツなどは前衛戦闘が開始せられ一触即発の形勢、或は宣戦布告なき第三次世界大戦が開始されていると見るべきでしょう。日本では憲法で不戦や無武装を定め平和来《へいわらい》を夢みているでしょうが昨今の模様では当になりますまい。マッカーサー将軍の対日政策も百八十度転換、日本を有力な米陣営の一員とせざるを得ないでしょう（西部独逸と同様）。世界大戦があった後は少くとも二十年位は戦争はあるまいと思うのが従来一般人の常識でしたが昨今の国際情勢では従来の常識通りに考える事は恰《あたか》も大東亜戦に敗れる迄戦争に敗れる場合の事を考えなかったと同様な迂闊さを繰返さないとも云えませんね。次の大戦は世界両横綱の戦い故、国際法も何も当にならず原子兵器は勿論それ以上に恐るべき大規模な大毒瓦斯《ガス》戦、大細菌戦が行われ幾千万の死傷者を出すでしょう。然し戦争期間は短いかもしれません。日本も戦場化し又満洲方面に軍人として狩出されるものも多い事でしょう。夢の様な話ですがこんな状況が起るかも知れないと考えて之に処する一家の事も考慮しておくべきだと思いますね。昨今の国際情勢では恒久平和を前提としての日本の再建復興は当分期待薄でしょう。来春になったらソ連を除いた十ヶ国で対日講和会議が始るかも知れませんがソ連を除いた平和条約は日本として安心出来る平和条約ではないと思います。敗戦日本は独立性を失い米の勢力大なる場合は米の意の通り又米軍退却しソ連の勢力大なれば共産党の天下になるという仕方のない工合になるかも知れません。大分くだらぬことを書きました。〔後略〕

尚敏宛　　昭和二十二年十二月二十五日

愈々コンファメーションの期日もあと数日となった。判決後の五十余日真に愉快に有意義に過し得たことを感謝する。再三書いた通り此度の死を不幸と思わない。人事を尽して天命を待つ、万事神様の摂理と思い戦死と思う。又絞首刑の方法は文明的だ。昔は日本国内戦は愚か幕末の頃の死刑だって如何に残虐な方法が行われたか、火焙り、なぶり殺し、曝し首等古今東西の歴史に徴するとこの絞首刑は瞬時にして他界恰も柔道で首を絞められると変りない。難病で死ぬより遙かにましだ。今日はクリスマスデーだ。キリストさえはりつけにされたではないか。戦場で戦死する代りに今日迄生延びたことは幸だった。それは巣鴨以来留守宅に手紙を書けたことだ。死の瞬間迄明朗元気心身共に健全、一年半に亘り家族の為良かれかしと書き得たこと即ち詳細な遺書を遺し得たこと従来余り世間に例がないと思う。此等の遺書を一家の者が参考にしてくれる其の価値たるや稀なものと思うね。此の際父の死は反って有意義（長命するよりも）かも知れない。死んだら命日は当分父の遺書を読み返し一家再建の資として貰いたい。決して父の死を以て他人や英軍を恨む様なことがない様希望する。只日本が敗戦したために外ならぬ故。

みさ子
はまの　宛　　昭和二十三年一月一日
尚　敏

新年お目出とう。今年こそ久し振り目出度い年を迎えて下さい。昭和十六年以来ごたごたした年ばかりで一家ほんとに打ち揃い落付いた正月気分は味われなかったことと想像します。従来の例に依るともう今頃は処刑前数日特別室に移されるのですが、多分クリスマス祭や新年の行事で少し延期されたのでしょう。勿論判決後二ヶ月といっても十日位遅れた例はありますからコンファメーションも今月上旬頃になるでしょう。何はともあれ以上の様な次第で今日の元旦を迎え亦一筆出来ることは幸いです。当地は天気好晴、内地の十一月上旬頃の秋日和です。心身共に至って健在で遙に山崎の正月風景を偲び、且将来の一家の幸福を祈りつつ極めて安穏な気持で本日の好き日を迎え有難く思います。親類の皆さんにも宜敷く御伝言下さい。

朝霜の命

田村劉《りゅう》吉《きち》

神奈川県出身。海軍兵学校卒業。元海軍少将。昭和二十三年三月十六日、香港に於て刑死。五十七歳。(濠洲「香港」関係)

最後の書面

拝啓内地も愈々酷寒に入り且新春を控えて其の許を始め留守宅一同並に大沢一家、片山さん達も健全にて極めて困難なる現在の世相に対して御多忙に活躍の事と推察仕《つかまつ》り居り候と共に良き新年を迎えられん事を祈り居り候。小生去る十月十七日に退院、巣鴨に赴きしに全く天祐的奇蹟的に其の許に会い、三十分と雖も親しく語るを得たるは嬉しき限りにて思い残す事無き様にさえ考えられ候。同夜東京駅発翌十八日午後呉着汽船に乗り翌十九日朝発二十三日香港着収容所に入り申候（一行六名）。十一月二十四日より裁判開始十二月十七日終了（内休廷十数日）仕り候。裁判長以下非常に懇切丁寧に裁判を指導し被告達の言わんと欲する処を全部尽させてくれ、裁判の公正を期せられしは一同満足の至りにて最後に小生一同を代表して深甚なる敬意と感謝の意を表し置き候。裁判判決に就ては既に復員局又は戦犯事務局より通知有之《これあり》事と存じ候。小生一人極刑にて他は十年以上二名同以下三名に有之候。小生としては「ニュウアイルランド」海軍首席指揮官として全責任を負う決心は最初より確乎たる覚悟を有し少しでも犠牲者の少なからん事を切望し居りし次第にて、或は三名位は極刑者を出すに非ずやと弁護士一同も心配仕り居りし処、一名にて済みたるは裁判官もよく小生の意を推察し呉れたるものと考え満足に存じ居り候。小生としても決して極刑を望むに非ず、小生が最高指揮官として戦闘而も三千の部下玉砕を覚悟しての戦闘に当り、不利益を与えると考えられる事態は予め排除するは当然にて全く戦闘任務を完遂せんが為めに執らざるを得ざりし次第なれば全く已むを得ざる処置に有之候。故に小生として も絶対に暴虐や報復的等の考えは無く全く戦闘目的達成の為め断腸の思いにて実行せし迄の事と詳細に陳述し尽し置き候故、例え極刑に処せられたりとも少しもやましき事は無く、従って極刑の宣告を受けても既に覚悟し居りし事故少しも平常の平静さを乱すが如き事は無之《これなく》候。

要は指揮官として当然負う可き責任任務を完全に果したりとの誇りを有し居り候。又責任に関しては若き頃より駆逐艦長として勤務し如何なる原因動機と雖も艦長として必ず責任を負うの覚悟を有し居り候故、今回の判決とても極刑は小生一人にて済みたるに対し、丁度「ネルソン」が「トラファルガル」の戦闘に戦死に臨み「余は責任を果したり」と最後の言葉を残したると全く同様の心境にて、却って心身共に爽快を覚えたるは決してらいたる言には無之候。〔中略〕

礼子も新家庭の主婦として早々この荒き世の中に出て苦労多き事と存じ候も一郎君のもとにて常に温き心にて慰め励まして立派に主婦の勤めを果し一郎君の向上発展の温床となる様に努められ度。殊に妹の文枝病死の事もあれば健康第一に暮す様に又一郎君と共に母さんの良き相談相手となり孝養を尽され度願上げ候。皓、恵、も共に大いに奮闘努力孝養を尽して父の分迄母さんを慰め奉仕して余生を安らかに過す様に努められ度。尚、皓も最早や結婚適齢期に就き小生が如何様になりても懸念せずに来年適当の時には良縁を得て昔からの因習になどとらわれず結婚する様に取計られ度申加え候。伊勢崎の大沢一郎君には非常に世話になり心配かけ候故、御祖父様の代りと思い今後も力となり呉れる様に小生よりも呉々も願い居ると共に小生も今迄真の弟と思い来りし事故何事も相談して決定せば間違いも無しと考え居り候故万々宜しく伝言相成り度候。

　丁度弁護士が連絡に来て呉れるとの事に就き取り急ぎ思うままを乱筆にて認め申候。小生日常生活等のことにつきては厚木在の岡本氏外早く帰る人又は奥原弁護士にも依頼し置き候。いずれ帰国後訪問の筈故聴取相成り度。如何に小生公明正大に且明朗に過し居るか判明致す可く候。今村、草鹿、大森将軍外心配をかけ下されし方々に万々宜しく願上げ候。小生としても罪の確定迄は決して自棄的な考えは有せず健康に留意して居り候。尚一同の健康を切に祈り居り候。

昭和二十二年十二月三十日

田村劉吉

福子殿

外一同　御中

辞世

武士のつとめ果してけふぞゆく

こころもかろく身もかろく

東風《こち》ふきて梅が香しのぶかどでかな

昭和二十三年三月十六日

濠洲

南十字星のもとに

後藤大作

東京都出身。早稲田大学卒業。海軍経理学校出身。元海軍主計大尉。昭和二十一年八月十七日、「ラバウル」に於て銃殺刑。二十八歳。

遺書

御両親様

〔前略〕武運拙なく祖国は遂に連合国の軍門に下りました。祖国は連合国の提出せる全ての要求を容れて彼等の前に頭を下げねばならぬ状態となったのであります。陛下は「忍び難きを忍び耐え難きに耐えよ」と申されました。若し此御声なかりせば彼の連合軍の辱しめを甘んじて受くる者が何人居った事でありましょう。

私は現在戦争犯罪者と云う名を附せられ「ラバウル」の収容所に監禁せられて居ります。そして其処で只今最後の御手紙を書いて居ります。御両親、皆様へ御別れの挨拶をして居るのであります。私は終戦後戦争犯罪容疑者として濠洲軍の為めに拘引せられました。そして数回の訊問取調を受けました。其の後「タロキナ」「ヴイン」を廻って「ラバウル」に護送せられ「ラバウル」に於て更に取調べを受けた後、濠洲軍の軍法会議に廻され二十一年五月七日公判廷に於て「死刑」を宣告せられました。当「ラバウル」の戦犯者収容所には南東方面軍の軍司令官今村陸軍大将、南東方面艦隊長官草鹿中将以下十数名の陸海軍将官始め約三百名の陸海軍将兵が戦犯者として監禁せられて居ります。其の中の大部分は二十年乃至十年の懲役でありまして、死刑の宣告を受けた者が約六〇名居ります。

死刑囚六〇名の中伊藤陸軍中将、陸軍の参謀の佐藤中佐、海軍の加藤大佐、それに私の四名の外は全部絞首刑であります。私等四名は銃殺刑です。而して其の六〇名中の過半数は既に「ラバール」の露と消えられました。私の処刑される日も真近い事と思われます。後幾許《いくばく》もなき余命を鉄格子の中で送って居るのであります。私と致しまして事此処に至りましては何等思い残す事とてありません。元々私の身体は御国に献げて終ったものであります。私は当然戦争に斃れるべき運命にあったものであります。私は闘えるだけは闘い、頑張るだけは頑張って参りました。そして私の任務、私一生の任務は済んでしまったのであります。私は唯神国の不滅を信じ祖国再興の日の一日も早からん事と御両親始め弟妹達の御健康と御多幸を祈るばかりであります。私は皇国の礎として笑って散って行きます。

務終へし此の身のいかで惜しからん
散つて甲斐ある生命なりせば
（五月七日）

私の心は今隅々まで日本晴れの様に晴れ渡って居ります。私の今の心境を上手に陳述する事が出来ません。然し故人の言を借りるならば丁度西郷南洲先生作の詩「謫流《たくりゅう》」の意の如くであります。「謫流」は私が学生時代から最も好きな詩で良く吟じて居りました。父上も此の詩は良く御存知のはずです。私は何処迄も日本帝国海軍の士官として又「後藤家」の名を辱しめざる様堂々と散って行きたく念じて居ります。吉田松陰先生は二十九才を最後として辞世せられました。私が二十九才を最後として逝かねばならぬのも又何等か前世からの運命の様に思われます。私が此の様にして鉛筆を走らせて居ります周囲には同じ処刑の日を待って居る多数の陸海軍青年士官が居りますが不思議にも其の中の大半は二十九才です。「二十九才は厄年かなあ」と冗談口をたたいて居ります次第です。処刑される日を待って居る者のみが監禁されて居る此処の空気は実に朗らかなものです。之が数日後否本日の午後には冥土とやらに行く人達かと疑われる程です。

私が今回此の様にして散って行かねばならぬ結果を招来しました経過に就て少し述べさして戴きます。私が戦犯者として処刑せられます原因は勿論個人的の性質を帯びたるものではありません。戦争と云うものに勝たんが為、身を国に献じた帝国の軍人として上司の命に服した事が又部下に命令を下した事が惨めな敗戦の結果、戦争犯罪法なる戦勝国の為に作られたる法律に触れ、戦争犯罪者と云う名を附せられた迄の事です。然らば此の戦争犯罪法は天に恥じなき公平な法律でありましょうか。戦争犯罪法は交戦中に犯した違法行為を罰する法律です。然らば連合軍の行った戦争行為は全て法律に照して正当な行為のみでありましたでしょうか。非戦斗員たる幾十万の婦女子を殺したる原子爆弾の使用、「ガダルカナル」に於ける惨殺、病院船の爆撃、連合軍の行った之等の数々の違反行為はどうして罪せられないのでしょう。戦勝国側からどうして一名の戦争犯罪者も出ないのでしょう。戦争犯罪法は勝者の勝手に作った法律です。法律の名を借りての連合国の復讐でありま す。決して破廉恥的なる行為を罰せられるのではありません。何卒御心配下さいませぬ様、私は私の行った行為の正当であり又合法的であった事を確信して居ります。私は縦令《たとい》濠洲軍が如何に出鱈目な罪を附して罰しようとも私は私の行った行為の正当なるを信じて堂々と死んで行きます。

〔中略〕

私は何も思い残すことはありません。意気揚々と処刑を受けます。

此の様にして鉛筆を走らせて居りますと懐しい数々の想出が走馬燈の様に浮んで参ります。誰からも可愛がられた幼年時代、楽しかった小学校時代、希望に燃えた三商時代、得意だった専門部時代、人生の華であった大学時代、打倒連合国の意気に燃えて居た海軍経理学校時代想出は尽きません。楽しき想出、悲しき想出、苦しき想出私は過去二十数年間に凡ゆる方面に想出を持つ事が出来ました。学問に武道にスポーツに娯楽に戦争に全ては一連の夢の様に感ぜられます。今となって見れば苦しみ抜いた過去三年の「ブカ」島に於ける飢餓の生活さえも愉快な想出となって居ります。省みれば私の一生は御両親の懐の中で何等の心配もなく気儘に育てられ世の暴風雨を知らず春と共に散って行く草花の様なものでありました。全く春の花園の生活でありました。世界一の幸運児でありました。戦争中私は飢餓の生活の中にあり乍らも日本軍の大反撃を信じ見事に連合国を降伏せしめ又懐しい御両親の御許に皈《かえ》って行く事を何度夢みた事でしょう。御両親にもう一回だけでも御目に掛り度《と》う御座いました。もう一回彼《か》の丸い食卓を囲んで弟妹達と一緒に食事が致し度う御座いました。未練がましい私の言葉を何卒只一言だけ御寛容下さい。達人、秀夫、百合枝、幸子はどうして居りましょうか。元気で居て呉れる様祈って居ります。御祖母様御二人とも御達者ですか。もう軈《やが》て八〇の高齢に届かれる訳ですね。何卒御元気で居られます様。昨夜どうした事か幸子の夢を見ました。矢張りセーラー服で可愛らしいオカッパ頭の幸子でした。今は百合枝、幸子二人とも美しい細君になって居る事でしょう。懐しさは次々と湧き出して来て何程《どれほど》書いても書き切れません。

唯遂には胸が一杯になって不覚にも熱いものが込み上げて参ります。

此処「ラバール」は相変らず酷暑の日続きであります。本当に日中は家の中に居っても汗が止めどなく滲み出して参ります。然しそれでも夕暮ともなれば海を渡って来るそよ風は我々の獄窓にも流れ込んで居ります。平和そのものの姿を呈して居る「ニューブリテン」の山々は紫に霞み鉄格子の間から見ゆる「ラバール」湾の水面は鏡の如くに凪ぎ渡って西空には黄金色の夕焼雲が棚引きます。

「フランス」の某詩人が「ラバール」の夕景を世界一と絶讃したとか聞いて居りますが正に世界一の夕景かも知れません。此の黄金色の雲も軈て消え「ラバール」全景が黒き「ベール」に包まれて来ると椰子の葉末には南十字星が四十五度に傾いて輝き初め、一等星「アンタレス」を中心とする彼の「蝎《さそり》」の大星座が中天を圧して悠然と上って参ります。彼の星の一つ一つから我々の地球に其の光鋩《こうぼう》が達する迄には何万光年を要するとか言われて居ります。此の底知れぬ大自然の雄大なる姿に比して我々の存在の何と小さい事でありましょう。我々が生存して居る此の小宇宙には約一千億の恒星が浮遊して居ります。そして是等の小宇宙が更に一千億とか集って大宇宙が出来て居るのです。而して之等の星の一つ一つにも地球と同じく無数の微生物が蠢《うごめ》き合って居るのであります。噫《ああ》雄大なるかな大自然！　若し此の大自然に生命ありとするならば一つの粟粒《あわつぶ》よりも未だ微々たる存在の地球と言う一片の土塊《つちくれ》の上に蠢めく「バクテリヤ」共がほんの一瞬間浮いては消えて行く水泡の如き生命を奪い合い縮め合って居る事をせせら笑って居る事でしょう。私と言う無数の「バクテリヤ」の中の一つが一瞬の間現われて又以前の様に消えて行くのです。別に何も変った事は無いではありませんか。現在我々が監禁せられて居ります此の鉄格子の中も数ヶ月を送って見ると「住めば都の風が吹く」とやらで格子越しに隣組と寝乍ら話の出来ると言う気楽さ万更悪いものでもありません。

遺品として軍服の上着、頭髪、爪を下門主計大尉に御願い致しました。其の外にもう一品私の似顔を平常私の着用して居りましたパラシュート利用の原地産「シャツ」に画いて貰いました。画家は元潜水艦長をして居られた谷浦少佐です。其れに南東方面艦隊長官草鹿閣下が揮毫して下さいました。とても良く似て居るそうです。実際はもう少し色が黒いかも知れません。此の手紙は途中色々関所がありますので無事御手許に届くかどうかは知りませんが……御手許に届いた頃は既に私は冥土の旅に上り三途の川とか言う所で旅の汗でも流して居る事でしょう。

前に詠みました歌の外にもう二首現在の私の心境を詠んで辞世の歌に代え度いと思います。俺は日本男子である！　俺は大君の御楯である。そして再建さるべき祖国の礎となって散って行くのである！　と自分では思って居乍らも、祖国にあって復員船で私の帰って来るのを今か今かと待って居られます父上、母上の御姿を思い浮べますと不覚にも自然に涙が溢れて参ります。

大丈夫《ますらお》と思へる我や頬濡れて
　我を待つらん父母を拝《お》ろがむ

御両親と共に在った過去の楽しき生活を想い、今は老いし父上母上の傍に寄り添うて居る楽しそうな弟妹達の姿が頻りに瞼に浮びます。皆んな立派になった事でしょう。不幸にも祖国は戦に敗れ連合国の統治下に置かれては居るが必ずや近き将来に再び立ち直って以前の立派な日本になるであろう事を確信して居ります。そしてその祖国再建の大業に当る者は誰でもない今御両親に寄り添うて居るお前達若い者達である。祖国再建こそ現在のお前達に与えられたる大任なのである。貴様達の兄は貴様等の奮斗を遙かに「ラバウル」の一角から祈って居る。

国はよし薔薇の色香に染まるとも
香り忘るな山桜花

では私は元気に散って行きます！
御両親様始め皆様方の御自愛と御多幸を祈ります。左様なら。

昭和二十一年八月十五日
「ラバール」収容所にて　大作

最後の言葉

愈々来るべき日は参りました。本日午後処刑の宣告がありました。明朝午前一〇時銃殺に依り処刑せられます。本日は八月十六日です。内地は恰《ちょう》度《ど》御盆の最中ですから都合がいい訳です。停戦後丸一週年目に辞世出来るのも軍人として何か特別に与えられたる幸福の様な気がします。色々と有難う存じました。左様なら。

後藤一松様
昭和二十一年八月十六日

後藤大作

十八人に代りて

田島盛司

埼玉県出身。元工員。元陸軍伍長。昭和二十一年十一月二日、「ラバウル」に於て刑死。三十一歳。

手紙

遺言になるかも知れません。
大兄、妹又親戚の皆様、勝つと誓った大東亜戦争も今は破れて敗戦の憂目を見るに到りました。誠に残念に思います。

私も聖戦に従事して五年苦労した甲斐も無く祖国の為命をかけて尽した今、戦犯者としてラバールの一角に収容され裁判も終り刑執行の日を待って居ります。

此収容所には現在六百人からの戦犯者が居り死刑の判決を受けた者が百名、刑を執行された者が十数名居ります。此処には爪哇作戦で名を売った今村大将も入って居ります。他に将官級が二十数名佐官尉官は収容人員の三分の一は居るでしょう。何れも国の為に尽した人許りです。若し日本が勝って居たら皆金鵄《きんし》勲章に浴す人許りです。

私等当然この収容所に入る様なこと等はして居りませんが停戦と同時に支那人俘虜に殺人事件で告訴されました。当時日本の軍法により行われた事件も現在の連合国の裁判には適用されず、殺人はして居なくとも現場に立会った者は同罪であるということです。事件を知らない皆様は何故お前は死刑になったかと云うでしょう。人の罪をきて死ななくてもよさそうなものだと云われるでしょう。〔中略〕

事実を語れば私と米田は救われるでしょうが事実を語れば十八名の罪人が出るのです。そして十一名が死刑七名の者が有罪になることは明かです。私と米田が犠牲になれば十八名の者が救われるのです。そして又彼等の家族のことも考えて見れば私にはとても真実は語れませんでした。お前にも家族があるではないかと言われるでしょうがどうかそのことは言わないで下さい。私は真犯人を出せば無罪となったでしょうが死刑の判決を受けた訳です。友情は最後迄失いたくありませんでした。

私は昭和二十年八月マラリヤ混合熱で八日間も死線をさまよいました。軍医も衛生兵も私を死の数に入れていたそうですが生命の神は見はなしません。後に残った多くの友のためにもう一度世に出して下さったのです。そうして彼等の罪を私に負わせて呉れたのでしょう。そう思うより外ありません。私も一個の人間として考えた時には非常に嘆き悲しみましたが神の道を知った時、人の為此身を散らすことを楽しく思うようになりました。人間の世界が神の世界から見るときにあまりにも小さく憐れです。そして私達の事件に関係して居る者があまりにも自己的な者許りであるという事に就いて考える時尚一層散って甲斐ある現在の此身であることを知った時に楽しさが起りました。

現在の日本では戦犯者は極悪人の様に思って居る事でしょうが時の波によって致し方ありません。家名を傷つけて申訳ありませんが時が来れば自然世に知ってもらえると思います。

散りぬれど二度と咲くらん桜花
近き故国の春をむかへて

現在の心境です。否ここに居る者全部の人の気持です。必ず私達の死が無駄でなかったと信じて居ます。〔中略〕

私は十八名の者の家族の者又兄弟妻子の者のため犠牲となるのです。どうか誤解しないで下さい。或る男は私が処刑されたら自決すると申していたそうです。まさかそんなことも無いでしょうが、十八名の者が皆苦しんで居るのです。罪無き者が彼等の罪を負っていることを知っているのですから世間の人が何といおうと兄姉の皆様には信じて頂きたいと思って居ります。〔中略〕

私達戦犯者は当然無実の罪で散る者、刑に服する者とありますが、家名を傷けると云う心持はもっていません。寧ろ名誉のことと思います。必ず国が再建するためには犠牲は生れます。その人達に加わって散って行くのですから敵弾に当って死すると同じ気持です。何卒近隣の人の誤解をといて下さい、身勝手な事を書いてしまいましたがどうか悪しからず。

残りし妻子の事をどうか御指導下さい。ヨシ子のことですが現在私にはどうしろと言えませんので本人の意志に委せて下さい。兄姉様の御厚情で良き相談相手となって最善の道を選び甦生《こうせい》して行ける道を教えて頂きますことを幾重にも御願い致します。

一男の事は特別に御願い致します。生れ出て父の顔も知らず永久に父を知らぬ子、不運な子を宜敷御願い致します。

前後した事を書きましたが何卒私の気持を解って下さるようお願い申上げます。

皆様御体大切に御長命を祈ります。

昭和二十一年六月二十二日ラバール光団

田島　盛司

田島祿三郎様

姉　上　様

よし子殿

長い間御無沙汰致しました。元気で暮して居ることと思います。一男も元気で丈夫に大きくなったことでしょうね。遠いニューブリテン島ラバールの地より想像して居ります。

大東亜戦争も意外の戦局で終ってしまいました。この地の日本人は全部復員してしまいました。毎日内地から来る船を見送っていました。私も肉体は皈ることは出来なくとも魂はお前達親子の処に皈って居ります。

考えてみると本当にうすい縁でした。お前と結婚してお前にこれという事も出来なかったことを許して下さい。お前も私の皈りを鶴首して居ることと想像して居りますが、今となっては致し方もありません。唯お前達親子の前途を幸多かれと祈るものです。

負戦のため戦犯者としてラバールの土になりますが詳しい事は兄姉様に聞いて下さい。私は今神様の世界を見ることが出来るようになりました。人は偉そうなことを言って居りますがすべて偽りであるかも知れません。肉体で得るものは肉体であり霊で得るものは霊であるとイエスキリストは教えて居ります。そのとうりだと思います。

神様は常時私達について居るのです。それを信じなければなりません。生死のすべて神様の支配下にあることを信じなければならないでしょう。私は国際裁判により死刑を言渡されましたが決して嘆き悲しんではいけませんよ。生は得難く死は一時ですから、自ら死す事はいけないが、神の支配下に居る者です。明日をも知れぬものです。人は運命と云って居りますが運命は神様が支配しているることを知らねばなりません。私がラバールの土になることも之は神様がそうさせて下さったのです。

私は二十年八月に八日間も死線をさまよいましたが生命の神様は私に現在のような仕事を解決させるために生かせて置いて下さったのです。そして昇天して行くのです。現世でうすきお前との縁も必ず天国で結ばれることと思います。

私は今クリスチャンになりました。濠洲の牧師から洗礼をうけて今は神様の子となって居ります。

何んの神様でも良いから心から神様を信じて下さると必ず神様の世界を見ることが出来ることと信じます。現世の不運は天国で必ず幸になれます。聖書を読むと色々のことが書いてありますが総て良く読むと我身を救ってくれます。私のように後一週間位しか無い人生も死して神の国にゆくことが出来ると信じて居りますから決して死を怖れては居りません。後に残りしお前達親子が世界中の人から戦犯者の妻又子として指弾をうけなければならぬ事はいかにも残念です。お前も私を怨んで居るでしょうがどうか許して下さい。一男も次第に大きくなると父を怨むことと思います。遠く離れて顔も見ずに死んで行く私を怨まれても致し方ありませんが次の歌を読んで下さい。

顔見ずに我は此の世を去りぬれど
　すなほに育て不運なる子
月みれば何時か眼がうるみくる
　遠くはなれし妻子のこと

私は現世で一番不運にこの世を去って行きますがやはり親として我が子は見たい。そして妻子とも言葉がかわしたい。だがそれは夢路より外はない。今の此身は肉体を死刑にされても私の心は何時でもお前達の所に居ります。私は今お前に向ってどうしてくれと言う資格はありませんし又どうしろとも言えません。お前の意志におまかせします。神様は何時もお前達に幸をたれてくれる事を信じて居ります。年老いた母様はどうして居るでしょうか、戦争のためお困りになっていることでしょう。須藤、野口、小林の兄様方や姉様は皆さんお達者で暮して居ることと思います。小さな感情を捨てて仲良くやられるよう祈ります。生死を超越して初めて知る神の国に対照しておればみんな小さな個人感情は捨てて新日本の再建に御奮斗下さるよう盛司が言って居たとお伝え下さるよう御願いします。

夜月空を又星空を見ていると次第に遠い過去が思い出されますが又神の世界が如何に広いかということも思われます。空に輝いている星を見ていると美しく輝いているのも又やっと光っているのも色々な色に輝いているのもある。その時自己をふりかえってみるとき始めて人間の弱さというものを知ることが出来るでしょう。

人がいくら生きようと思っても百才までも生きる人は稀です。明日をも知れぬ私達の様に生きることを制限されてみると様々に世の中が見えて来ます。

個人の感情を捨てることです。生あるものは生き抜かなければなりません。決して死などと言うことは考えてはいけません。〔中略〕おそらくこれが最後の便りになるでしょう。お前達親子又兄姉様の御多幸を祈ります。

昭和二十一年六月二十二日

さようなら

盛司より

星月夜

篠原多磨夫

徳島県出身。海軍大学校卒業。元海軍大佐。昭和二十六年六月十一日、「マヌス」島に於て刑死。四十八歳。

最後の手紙

〔前文略〕二月十四日には涅槃会の宵極刑を貰った。

極刑を貰ひし夕餉《ゆうげ》のうどん哉

とやって見たが如何にも下手で御話しにならず、幸い毎日約一時間歳事記を読む事を許されたので専《もっぱ》ら花鳥風詠に親しみ少しずつ其の道に入り度いと念じて居ります。半愚《ハング》と号し千帆楼と云うは従来の通りに候。心境は時に応じ少しは変るけれども概ね一定致居り候、只々御一同様の御清栄を祈上候

昭和二十六年三月十四日

マヌス島死刑囚仮収容所にて　多磨夫

兄上様

外御一同様　御侍史

遺言

拙者は未熟者故怨霊となり祖国日本の正しい姿を見る迄成仏せず。供養無用なり。裁判に際し嘆願及証言を寄せられたる各位に深く御礼申上ぐ。

さしてゆく道遠けれど星月夜
果つべしや南大和路打拓け
　皇《すめら》御民《みたみ》の笑みつどうまで

辱知各位

　遺　詠

あしざまにのゝしられつゝ外国に
　首絞められて我果つべしや
いみじくもあわれと見えし死刑囚も
　我身となれば何程もなく
手錠はめて庭に坐りて大声に
　我れ死刑囚と叫んで見たり
手錠はめて同胞に会ふその時は
　から元気もてほゝえまむとす
庭先につくばみて夕餉せる囚等
　驟雨至りて打ふるえ居り
今日よりは半愚《ハング》と号し南の島の
　狭きひとやに処刑まつなり

炎天に草をとりつゝしみ〴〵と
　祖国の事を偲ぶときあり
椰子の実を落し驟雨過ぎにけり
椰子林を縫ふて帰るや群燕
椰子の葉のぬれたる如く月白し
戦犯や講和話に風薫る
独房の金網越しに今宵月

中山洋《ひろ》臣《おみ》

広島県出身。海軍兵学校卒業。元海軍少佐。昭和二十一年八月十日、「ラバウル」に於て刑死。二十九歳。

　遺　書

人生窮極の目的を、哲学的に悟り得なかったのは、少々心残りだ。然しながら、論理的には指摘し得なかったけれども、行為に於ては充分徹底し得たものと自ら確信する。と言っても、別に大したことではない。人並なことをやったに過ぎない。

俺の独断的帰結は次の通り。

いま時、濠軍のやり方が酷いとか、家族の者が可哀想だとか、言ったところで百年後、誰が生きているか、日本の運命を云々したところで、一万年先のことは、どうもならぬ。一万年と一日と、宇宙の生命に比べれば、大した差はない。小人は、目前の利にあくせくする。

達人は、十年後を図る。聖人と雖も、百年後を達観する者は少い。宗教への逃避は、此処から始まる。

人間は、何としても死に度くない。そこで死んでも、天国へ行く、極楽へ行くと言って自ら慰める。ところが、近世の自然科学はこの根柢を覆えした。吾々は、古代人の如く、盲目的に従来の宗教を信ずることが出来なくなった。この際哲学的基礎を持った新宗教が絶対に必要である。

暴力に報ゆるに、暴力を以てする程、馬鹿なことはない。一年先も見えない、近視眼者のすることだ。基督の契約は、原子爆弾に依り破られた。次の時代は、新しい宗教の時代だ。その時代が何年続くか、吾々の知る限りではない。

俺の生命は、あと半日、他の或者の生命はあと十年、或は三十年、そこにどんな差があるか。人生の価値は、長さに依って定るのではない。「朝に道を聞かば、夕に死すとも可なり」と言った孔子の心境が、少し判るような気がする。

とか何とか言っても、お互に現在生きているのは確だから、たとい一瞬の人生でも、そこに生甲斐を見出し、精一杯生き抜く、これが結局、最も普遍的に言って、人生の目的かも知れない。

俺は今眠い。「正午の証し」に於ける、ツアラトーストラの如く、魂が伸びる伸びる。

俺の死ぬ時は、宇宙と俺の魂とが一体化する時だ。

八月九日（処刑前夜）　　　　中山

絶　筆

死は全ての絶滅であると
　考えるのは間違い
死んでも個性が残ると
　考えるのも間違い
死とは我が魂と宇宙との一体化なり
　昭和二十一年八月十日　　中山　洋臣

福原昌造

広島県出身。「特陸二中」所属。元陸軍中尉。昭和二十一年八月一日、「ラバウル」に於て刑死。

最後の手紙

君に捧ぐ歌

静かだね。全く夢の様だ。あの美しい星、街に明滅する灯、そして此の夜光虫の群、これも夏休の最後の贈物だ。君のセーラ姿も「ペニーセレナーデ」も聴かれないね。でもこうして二人で漕いだ今宵を祝福しよう。ホラ月が出た。ウンと漕ぐんだ。あの浮標まで。

一、学の庭に君を知り
　瀬戸の渚に影うつし
　　ペンのかざしも輝やかに
　語りし想い青春の夢

愈々お別れだね。僕は君に最後に聴いて貰いたい事があるのだ。実は君が好きだった。併し今宵限り凡てを忘れるのだ。そうする事がお互いの幸福だ。最初にして恐らく最後の接吻、そして君の熱き言の葉、これで充分なのだ。それよりか君の歌を唄ってくれ。あの浜辺で聴いた「セレナーデ」を。

二、召されし世紀の戦に
　出で立つ此の身を駅頭に
　唄いし歌は餞別の
　愛しき君が晴れ姿

椰子の月あかりに日誌をつけている。時折山の「サーチライト」がぐるりと旋回する。歩哨の靴音が遠ざかれば静寂そのものだ。恰度内地の初秋の感じがする。又しても想いは馳せる故郷の空。

三、祖国の護り防人と
　任務果せし其の夜には
　君安かれと念じつつ
　夜空に祈る南十字星

民族の動乱は終り、世に輝かしい平和はめぐり来た。然しその蔭に幾多の悲話、子は親に、親は子に、妻は夫に生別し、春にそむいて天に向って慟哭《どうこく》しているだろう。その人達にも劣らず異郷の地に、迫害に、愛しき恋人を瞼に描きつつ幻の青春を追い、身の潔白に微笑、一筋の恋に生き一筋の恋に死す。丈夫《ますらお》の涙は熱きものなればこそ。

四、戦火はすでにおさまれど
　我斃れたり戦犯に
　胸に描くは誰《た》が影ぞ
　雲井に呼ばん君が名を

あの月が落ち夜が明ければ俺は天国に召されるのだ。其処は何の束縛も無い自由の天地だ。幸子許してくれ。俺は君と逢う日を天国に待っている。そうだ、君が便りに秘めて贈りし人形を胸に抱いて又逢う日まで〳〵。

泣きたいなら泣け〳〵心行くまで泣け、そして泣き終ったら僕の最後の願いを静かに黙って聴いてくれ。他でもない。他に嫁いでくれ。臨終の際に君の便りを受取り僕の胸は一時歓喜にどよめいた。しかしその瞬間その葉書の上にはクッキリと月明りに鉄柵が写っていたのに気が付いた。其の時の俺の心情を察してくれ。長い年月を今日迄此の不甲斐ない自分を愛していてくれた事に対し衷心より感謝する。君の胸中は十二分に察している。何時か斯様な事を書いて君に反撥された事も記憶に明かである。だが静かに考えてくれ。所詮女は其の生涯を独身で暮す事は困難である。と言って還らぬ夢を追い、自らを益々苦境に陥れた揚句の手段を取る事があるとすれば、如何に親不孝であり、又自分の最後の願いをも裏切るものである。

僕は君の感傷を恐れている。乙女の儘そっと別れて来た事を微笑んでいる。妹の美世子にも青春の目醒《めざめ》を祝して処世観の様なものを書いた。潑剌《はつらつ》と強く正しく生きて行く事を切望している。

此のビスマルク群島にも紅顔の美少年化して白骨となりし幾万かの英霊がある。その蔭に真の消息だに知らず、蔭に泣く人の如何に多きか……其の人達も今は雄々しく祖国復興の念に力強く立上っているのを眼のあたり見ている事と思う。これぞ日本女性の亀鑑である。

悠久なる自然の力、生者必滅は世の習いである。何をか歎く何をか喜ぶ人の世、これを称して浮世と言う。

幸子、心に銘じて最期の願いをきいてくれ。「結婚する事」これが君の歩むべき残された唯一の道なのだ。

獄中にて　昌造

幸子様

曲は「十九の青春」に準ず。

〔「幸子」は仮名〕

ちぎれ雲

茂木　基

長野県出身。四谷商業学校卒業。元商業。元陸軍曹長。昭和二十一年八月十五日、「ラバウル」に於て刑死。二十九歳。

遺書

拝啓長い間御無沙汰致しました。御父上始め皆様御元気で皇国復興の為日夜御励みの事と御察し致します。大東亜戦も御詔勅に依り終戦となり故国に在った人々の誰一人として泣かぬ者は無かった事と存じます。我々前線に在る将兵も事の意外に皆泣きました。其れにも増して上《かみ》御《ご》一人《いちにん》の御胸中如何ばかりでありましょう。今度の敗戦も国家の総力を挙げての結果でありました。今更誰彼と徒らに責任を追及すべき時ではなく総てを挙て、唯々皇国の再建復興に邁進すべきであると思います。

私は其の復興に参加する事なく空しく戦犯者の一人として世を終る事は私として残念である許りでなく不忠不孝此の上無い事と御詫びの致し方を知りません。然し死を前にした私の気持は至って冷静であります。誰をも怨み等致して居りません。何事も唯運命の致す処と総べてを諦観して居ります。然し残る御両親様の事を思う時此の胸は一杯になってしまいます。吉田松陰の残した辞世あの気持と何等異る事はありません。何卒先立つ不孝を御許し下さい。憶えば四年前勝つと誓い戦死を覚悟して故国を出た私でありましたが戦死で無く処刑に依って死んで行く事は如何とも心苦しくありますが決して良心に恥ずべき事の無い事を天地神明に誓える事がせめての喜びであります。次に私が今日に至った事を御話し致します。

終戦の結果ニューブリテン島には濠軍が進駐し間も無く戦犯容疑者を摘発し出しました。私達の印度人は三角山に起った彼等仲間の不祥事件を隠蔽せんが為、当時三角山で勤務して居った私以下三名の者になすりつけ濠軍に報告したのであります。其の為私達三名は召喚を受け二十年十二月三十一日ラバウル刑務所に収容されて終いました。其の日収容された者百五十名、十二月初旬に収容された者三百八十名其の後続々収容され現在迄に七百二十名に達して居ります。其の間裁判は連日行われ今日迄有罪を判決された者四百三十名其の内死刑を言渡された者百四名であります。私達三名は五月十一日公判に付され私達は事実を申述べ犯行を否定し、証人に立ってくれた三名の人が証言致してくれたにも拘らず死刑を宣告されて終いました。私達三名は印度人の虚偽の告訴と戦勝者濠軍の一方的裁判に無実の罪に落ちたのであります。無実の罪に落ちた者は私達丈ではありません。他に大勢居ります。私達は現世に於て敗れ去ったのであります。然し乍ら天国に於ける神の御裁きは必ず私達に勝利を与えて下さる事を信じて居ります。其れを思うと天国に行ける事がむしろ嬉しく思って居ります。其の日も数日の中にある事でしょう。今日執行された四名も笑って死んで行きました。私も最後の勝利を信じて笑って死んで参ります。そして日本人の威容を彼等に見せてやります。

今や死を前にして他に申し上げる事はありません。何卒私の事に気を落されず、皇国の再建復興に御励み下さい。そして妹達に依って家運を御開き下さい。それが私の最後の御願いであります。重ねて先立つ不孝を深く御詫び致します。くれぐれも御身体を大切になされ益々御健康にわたらせられる事を祈って居ります。

親族の皆様には御父上より宜しく御伝え下さい。

昭和二十一年六月二十六日　　基

御両親様

絶筆

愈々最後の日は来ました。

明八月十五日死刑を執行される旨本日言渡されました。然し私の心は平静です。何等平常と変る処はありません。八月十五日と言えば終戦になった日です。其の日に死ぬ事は又意義深い事です。尚私の最後を見、手向をしてくれる人に林君と云う人があります。野沢町の人です。其の人に家へ行って戴く事になって居ります。何卒私の最後を御聞き下さい。又私の小隊長に甲州の人で田中亮中尉と言う人があります。其の人も家へ行って戴く事にして居りますから私の裁判の様子、及ラバウルでの生活等御聞き下さい。

皆様の御健康を祈ります。

死を前にした不肖の子　基より

御両親様

皆々様

八月十四日

さきもりの務め果して草枕
今ぞ出で発つ死出の旅路に

二伸

私に最も美しき友情を傾けて下さった人に内藤勝男君があります（北海道の人当年二十七歳）。其の人は当刑務所に於て初めて知った人です。然し内藤君の友情は十年の友より篤《あつ》いものでした。内藤君に依って私は最後迄慰められました。私は何と云って御礼を申上げてよいやら分らない位です。其の内藤君も裁判の結果四年の刑に処せられました。刑を終えて故国へ帰ったら真先に家へ行って下さると申して居ります。其の人に会われましたならくれぐ〵も御礼を申上げて下さい。死を前にして私が内藤君に歌を贈りました。其れに依って私と内藤君の仲を御察し下さい。

過ぎし日の君と語りし思ひ出を
永久《とわ》のねむりの夢にして見ん
美しき君の友情を胸に秘め
発ち行く幸を今ぞ神知れ

仏印

大いなる愛

桑畑次男

宮崎県出身。元憲兵少尉。昭和二十二年八月十二日、「サイゴン・ビルギル」に於て銃殺刑。三十七歳。

遺言書

二月十四日西貢軍事法廷に於て富田少佐以下現存する将校全員（三名）准士官以下十名計十三名は死刑、其の外は下士官以下二十数名体刑の判決を受けたり。

之は要するに平戦を問わず人間には人道上最高の理想を実現すべき義務があり、戦時中と雖も万難を排し其の具現に努力すべきである。この観点に於て厳密なる意味に於ける個人の責任の帰趨を云々するに非ず、仏側の表現せる如く日本軍の負うべき責任である。其の責任に殉ずるは之本懐なり。

隊内の一切の事情を知悉した今静かに反省する時、人間の思索力乃至注意力には一定の限度があり「知るべきを知らざりしこと」「気づかざりしこと」「思索の徹底を欠きたること」（搭乗員事件の如し）等始めて知り始めて気付くこと多し。人間大いに勉むべきである。

父母上様

兄弟妹へ

父母上様、次男は若くして軍籍に身を奉じ身近に在って御孝養も出来ず、今は又老いたる父母上に御心配をかけお詫の言葉もありません。吉田松陰の歌を思い出します。

親思ふ心に優る親心
今日のおとづれ何と聞くらむ

父母上様に日頃教えられた、人間殺生なことをするものに非ず、正しく強く生きる事、此の教訓は戦局逼迫し全員玉砕を覚悟した戦時中に於ても、次の如く厳守して来たことを以て御許し下さい。

(1) 任務の為には自己を無視し一意御奉公に専念したことを確信す。

(2) 二十年五月担任以外のアメリカ搭乗員の処刑を命ぜられた際等私の正義観と性格如実に現る。四名中二名は終戦後アメリカ本国に生還す。

(3) 是より一ヶ月後再度搭乗員の処刑を命ぜられんとするや之を断り実施せず。

(4) 七月中旬海軍より二回に亘りアメリカ搭乗員の処分方委嘱し来れるも観念的に処分するは不可、軍律の規定は尤《もっと》も正当に運用すべきである。本搭乗員は軍律違反にならず。当然俘虜収容所に俘虜として送るべきである。何も戦斗力を失った戦斗員を無理して処分する必要はない。此の処分の如何が日本軍の作戦に影響しない等を強調し遂に処分することなく終戦後無事にアメリカ本国に生還す。

(5) 又職務上仏人に接触する機会少く又短期間であったが数個の事例に人間性を現わしている。

私が父母上の教に反し法律も人道も無視する程品性が低下しているとせば、搭乗員数名を日本軍に於て処刑し、今日又此の処刑に関係した日本軍将兵多数が戦犯者として処刑されたであろう。幸にして此の惨事を未然に防止するを得、両者共に救われたるを思えば私は満足です。之も父母上の御蔭と感謝します。

何卒父母上様御老体故お体を大事に御長命の程をお祈りします。残す妻子、呉々も宜敷くお頼みします。先んずる次男の親不孝をお許し下さい。明兄上様弟妹どの、至らぬ次男を御許下さい。明るい気持でお先に逝きます。残す妻子、次男に代り御世話下され度お頼みします。何卒敗戦の現実を凝視し新生日本の建設に努力せられん事を望む。

汝を知り我を知るのり子どの

何も云うことはない。今日軍人として恥じざる責任に殉ずるは本懐之に過ぐるものはない。洵《まこと》に死所を得たるを喜んでくれ。自分は逝く道は明るく静かな心境である。只汝に一日の満足も生活の基礎も与えず重大な責任を負担させ、荒れすさんだ故国に於て汝の前途に幾多の苦難が横たわるを思う時自分は言葉がない。全く敗戦日本国家と同じ運命にある。之を思い如何なる苦難にも耐え忍び一切に捉われず愛する子供三名と共に正しく強く生きてくれ。自分は安南の地に骨を埋むるとも必ず帰り汝等親子を護るであろう。

先祖にお節という人あり。其の人若くして未亡人となり桑畑家再興の主九郎衛門一子を立派に育て今吾等子孫尊崇の的である。どうかお節婆さんと運命を共にしたのり子に幸あらんことを祈る。後事《こうじ》は父母上、兄弟達と相談の上宜敷く取計って貰い度い。子供三名の一切を頼む。お体を大事に長命を祈る。私の命日には毎月仏前に於て子供に読み聞かして下さい。

愛する貞男、浩三、圭子どの

お父さんは軍人として立派に天皇陛下万才と死んで逝く。悲しまず喜んでくれ。日本は戦争に負けて実に惨めな苦しい日本になった。お前達が大きくなるまでは洵に惨めな苦しみ許りであろう。

然し貞男よ、浩三よ、圭子よ、どんな苦しみも我慢してお母さんの言われることをよく守り、お母さんに心配かけないで、お互に援け合って正しく強く希望に満々たる雄々しさを以て立派に大きくなって天皇陛下に忠義を尽しお母さんに孝行するのだよ。自分達の祖先に桑畑家再興の主九郎衛門と云う人あり、其の人僅か九才にして命がけで桑畑家の危急を救った。この爺さんと同じ運命にあるお前達の下に必ずお父さんは帰ってお前達を守る。お前達のある所に必ずお父さんは居る。どうか元気で立派に大きくなってくれ。お父さんは誰も憎まず清く明るく感謝して南方の地で死んで帰る。

逝く道は静かに明けて故郷へ
　帰るが如し大親待つらん

右の通り相違なし。

昭和二十二年三月一日

桑畑　次男

比島

哄笑《こうしょう》

小野 哲《さとる》

佐賀県出身。陸軍士官学校卒業。元陸軍大尉。昭和二十一年七月十六日、「マキリン」山麓に於て刑死。二十六歳。(米国「マニラ」関係)

日記より

六月一日

昨三十一日四人執行者が出来た。四月二十五日からずっとなかったので或は何かの原因で刑が一般に軽くなるのではないかと噂して皆希望を持ちかけていた。反面収容所長の巡視、検査とか、食事時間の切上げとか、些細の変化にも、皆神経を尖らしていた。占いをやったり、裁判の判決が稍軽くなったのかと神頼みをしている反面、所長の巡視等あった日は、或る獄舎等、服装を整えて呼出し(執行の為)に、直ぐ出れる様に準備したり等。斯くして昨三十一日は刑場長がやって来た。皆覚悟していると、果せる哉、金網張りのトラックが護衛兵を連れてやって来た。米将校が名簿を出して、舎内に入って来て呼び出す、皆固唾を呑んで水を打った様に静かになる。何も知らぬ豚でさえ、屠殺の気配の時は何か緊張するのだ。全てを知っている人間のことだ。そして各人が、日本の無条件降伏の条件の為に、身を捧げるのだだと、大部分が諦め、一部が誇りとしている吾々のこと。此の時間の死刑囚の心理こそ、至高至美の厳粛なものであろう。
「アッ森本中佐……アー迎中尉、鶴山大尉……今日は四名だ……」〔中略〕
出て行く人は皆微笑を浮べている。見送る吾々の気持が却って苦しいのかも知れぬ。檻付のトラックは刑場へ出て行く。獄舎からは恒例の「海行かば」が湧く様に起る。未決の日本人も襟を正して見送っている。米人歩哨もションボリとなっている。今日は掛り米下士官も吾々の舎から逃げる様にして遠ざかっていた。其の心に対して吾々は無量の感謝を持っている。
此処に一群だけ日本人でありながら無関心の様な顔をしているのがある。是非此の事は日本に知らせ度い。それは米人近く使われている腹一杯飯を食って丸々と肥えながら働いている連中だ。或る人が彼等の一人に、「少し態度を考えろ」と云ったら「吾々も大分考えているのだが米軍は死刑が日本人に及ぼす影響を非常に考えて、心配しているので成る丈吾々は無関心の様子をしているのです。心では皆泣いていますよ」と言った。彼等は停戦前に武器を捨てて投降した者が大部分と聞いたこと丈を書いて多くの議論を止めよう。
真の人道違反者、売国奴、悪鬼は内地へ帰って泰平の夢をむさぼっている。「俺は正しいことをやっている。命令を忠実勇敢に実行している」、或は「悪いことをやっていないから大丈夫だ」として安心した人が戦犯の罠に陥入っているのだ。俺は危いと思う者は凡有《あらゆる》手段によって逃れているのだ。
国民よ……皈還《きかん》者に依り事実を確認して人道日本を築いてくれ！〔中略〕
トラックは刑場へ消えた。午後五時一寸過ぎだ。「今から最後の晩飯か、恰度良いな」「又始まったから次からはバタ〳〵と行くぞ、八月中には比島のＰＷは全員皈るそうだし、七月四日は比島が独立するし、米国の独立記念日だし、大体皆六月中に片附くぞ」、「マア良い、来いと云われたら行くし、ビール飲ますと云われたら、飲むし、十三段を昇れと云われたら昇るし、云われる通りするよ。嫌だと云っても止めることは出来んことだからな」、「次はどう考えても俺の番だ」、「俺も危い」、「〇〇も来る頃だな」、「畜生此の歩哨丈けだ。執行者が出たら喜んで騒いでいる。今迄のは皆ショゲて了ったのに俺はこんなのは知らぬ」、「マア良いよ沢山の人間だ。出来損いはあるよ。日本人だって同じではないか」、「然しまあ……」、「オイもう此の話はよそうよ、来る迄陽気にやったが勝だぜ。多吉さんの玉チャンはどうなったい」流石に今日は歌声も聞えず、全獄舎はヒッソリしている。最後の日の事を考えて不覚を取らぬ様に、もう一度肚を定める様に、ぐっと力を入れたら、何か熱い力が出た様で、落着いて口笛でも吹き度い様な軽い気になった。〔下　略〕

六月二日

内藤さんが出て行った。午後五時〇分。八時から九時頃迄に執行される筈。笑って行った。私は鉄格子から手を出して握手した。

「何れ直ぐ私も行きますからね」、「ハイヨ、ヨイ場所取っといて上げましょう」外に出てから未決の方へ向って、「イヨウ、今から行きますぜ、サヨウナラ、ハハハハ……」と両手を挙げて挨拶して行った。歩哨の米兵も盛んに鼻を拭っている。収容所長の大尉も門の所で内藤さんの肩を叩いて涙を拭いた。獄舎は「海行かば」だ。不覚にも俺は今日は「俺じゃないかな」と胸が塞がった。残念。

内藤さんには一昨日彼の妻から葉書が着いて彼は、「其の真心を知った丈けでも死んでも心残りは無い」と云っていた。彼は其の葉書で彼の無罪を証明する強力な証人が名乗り出た事を知って、再審嘆願を出した。然し遅かった。と云うより刑迄米軍が差し止めていたのかも知れぬ。已に刑執行の命令は、此の無罪の好男子に下されていたのだ。彼の述懐を聞いて無実を押し付ける天を恨んだものだ。

六月十八日

父母へ……一人息子のくせに御傍《おそば》にも居ず、又偶《たま》に御会いする時も、子供らしく優しい言葉も出せなかったのが、今尚残念です。然し武骨な佐賀人らしいところだと許して下さい。奉天で御会いした時も、今度こそ甘えた言葉でも使おうと思って、いざお会いして見たら、やはり昔ながらの御両親の顔を見たら気安くなって、ついきつい言葉が出て、母上が「貧乏人の子はやはり貧乏人の子だ。オットリした所がどうしても出ない」と淋しそうに言われた言葉が耳に焼きついて済まなさに苦しめられています。今度こそは本当に親孝行の真似でもして見たいと思っていたのに。打続く御苦労に大分年も寄られた事でしょう。そうです奉天で会うた時は、父上の白髪と母上の皺がギクンと、私の胸を刺しました。私はお蔭で立派に成人していると自信を持っています。二十五年の人生は御両親の絶対の愛に見つめられていたことを回顧する今痛切に感じます。日本の為に先立つべき私の我が儘を今一度許して下さい。御両親に取っては私を失うことは、人生の終止を意味する程に大きいことでしょう。私の最大の希望、憧れ、それは御両親の御幸福です。私を可愛いと思われ、私の望を果てさせてやろうと思われたら、是非御身を大切に。そして天命のまに〳〵楽しみを以て暮して下さい。切に〳〵私は絞首台に上っても意識のある間は一心に是を願っています。若しも変に落胆して自滅の道でも取られる様なことがあったら、私は如何に悲しいことでしょう。お別れしてから四年か。如何に暮していられるか気に掛らぬ時はない。私は今立派な男になっています。此

の男を御見せしたい為に此の記録を書きました。御笑覧下さい。〔下略〕

六月二十四日

今日は月曜日である。毎週木或は金曜日には四人宛死刑が執行されている。先週の木曜日には、大西部隊が四名やられた。順番から言えば何か変りでもない限り、私が今週執行されることになっている。昭和二十一年六月二十七日或は二十八日が小野哲の人生を閉ずる時となりそうだ。誕生日大正十年四月二十五日から起算して二十五年約九十日、即ち九千二百二十日程の人生だ。一日々々が暮れて行く。飯を食って息をしている丈けの人生だ。

死の近きを観念した人生と云うものの一般の人生に比して何が違うかと云えば希望皆無と云う一語に尽きる。嘗て大田大佐と裁判所で話した時「小野大尉、死を感じた時はどんな気持だ」と聞かれて、「全然希望が無いですね」と答えた。大田大佐は何回も頷かれて居られたが、何かやって来て暫くすると又私を見て「そうか希望が無くなったか」と独り言の様に云われた。又暫くして同じことを言われる。至極同感の模様であった。其の大田大佐は責任を一身に負うて刑場に消えて居られる。〔中略〕

時々雑念が入って来る。私も命令を受けて事件を起した。命令を行った者が死刑にならんで懲役になっている者が多い。此の原因は、師団長、特に参謀、連隊長の腰抜けにある。やるせない憤りが湧いては、不甲斐ない上官を持った不運と諦める。恐らく師団長は生きて帰るだろう。そして厚顔無恥に私の家族等を、聖人顔して見舞に来れば上出来の方で、多分は一瞥もしないだろう。

差し迫った死は一ヶ月前の私の心境を左右した。状況に大きな変化を与えた。飽迄私は個的なものの無なる純粋全を否定するけれ共今私は全的なものの大きく発展して来たことを感ずる。お人善しの牧師は手柄顔して純粋全であったと、他へのお説教種にする位の死に様が出来そうだ。

一日一日と死に近まるのを感ずる今日悠々となって了った。死刑を執行するから来いと云われたら、そうですか、と出て行ける気持だ。……只管人類の幸福を考えて。そして猶お滓の様に影の薄くなった個的なものが潜在しているのを認めぬ訳には行かぬ。キリストでさえも死の直前、自己の命を絶つ天を恨んだと云うことを聞いた。それでこそキリスト教は真理であると思う。〔中略〕

マキリン山（麓に刑場のある山）が見えるが美しい山だ。高さ千米、経《きょう》ヶ岳《たけ》か、琴路岳《ことじだけ》を思わせる山の姿、今日は頂上を雲で隠している。

一、若いいのちの血汐は希《のぞ》む
ぐっとへったでおいらのおなか
第二キッチン御飯の用意
おいしく食おう今日も亦
今日は来るかなお迎え車
来たらこいつが最後の飯だ。

二、椅麗なお山よマキリン山よ
何の因果か刑場抱いて
すらりとそびゆるその立姿
しのび泣くよに白雲呼んで
やはり嫌かよほおかむり。

六月二十七日

愈々今日は問題の木曜日です。後、飯を昼夕に食えば最後のサンドウィッチと林檎が食えるでしょう。日に依りビールも出ることがあるとか。佐賀人の意地です。笑って眠りますよ。〔中略〕

昨夜の夢には浜、鹿島のいとこ諸君全員が来てくれて愉快に遊んで呉れました。おんじさん、おばっちゃんも、ニコ〳〵して遊ばして下さいました。今嬉しくて仕様がありません。

お向いに居る種市大尉（二四）「然し考えて見ると馬鹿臭いですなあー」「うーんそうだ。強姦罪で死刑になる唯一人の戦争犯罪者の貴様が、此の中で唯一人の童貞とは之如何に」、「ウワハ……」洪中将も笑われる。実際種市大尉は、厳格な連隊長の下で軍務に熱中して未だに童貞で、色話が出ると珍しそうに黙って聞いている若者。而も罪状は強姦丈けです。「貴様の良い顔がたたったんだ。法廷でヒリッピン女の証人にほれられたんだなあ」「どうもそうらしいですなあ。何んとも思って居なかったんで黙って居たら、強姦を押売りされたんですよ」「女難とは此の事か」

此の種市大尉に較べたら、私の方は未だ良い方。事実はあるのですから。然しやはり命に従うのは良いこととこそ思え、決して悪いとは思わずにやったことで、ブラ下るとは面白くありません。「とやかくと文句を云えば愚痴ばかり、敗戦罪と諦むるが良し」（洪中将）

やはり運命と諦める他は安心立命は出来ません。戦争裁判の不当不法を議論すれば最後は「負けたのが悪いんだ」と云う結論で終ります。〔下略〕

六月二十八日（金曜日）

昨日は来るか来るかと思っている中に午後の時が過ぎました。又一日生き恥曝すのかと気合抜けの様なホッとする様な気で、整えた出発準備を平時態勢に改変しました。娑婆に必要な煙草巻きもやった。暗くなってから各人の馬鹿話で時を過した。田布尾軍曹曰く「本当に考えれば気が狂って了う位だが、マア何かにつけて皆無理して良く笑うなあ」木曜日なければ金曜日にある。今日は必ずある筈。

今日も亦改めて死に直しだ。下腹にぐっと力を入れて心の準備に不覚を取らぬ様にしなければならない。死を嫌でない者はある筈が無い。然し本心を丸出しに嫌だ〳〵と云うよりは、口で平気だと云う人を見る時の方が、確かに気が落着く。例えばトランプの占い等を神経質にやって、盛んに気にしている雰囲気よりも「ああまた一日生き恥曝すのか」、「いや今日も又一日生き儲けですよ」「ハハ……小野大尉の様に毎日儲けて居たら世話はないなあ」の方が良い。昔の武士道とか、武士気質、躾と云うものは良い所を衝いている。

今日は父母の夢を見た。良いものだ。一日何か温い様な楽しさで包まれている。父母よ、達者で暮して下さい。〔中略〕

今午後五時五分、終《つい》に今日はお迎えが無かった。一寸可怪《おか》しい。今日無いとすれば今週は無いのか？　どうも理由が判らない。〔下略〕

七月五日

今は午後四時半ですが、後半時間で、刑場への迎えの車が来るだろうと思われます。或は来ないかも知れません。

入獄以来七十五日間になりますが、此のショウ軍曹（Sergeant Show　此の前軍曹になったばかり）が私の獄舎の掛りをやってくれましたが良い人間でした。今年二十八才で東洋人の様に思いやり深い所があり、万事規則で、四角になっている米人中で融通が利き、チャッカリした頭の良さで光っています。物分りの良い年を取り得た好米国人です。私は終始彼に感謝して温く生活することが出来ました。私が世界で一番好きな米人です。私は刑を執行される場合に残すべく、感謝の手紙を彼唯一人の為に書いて置きました。政雄叔父上の宛名を手紙に書いて置きましたから、或は御手紙が来るかも知れません。又彼から手紙が来なくとも、此の書類を見られたら、ショウ軍曹宛礼状を出して置いて下さい。米人は特に写真が好きです。私の好きな大榎《おおえのき》の下で撮った奴があったら其れを一枚と、私の将校姿の奴と、何か叔父上の家族でも判る様なのとを送って下さい。最寄の駐屯軍米兵あたりへ頼まれたら届くと思います。

実際兄弟の無い私は、彼は兄の様な気がします。大隊長をやって年寄臭いと自覚する私でさえも、年上だと見る程の彼です。では宜敷く。(叔父上へ)

七月十六日
森田判助氏に御礼の葉書を出すことを忘れて居て今心残りだ。十三年の暮頃は大変御世話になった。判助さんと云えば鹿島人には懐かしい名だ。判助さんが屁フイ出したと云う薬の臭が、小学校に良く漂って来たものだ。

今日は米人の佐官の巡視があったりして刑執行の徴候大だ。後数時間後の今日か明日か。何れにしても今週の葉書をくれる土曜日には生きて居られぬらしい。

森田修君には宜しくと頼んで置いたが。

終に刑場に来ました。後数時間の命です。仏教の森田さんが附添って下さっています。最早何も云うことはありません。

私は軍人として軍人らしく命を国に捧げたつもりで参ります。

私の死生観は今日白熱しています。やはり全個の両面はありますが、文面に感ぜられるかも知れない未練さは殆んど無い様です。立派に成仏します。

米国が対日政策を立派にやり得ないことを憐んで居ます。

家、国を思う心は尽きなく湧いています。死の直前の今猶、皇国及父母、親族御一同の幸福を熱望しています。特に母上取り乱して今後の人生を棄てられない様心配しています。それでは皆様御達者に。左様なら。

部隊諸君、畝は君等を待っている。元気で帰ってくれよ。

辞世

今日よりは生れかわりてすめぐにに
かへり尽せることぞ嬉しき

小林大佐殿、長い間の御厚情有難うございました。葉隠武士の子、ドッシリとして参ります。御体大切に後の戸〔独房の戸のこと〕じまり宜しく頼みます。

森田修君
もう帰ってボタ餅でも食っとるだろう。俺の分まで食ってくれ。散歩の時会った時が永別だったね。

先に寝る。後の戸締り頼むばい。

小野　哲

天皇陛下万歳

昭和二十一年七月十六日

贄《にえ》

本間雅晴

東京都。陸軍大学校卒業。元陸軍中将。昭和二十一年四月三日、「マニラ」に於て銃殺刑。五十八歳。(米国「マニラ」関係)

手紙

母上様
長い間海山の御恩に預って御礼の申し様もありません。十八才の時陸軍士官学校に入校以来母上と一緒に生活した事がなく、ちっとも孝行もせず、いつも我ままを言い御心配のかけ通しでとうとうおしまいには母上を見送りもせず、先立つ不孝何んとも御詫びの致し様もありません。どうぞ御許し下さい。〔中略〕

私のなくなった後はどうか一家仲よく譲り合って何事も富士子に任せて気楽に暮して下さい。もうカカサン〔主婦の事〕は富士子に譲って口ばしを入れずノンキなばばさん〔御隠居様〕になって下さい。

〔中略〕

母上は未だ〳〵大丈夫ですからおからだを大事になされば今後随分長く寿命がおありです。どうか長生きして下さい。湯治にも行って下さい。それでは御機嫌よう。

富士子殿

過去二十年の家庭生活を顧れば茫々《ぼうぼう》夢の如し。御身は温良貞淑の妻として能く家を修め子女を養育し唯々感謝あるのみ。

予の亡き後は一家の責任悉く御身の双肩に懸る。願くは自愛自重長寿を完《まっと》うせられよ。

母老いて余命幾何も無し。予十八才にして家を出で母に孝養を尽したることなく常に心にかかれり。予の死により母は落胆して寿命を縮めんことを懼《おそ》るること大なり。母固より欠陥多く又現代思想を解せず封建的嫁姑の考えに執着すること多く、予に代りて孝養を尽すことを御身に頼むことは無理なる点あるを知ると雖も他に手段なし。何卒忍び難きを忍び母の老後を安からしめ、死水を取ってやって貰い度し。只管悃願《こんがん》す。

既に収入の途絶えたる今となりては、東京に居て徒食せば竟《つい》に窮するに至らん。郷里佐渡に永住の計画を立てらるべし。

雅彦の帰否、帰朝不明なるも、帰来せば速かに結婚せしめ将来帰農するや否やは本人の意嚮《いこう》により決定すべし。

予の葬式は後山に於て簡単に行いて可なり。東京にて告別式を行うや否やは知友の意見を訊くべく、予に於ては何れにても可なり。〔後略〕

昭和廿一年二月八日　於マニラ

父より

雅彦殿

尚子殿
聖作殿
之は父が御身達に残す此の世の最後の絶筆である。父は米国の法廷に於て父の言い分を十分述べて無罪を主張した。然しこんな不公正な裁判でこちらの意見が通る訳はない。遂に死刑の宣告を受けた。死刑の宣告は私に罪があると云うことを意味するものに非ずして、米国が痛快な復讐をしたと云う満足を意味するものである。私の良心は之が為に毫末も曇らない。日本国民は全員私を信じてくれると思う。戦友等の為に死ぬ、之より大なる愛はないと信じて安んじて死ぬ。

母ははるぐ〵マニラまで来て実に立派に働いて呉れた。法廷に於ける母の証言は完全であったと弁護団の人達は言った。母は他の私の友人達と共に人事の限りを尽してくれた。米国が公正な国だというのは真赤な嘘だ。

然し弁護人六人は実に見事で驚嘆すべき活動をしてくれた。到底日本人の出来ぬ努力と態度を示して呉れた。是等の人々には十二分な感謝と敬意とを払わねばならぬ。

母の正義感は正しく強い。御身等は珍しく立派な母をもったことに感謝し孝養を尽さなければならぬ。

これから世の中に立って行くに就いて

常に利害を考うる前に正邪を判断する事。

素行上に注意し、汚点を残さぬようにすること。

一時の感情から一生の後悔を残さぬよう。

之を更に繰返して訓戒して置く。御身等の顔を見ずに死んで行く事は何んとしても一番大きな心残りである。然しこれも運命で致し方はない。

米国を対手《あいて》として五週間華々しくも戦って全力を尽した。始めから敗け戦と知りつつ遺憾なく戦った。父の末路としては病床に老死するよりは遙かに意義あるものとして諦めてくれ。

御身達は日本国民として祖国の再建を忘れては

ならぬ。又皇室の御運命を考え忠節を尽すことを瞬時も忘れぬ様。之が三千年来日本人の血の中に流れている真の心である。

いくら書いても名残はつきぬ。父は御身達が立派な人間として修養を積み人格を完成し世人《せじん》の敬意を受けるような人となることを信じて且祈っている。

母を大事にして呉れ。母は父が御身達に残す最大の遺産であり御身達は又父が母に残して行く最大の遺産である。

後山の祖母も行く先が長くない身であり御身達と同じ血の流れである。父に代って大事にして晩年を安らかにしてやってくれ。

それでは左様なら。左様なら丈夫で暮せよ。

二月九日　午後三時記

本日午前九時から公判の弁論に入りまず弁護団のオット大尉からペルツ中尉コーダー大尉と最も力強い弁護があり最後にスキーン少佐の三十分以上に亘る一般的弁護があり、弁護団は全員深く被告を信ずる、出来れば皆証人台に立って訊問を受けたい位であると述べた時には涙が頬に伝って止らなかった。

コーダー大尉も、裁判官諸官も被告と同じ境遇に立たされたとしたら、全く被告と同じ事をやっただろうとも述べた。スキーン少佐は斯くて無罪を主張した。

次で検事長のミーキ中佐がある事無い事を述べて是れ悉く被告の責任である、被告は皆知ってしてやらせたのである、故に死刑を求刑すると結んだ。

皆覚悟の上の事で死刑の求刑があってもちっとも驚かない。検事の弁論は四、五十分もかかった。弁護団は二時間かかった。宣告は二月十一日午後三時、紀元節。これも何かの因縁だと思う。勿論宣告を受ける前からと言わんよりは公判開始以前からきまっているのでこれはほんの形式と云っていい。

宣告が終るとすぐにマニラ南方二、三十里の山下大将、田島中将など死刑囚のいる所へ連れて行かれることと思う。

米国最高法院への上告は此の公判の有効無効を争うもので、山下大将の場合の如く無効と云うことになれば罪の軽減の問題には触れない。

過去五週間賑やかに華々しい戦いであった。喜劇でもあった。ソ連は満洲北鮮で何をやっている。東京空爆で本所深川では十万死んだ。広島では二十万死んだ。勝てば官軍負ければ賊軍だ。

妻がマニラに来た事は非常な手柄であった。妻に接触するものを通じて本間並本間の家庭が明になった。証人台に立って「今尚本間雅晴の妻たるを誇りとする、娘も亦本間の様な人に嫁せしめたい」との証言は満廷を感動せしめ何人の証言よりも強かった。キング少将の副官も、検事のリムも感動したそうだ。

日本婦人と云うものを知らぬ米人並比人に日本婦道をはっきりと知らしめた英雄的言動であった。私は是だけでも非常に嬉しく思う。日本婦人史に特筆すべき事蹟と思う。毎日逢えぬでも妻がマニラにおると云うことは私にどれだけの慰めとなり力となったか知れない。今夜の一時に空路帰るという。之から私は淋しくなる。もう此世で逢えぬと思うと名残はつきぬ。どうか幸福に健康に暮してくれ。孫達の顔を見る事の出来ぬのは残念だ。私は死刑の執行まで苦しい煩悶を続けるかと思われるが、覚悟は夙《つと》に出来ているから大した事はあるまい。すっぱり早くやって貰ったほうがいい。

憲兵の少尉が煙草を三十ケもって来てくれた。子供達に一目逢いたい。之も未練だ。

父は部下の行為に責任を負うて死ぬ。犠牲者である。雲低く雨模様だ。空の旅に弱い妻が飛行機に酔いはせぬかと心配だ。

私の為に遙々来て下さった人々や、日本で心配して下さった人々に心から感謝を捧げる。どうか十分にお礼を申上げて呉れ。〔中略〕

子供達に父は毎朝皇室を拝し、秩父宮様の御恢復を祈り、伊勢大廟を遙拝し彌彦神社、多度津神社、御食《みけ》神社、一宮神社を拝し、八幡様、成田様、高野山を拝し、長谷、浅草の観音様を拝み、観音経を朝夕誦《よ》んで居たと伝えてくれ。

我が武人として立派な最後を遂げ安心立命の境地に入り母が健康で長生きされる様に。富士子、尚子、聖作に健康と幸福とを与え給え。雅彦が無事に早く帰ってくる様に守らせ給えと祈ってる。是は私の最後の日まで続く事だろう。〔下略〕

二月十一日午後三時銃殺刑の宣告を受けて直にここの俘虜収容所の一角の室に連れて来られて、日夜恐ろしい厳重な監視下に在る。

金網の壁障を通して隣近所の人と話は出来る。死刑囚は今や十五人になったが内三人既に欠けた。覚悟は既に出来て居る。明白な良心を持って何等疚《やま》しい所なく米軍の銃口の的となる。斯の如き清い良心を持つ死刑囚が現代文明国にあろうか。私の死後に就いては毫も心配していない。言うべき事は言った。子供達も私の死によって覚悟を新たにして強く生き抜く事を深く信ずる。

日本は必ず復活して新らしく立ち直る。

日本帝国万歳　さようなら

二月二十五日午後三時

何時も今度こそ之が最後の絶筆と思って書く。今日は三月十日である。生ける屍の如き獄中生活、今日は呼びに来るか今夜は来るかと刑執行の日を待つ気持は、予て覚悟は出来て居るものの堪らない。山下等逝きて後、新死刑囚は殖えて今十八人になった。今後益々増加する一方だ。皆同様の心境にある。銃殺刑は尚私と奥田少尉のみで他は悉く絞首刑。私は軍人の処刑を受けるだけがマシだと思っている。斯の如き無法なる且苛酷極まる処刑を受けることに対し憤懣火の如く燃えているが俎上の鯉となっては致し方がない。宇宙上国際関係に於て正義と云うものは存在しない。皆自分勝手なもののみである。運命と諦めて潔く米兵の銃口の前に立つが胸中の激怒は永遠に残るであろう。獄中単なる死刑囚の如く取扱われ至厳なる監視の下に冷酷なる待遇を受けていることは益々生き甲斐なく感ぜしめられ覚悟を容易にすることに役立つ。御身達は健康に注意し幸福に暮して呉れ。あの世というものがあればそこで御身が数十年の後に来るのを待って居る。いよ〳〵左様なら

三月十日　死刑囚獄中　本間雅晴

最後の葉書

俗物と見え仲々生死超越の境地に達することは今尚六ヶ《むずか》しいことだ。

「ファナス」大尉依托の手紙繰返し〳〵読み滂沱《ぼうだ》として涙流る。御身等子供達の通信は如何なる聖書にも優って安心立命を与える。「タイムス」記事はこちらの新聞にも載り放送もあった由。御身の言動満足し感謝と誇りを感ずる。監獄生活は実に苦しい。御飯は米だが旨くないこと夥《おびただ》しい。一日二回三十分ずつ散歩があり檻から出る。読むものは沢山ある。何分ひどい取扱いだ。手紙を書いているが死後果して届くかどうか。毎日四六時中死のことを考えている。夜はよく眠る。朝は必ず六時に起きる。「マニラ」に比し遙かに涼しい。「マ」元帥の決断も間もなくであろう。

最後の時機も遠くあるまい。米国の一方的な無法によりて殺されるのは如何にも残念だ。復讐心に充ちた法制的私刑だ。大事な時に奉公出来ぬのが遺憾だ。長生をしてくれ。子供達を頼む。

辞世の歌　　雅晴

甦る皇御国の祭壇に
　生贄として命捧げむ
栄えゆく御国の末を疑はず
　心ゆたかに消ゆるわれはも
予てより捧げむ生命いまここに
　死所を得たりと微笑みてゆく
戦友等眠るバタンの山を眺めつつ
　マニラの土となるもまたよ志
耻多き世とはなりたりもののふの
　死ぬべき時と思ひ定めぬ

祖国を護れ

山　下　奉　文

鎌倉市。元陸軍大将。第十四方面軍司令官。昭和二十一年二月二十三日、「ルソン」島に於て刑死。六十歳。（米国「マニラ」関係）

遺　作

天日灼くが如く地は瘴癘《しょうれい》
討匪征寇一春秋
殉忠の勇士幾万人
卒然として停戦の大詔を拝す
謹んで受け戈《ほこ》を捨つ　血涙下る
聖慮深遠なり心腸に徹す
悵恨《ちょうこん》限りなし比島の空
吾七生誓って祖州を興さん

野山わけ集むる兵士十余万
　かへりてなれよ国の柱と

待てしばしいさを残してちりし友
　あとなしたひてわれもゆきなむ

心は部下に

山口正一《まさかず》

京都府。陸軍士官学校卒業。元陸軍大佐。昭和二十二年九月三日、「マニラ」に於て刑死。五十七歳。(米国「マニラ」関係)

最後の証言

一、私が「ネグロス」島警備隊長として一番困ったことは、日々部下が「ゲリラ」の奇襲を受け殺傷され、報告が本部に殺到するにも不拘《かかわらず》、相手が所謂「ゲリラ」なるも、何れが「ゲリラ」なりや、どれが良民か区別が付かず、恰も幽霊と戦をしている様なもので、対手《あいて》は我々の存在が判るが我々には対手が判らず、我が兵力が多ければ住民の間に隠れ、少なければ出て来て我が兵を不意討ちし殺傷し害する。此の「ゲリラ」は兵力に於ても兵器に於ても優っていた。

二、此の戦闘で余が愛する部下の大半を失った。余は此の種の戦を嫌悪し呪う。不公平であり、非人道で文明の理想に反する。弱勢を以て此の強力なる狡猾野蛮な「ゲリラ」に対し住民を殺傷しない様に周到なる注意を払うと言う不便宜の下、此の三ヶ年間困難なる戦闘を続けて来た。

余は米国裁判関係者が余の焦心苦慮を最も公平なる心境を以て理解されんことを切望するものである。余が特に茲に言及する所以《ゆえん》は将来永久平和が、懸って其の責任にある米国の正義と人道を信ずるに依ると同時に、他の幾多の日本軍指揮官の希望であるからである。尚将来の人道のために体験者として私見を敢えて述べる事を許さるるならば「ジュネーブ」条約が真の人道の擁護にありとせば之の中より武器を使用する「ゲリラ」戦闘を禁止することが戦場となりし国の住民を保護し、安寧秩序を維持する最上にして必要なる処置として主張することである。

三、最後に斯る困難なる戦闘の遂行を余儀なくせられたる結果として、又戦闘行動の已むを得ざる犠牲として余の注意せるにも不拘、尚住民の間に犠牲を出したる事に関しては、愛する「ネグロス」島民のため深く遺憾と弔意を表するものである。
四、日本武士は古来出征と死とは同意語(シノニーム)と考え、停戦の命令が天皇陛下より下されず、又万世平和のために忍び難きを忍べとの聖旨が下らざりしならば、我等は此の法廷に立ち不法不当なる拷問や、況や強姦の如き破廉恥を許容した等、日本高級将校に取りては耐え難き恥辱と感ぜられる告訴を受くるを敢えてしなかったであろう。
　此れは日本軍指揮官として敢て一言を必要と考えた所以である。〔下略〕

絶　筆

一、吾等断じて戦犯者にあらず、大命により行動す。大命により敵に投ぜり。
二、戦闘行動中やむに止まれず行われたることが戦犯なる罪名に問わる。
三、祖国の人々、斯くして吾等及び吾等の部下の所謂戦犯なる罪名に問われて、逝ける者を観じては遺憾の想いに堪えず。遺族亦断じて戦犯者の遺族にあらず、是を白眼視しては日本の将来推して知るべき而已《のみ》。

安部末《すえ》男《お》

大分県出身。元陸軍中尉。昭和二十六年一月十九日、「モンテンルパ」に於て刑死。四十五歳。

裁きの真相

皆様は戦争犯罪殊に何百何千名に対する虐殺、暴行、拷問云々等報道されると直ちに日本の神聖な裁判を連想し戦犯で処刑される者は血も涙もない鬼畜の様な人間と想像される事と思いますが、現在比島で行われている戦争裁判は決して厳正でも公平でもありません。裁判は犯罪者を作る為に凡ゆる手段方法を用いて犯行を押付けるかにその専門家が如何に汲々とし、日本人でありさえすれば又こじつけながらも名目さえ立てば甲乙を論ぜず誰でもいい、犯罪者なりと烙印を押し人類の叛逆者とするばかりでなく、以って日本軍の残虐無道振りとして世界に公表せんと全力を挙げて居るのが、又裁判と云う文明的美名の蔭に一人でも多くいためつけてやろうと云う如何にも弱小国家らしい復讐的殺人が、比島国の所謂戦争裁判の実相であります。〔中略〕

之を要約致しますと、

一、裁判に於ける不公正、A検事側証人が悉く偽証したが之を偽証なりとする反証があるにも拘らずこれを受理して呉れなかったこと。B検事は明らかに証人を教育していること。（日本人弁護人から比島人弁護士に移るとき検事は「中村ケースは最後まで日本人弁護士が出ると思っていたが比島人弁護士がやるのなら証人に教え込むのではなかった」と明らかに言った）

二、比島人は元来ウソを云う特質を有して居ること。

三、日本軍の協力者が社会的迫害を受けて自己の立場を守る為に偽証せざるを得なかったこと。

四、写真に依るアイデンティファイが主であって而もその後訊問も調査もなく起訴したこと。

此等の理由で私達は極刑になったと云えます。即ち誰でもかまわない日本人でありさえすれば……目ぼしを付けられたが最後、その人をわけなく絞首刑にすることが出来るのです。云わば合法的殺人を行うことを目的とした復讐裁判と一言で云うことが出来ましょう。

一九四八年八月十八日

フィリッピン国　マニラ

ニュービリビット刑務所にて

安　部　末　男

伝　言

部下の遺族の方々へ

皆様の最も大切な御主人並御子息をお預りしていた元陸軍中尉安部末男であります。今回計らずも日本人として最も不名誉な戦争犯罪の責を問われ、隊長としてその生命をさえ救い得なかったことを心から残念に存じます。裁判に於ては私の全力を尽したのでありますが私の微力は如何とも為し得ず、最悪の結果を来しました。比島上陸以来、討伐戦に勤務に、他の模範兵としての殊勲者を戦犯と云う汚名の下に鬼籍に入らしめるかと思うと本人への不憫さは元より御一統様の御愁傷を推察申上げ只々腸を断たれる思が致します。

然し乍らたとえ屍は比島の地にさらすとも私共の立場なり潔白はいつの日か必ず日本国民の全部に解って頂ける時と私共の死が決して無意義でなかったことの判明する日の来ることだけは固く信じて居ります。私共は戦争犯罪者として死刑の宣告を受けましたが全く事件に関係して居らず総てが無実の冤罪であることを当時の隊長として神明に誓い重ねて申上げます。では御一統様の再建日本に於ける御奮闘と御繁栄を祈りつつ御詫びの言葉に代えさせて頂きます。

一九四八年八月　於比島マニラ

元セブ州メデリン警備隊長

安　部　末　男

金田　貞夫

小野　安夫

斎藤　　助

伊東　益夫

志賀不二夫

以上五名の家族へそれぐ〳〵伝言願い度し。

南条正夫

宮城県出身。盛岡高等農林学校卒業。元農業。元陸軍中尉。昭和二十二年九月三日、「マニラ」に於て刑死。二十七歳。（米国「マニラ」関係）

手紙

謹啓世界大戦も終末を告げ新生日本の胎生の秋、祖国は国際的国内的に乱麻錯雑混沌たる最中故郷の皆々様如何に御過しに候や、御伺申上候。小生も相変らず元気にて戦争犯罪人として責任を問われマニラ法廷に於て裁を受け居候。起訴七項目何れも比人の殺害にて候。以前小生が警備致居候バゴロド市ボロボロ水源地近辺の事件にして小生駐屯中は治安確立致し警備隊長として名声を博し居候も不運にも該地区は米軍上陸と共に激戦地となり、某部隊により比人が殺害せられ候。勿論之等比人は敵ゲリラ側に通じたる者に有之候。混戦中状況止むを得ざる犠牲者とは推察致候えども、之等比人犠牲者の親族は日本軍隊を怨み居り候。これより先戦時中小生の当時の指揮官らと親交ありし比人は戦後これらの仲間より親日比人として指弾される事を懼《おそ》れたため検事側証人として出廷、小生の行動を以て他部隊の行動と辻褄を合せ陳述致し小生を罪人として服刑させせん企図の如くに候。誠に残念に堪えざるも詮方《せんかた》なく人間万事塞翁が馬の譬の如く之が小生の運命と断念せざるを得ぬものと推察致候。しかしかかる裁判中にも比人の中にも遙々ネグロス島より小生の為証人として国際感情を他所に正義の証言をなせる者もある事を御記憶下され度候。〔中略〕

既に中隊長（高橋丹作大尉）は銃殺刑第一小隊長（西川清中尉）は絞首刑を宣告され次は小生の番なりと待機致居候。部隊長（山口大佐）も二十四項目の起訴状を受領致居る現況にて候。警備間亦、レイテ作戦、米軍上陸作戦間小隊長として多数の部下を失い（小隊生存者八名）今更おめおめ故国の土を踏まんとするのが抑々《そもそも》の違徳なりと観念致居候。国内の内政問題も種々耳に入り候。一地主より一介の農民と化せし故郷の現実、そして小生の処刑、浮世の風は南に北にきつく暴れ狂う姿を果して何時の世に予想し得た事でしょうか。恐らく御代田氏〔義兄〕もビルマ方面の露と消えはせぬでしょうか。後事は弟妹に托し祖家隆昌《りゅうしょう》の為、御奮闘御願申上候。

運命の皮肉をかこち戦犯で
　比島の露と消えてゆくかな
故郷の隆昌祈り我は逝く
　先立つ部下の御跡慕ひて

尚小生小隊長として幾多部下の遺家族に謝罪すべき点多々有之候もマニラにて御容赦をお願申候。裁判につきては証人として種々御厚情を賜わりし皆々様に謝礼の挨拶をお願申上候。裁判の詳細は公判中小生の通訳として御奮闘賜わりし高橋義雄氏（近々帰国の予定）に伺い被下度《くだされたく》願上候。先ずは故郷の皆々様の御健康御奮闘を御祈り致し最後の御挨拶と致候。

異国の空に

太田清一

鹿児島市出身。元憲兵大佐。昭和二十一年二月二十三日、「マニラ」に於て刑死。五十歳。（米国「マニラ」関係）

最後の手記

当地は今内地の初秋の気候に候。皆様お変りも無之候哉、御伺い申上候。

先日は一月二十三日附にて家族御一同の御便り

に接し、それこそ貪る様に拝読仕候。厚く御礼申上候。御身は東京迄行かれた由、其の心根に感泣仕候。但し万事は運命に候。小生は今出発二時間前に落ちつき払って此の手紙を書居り候。五十年の修養、此処に来り悠然泰然たる気持にて筆取申候。文も字も平素と少しも変らぬ筈。呵々。

　悟り得ていとも嬉しき我心
　　死を前にして兵と戯る

　一月五日判決後は前便にて申上候通り山下、本間将軍以下多くの旧友や部下と共に愉快に生活仕候。自分でも不思議な程達観し、皆して朝から寝る迄、他愛もなき話に笑い興じて暮申候。
　米側の取扱は紳士的で寛大に候いて、食事、起居、運動等申分無之候。身体も丸々と太り殺すには惜しき程に候。呵々。

　たらちねの親の賜ひし此身体
　　死ぬとも知らで日に太り行く

　裁判其他については近く帰国の旧部下岩岡大尉が貴地訪問の上詳細可申上《もうしあぐべく》候。小生の罪名については新聞紙上で承知の事と思う。敗けたから仕方がない。狂と呼び賊と呼ぶも人の評に委《まか》す。別に弁解は不要。

　君ならで誰にか見せん梅の花
　　色をも香をも知る人ぞ知る

　御別れしてもう六月を経申候。淋しい時も辛い時もあった。今はそれを乗り越えて最後の所に来た。何だかホッとした嬉しい気が致し候。我乍らおかしい位平気に候。殊に日頃崇拝する山下将軍等と一緒に旅立ち出来るのは何としても嬉しい。予は家庭の事については何等思い残す事なし。

全く御身に信頼し切って居ります。若し之が美〔一字不明〕さんの立場とか、家族を鮮満に残して来た人々だったら之程のんびりした気持では居られまい。俺は本当によい妻をもったと思う。

いとし妻深き因縁《えにし》ぞ有難し
又来む世にも君を娶《めと》らむ

唯気になるのは国の今後だ。日本のわるい所を正し彼のよい所を採り入れよう。

何もかも忘れんとする我乍ら
尚気にかゝる国の行く末

四郎君、早く大きくなり給え。父に会い度かったら写真を見なさい。君にもう一度会いたかったが仕方がない。ヨチヨチ歩く姿が今も目にちらつく。井戸に落ちない様に御要心。

幸子君、此の前はお手紙有難う。大変よく書けました。よく勉強して四郎のお守りもして下さいね。いじ悪してはいけないよ。やさしい子になりなさい。仕事を早くする事、後片付をよくする事に注意しましょう。

三郎君、御手紙は有難く読んだ。よく働いてお母さんの手伝をする由、安心した。これからは兄弟仲よくして偉い人になって下さい。癇癪を出さぬ様。

二郎君、真情溢るる手紙に感激した。しっかりやってくれ。ハキハキする事、勉強を徹底的に分る迄やれ。誤字に注意。

昭男君、君の激励の手紙で大いに気を強くした。父は昭和維新の犠牲として喜んで出発する。城山で散った南洲翁の気持がよく分る様です。君は太田家の長男として十分の覚悟が必要に候ぞ。大黒柱としての責任を忘るる勿れ。

康子君、やさしい慰めの御手紙、どれ程慰めてくれたか知れぬ。君には色々と御世話になった。こんな事になるのならもっと〱可愛がっておけば良かったと思い居候。よい娘だった。よい縁があればよいと祈り居候。

さて時間も段々迫る。運命を甘受して笑って出発しましょう。

シヅ子殿
皆様

太田　清一

流れ行く雲を窓辺に眺めつゝ
奇しき運命を夢かとぞ思ふ

最後の場所に来て私の所望にて好きなものを呑まされ、陶然《とうぜん》として誠によい気持に相成候。之を要するに私は最後迄元気で朗らかに暮申候。予が命日は二月二十三日午前三時三〇分ぞ。泣かずに酒でも供えて下さい。

最後迄御身等を思いつめ居り候。

霊魂不滅、さらば。

昭和二十一年二月二十三日二時十分

グワム

人間

高階喜代志

宮城県出身。仙台市立工業学校卒業。日立製作所設計課勤務。元陸軍伍長。昭和二十二年六月十九日、「グワム」島に於て刑死。二十五歳。

遺書

井上、時候挨拶が真先になるのだが今度だけは許してくれ。しかもこれが井上への最初の手紙だったし、また最後のでもあろう。そして何を書こうかという纏ったものもなく甚だ気を楽に思い出し思い出し書いて行く積りだ。人間と云うものは時々人の身を案ずるものだが、今の俺の身では到底その可能性がない。人の身を案ずるというのは結局余裕のある幸福な人間に限っているのではないか。そうでもないかも知れぬ。井上は確か去年〔一九四六年〕の十月半ば帰国したと風の便りに聞いた。甚だ胸中不穏。羨望と希望。異郷と望郷。熱湯と氷とがこんがらがって泣くにも泣けず、笑うに笑えず茫然として凝視するのは単に釘穴のみであった。が「時」は徒らに嘲笑し、圧迫して遂に俺を明日の日あるを認めさせずには居なかった。今敢て何をか考え思い何をか煩《わずら》うとしてもそれは無理というものだ。何故なれば明日の日は俺の肉体に真空の宿る日なのだから。しかもそれは来るべき必然性を持っているのだもの。井上が帰国した当座は故国と友とを慕って〝暗き部屋に一人冷い「我」の文字何れの日にか自由ならん〃とか言って見たりもした。

人間なんて愚痴っぽいものだなあ。殊に俺という人間が愚痴っぽいのかも知れない。追憶から愚痴に変って「諦め」を通らずに俺は何処かへ行こうとしているとしたならば愚痴は行く所もなく彷徨《さまよ》う外はないだろう。いや愚痴は簡単に消えてしまって静かな世界をなだらかな「そり」に乗ってつめたい吹雪を浴びながら走っている。しかも雪の冷さを知りながらそれを感じない、単に何となく冷やかな世界だ。時々「そり」が軋《きし》ることはあっても直ぐその静けさに帰る。「偉大なる静けさ」などと誇張して見ようか。笑う勿れ。実に広漠たる平原は総ての音響を吸収して止まないのだ。そしてその平原が或る一個の煩悩の中に存在している。自然は偉大だ。だから人間は偉大なのだ。それで「偉大なる静けさ」なんて言って見たくなるのかも知れない。だから人間なんてつまらぬ一個の生物とも考えられる。甚だしい矛盾か。斯く言うものは呪われてあれ。俺はその静けさの中に住んでいる。そして俺の胸中に静けさが宿っている。

時計の秒針。機構学によって計算されたその秒針が何か不可思議にうごめく生物の様に思われないか。その秒針が一秒を刻む。そして一秒を刻む。一秒は一秒を追跡し次の一秒は次の一秒を追慕する。そしてその一秒の間に無数の瞬間が宿っている。瞬間は常に短くその堆積は常に長過ぎはしないか。過去を見よ。それは瞬間の長い堆積によって長い様で実は瞬間に過ぎないのだ。二千年の長い長い到底一人の生命によって生きることの出来ない経験が人間と云う精巧なる脳作用によって時に一瞬時の間に彷徨《ほうこう》する。そしてそれが決して混乱しない。その瞬間の堆積しつつある間に一人間は思索し悲しみ、泣き笑う。それを人間の美しさであるというならば人間はドラマティックに出来

上っていると言い得よう。〔中略〕

日本の現状に対して言う所はない。唯総てのSituation と Condition に渦巻いているという推量と自由と幸福との追求が恰かも女神のように降って湧いたという羨望。おそらく井上は何等の躊躇も、何等の恐怖もなく、それを享受《きょうじゅ》し得ることを蔭ながら羨《うらや》みながら祈ってやまない。其の時若い一個の生命を現に与えて居る俺の血は、何処を流れているか、井上を羨みながら祈りながら俺は敢て言わねばならぬ〝結局は俺の体内を流れているに過ぎないではないか〟と。数日経った或日誰か否何ものかが俺に囁《ささや》く。投げ捨てた卵は常に元に帰らないし、フライに揚げた魚は遂に水に戻ることがないであろうと。ところがどうだろう、今は投げ捨てる卵もなく、釣すべき竿もない。言わば無だよ。Vanity, vanity is vanity, all is vanity. 何かの本で読んだ記憶から〝妻ようじ〟でほじくって見たらこんなのが出て来た。おかしなものは人間だよ。そして正直な真面目なものは人間だよ。〔中略〕

常に俺の性格として自嘲が去らないとすれば、それは自嘲にも聞えるだろう。どっちでもいい、兎に角花は散るべき運命を持って咲くものだし時たま嵐やちょっとした風雨によって時間的に速やかに埋もれてゆく、ほんとに単に時間的に速かであったというのが帰納的定理であり、事実なのだ。

井上、来るべきものは次第に近づきつつある。何等の恐怖もないと言うなら〝やせ我慢〟と言うかも知れぬ。案外俺の性質はやせ我慢なのだが、今度だけはやせ我慢ではない。ここに一個の人間がある。彼は自殺を覚悟した。所を選んだがそこは断崖のふちだった為に渺茫《びょうぼう》たる大洋と、無限の大空を傍観凝視することが出来た。彼は彼自身を小さな生物であると共に、それらを観察する偉大なる人間であると認識した時、彼は泣く必要はなかった。彼は其の夕べを、雲の流れと大洋の波の咆哮を聞きながら崖際に夜露にぬれながら一夜を徹した。彼は銃に足の拇指を掛けながら、次の朝の太陽を見たいと思ったからなのだ。そしてそれは自然から受けた大いなる圧迫によって、更に偉大でなければならぬ太陽への憧憬でもあったろう。次の朝、熟睡から醒めた彼は、白々と明けゆく水平線に、黄色いそして金色の陽光を見つめた時、がく然として〝俺はまだ死なぬ〟〝俺は生きている〟と叫んだ。彼は死ぬことが出来なかった。それを人は偉大なる人間性と呼ぶかも知れぬ。しかし俺はそう考えるにはあまりにも小さい。彼は銃の引金へ掛けた拇指と咽喉に当てた銃口とは何を惹起するのかということを、彼自ら知っているが故に、彼はその恐怖を自然の中に体裁よく溶かし、太陽によってその体裁を実感らしく見せかけようとしたに過ぎない。そして彼は生きたのだ。自殺は実に苦しい。彼自らが死までの道程を造り、それを認知しながら歩み、その一歩一歩は次第に死に近づくことの実感を裏書し彼自ら生きていながら生きていることを拒否せねばならなかったのだ。内部からのそして外部からのよほどの迫力がなければ、自殺未遂という三面記事の中に世の物好き達を喜ばせる一文となるのみだ。

しかし現に死すべきを知りながら、それを知らぬものの如く平気でいられるというのは、自分自らが死への各ステップを認識することがないからに過ぎない。たとえ時間的に一時間の経過によって更に近くステップを踏んだと実感しても、単に時間を認識するのみで死そのものへの接近は感じないものだ。しかも彼は彼自身生きていることを知っている。不思議に生命は死を認容しない。其の執念深さ。「絞首台のステップ」を数え得るほどの現実と力を持ちたい、と或る人間嫌いは言ったが、俺はそれ程の自信はない。としても何等恐怖も顧慮もない時間を刻み送っている。時々泣こうかなどと愚にもつかないことを胸に浮べる。ほんとに泣きたいと思うことがある。いや何も泣くようなことを思い浮べ泣くほど胸に迫ったというのでなく、泣いた方が今の俺には相応わしいのではないかと思われるからだ。泣いたからとてどうしよう、こうしようというのではなく唯泣いて見たい。変てこな感情もあればあるもの。

I want to be tears, but may be laughter.　このまずっと笑って、最後まで笑っているかも知れぬという自嘲を感ずる。世の中も人の心も唯遊戯的に出来上っている。

　実に静かだ、静寂ってこんなのを言うものかしら。頭と胸に何等滞《とどこお》るものとてない。例えばギリシヤの古寺院をめぐって、松明《たいまつ》を持つ二つの精が軽く走っているという静けさ。総てを許容しすべてを認容する。妨《さまた》ぐるものもなく追うべきものもない死、それは静かなものだ。愛すべきものであるかも知れない。今夜は星月夜であるかも知れない、或は月が出ているかも知れぬ。悲しむべきものは去った。そして唯静寂という冷理さだけが残って静かに人生を包もうとしている。人生の行路は実に簡単である〝死〟の一字。そして

Everything is nohting.

　すべては空に帰ろうとしている。すべてを感じながらすべてを感じない。すべては無でなければならぬ。すべては空でなければならぬ。井上、この時井上という文字とその形像との一致が、俺に井上への便り、最後の便りということを教える。実に煩雑な人生である。が、この便りを井上への便りとすると同時に、俺自身への便りであるとする。

　人間は無においてなお自己を離れることが出来ぬ。神といわれ仏といわれる人も自己を離れることは出来ぬ。自己は最小にして最大のものだ。そして極大にして尚かつ極小のものだ。それが渾然《こんぜん》と融合して一個の自己が生れる。それが死への自己なのだ。静かな融和体なのだ。たとえ一個のささやかなそして貧弱な人間にしても、全く彼自身

驚嘆するほどに、落着いた胸裡を得ることが出来るという。それは単に如何にもがいてもあがいても、到底如何ともすることが出来ぬ溺死者の状態であると言い得ようか。いわば生命と死とが無意識に苦しさの中に入り混って、そして無意識に彼の肉体と生命が溺死への融合を感じた時、彼は溺死者と認められる最初の一瞬であろう。しかしそれは融和したと誰が言い得よう。俺は敢て言いたくなる。飽和状態だと……静かなる生がじっと死を凝視して居る。〔中略〕平和なるままに時間は経つ。静かなるままに時を重ねる。もう十一時を過ぎた。人間は静かに睡りに入り、かすかな脈音と共に麻酔状態に置かれる時だ。おやすみ井上、かつての夜の挨拶を繰り返そう。

朝が来た。何の音響も聞えない。椰子の葉がかすかにゆれている。その音が空間を伝ってわが胸の鼓膜を打つ。かすかに朝の空間は白けて行く。その時、雄鶏が遠くの森をぬって——それは密林であった——彼の生命を朝に訴える。一人間はそれを聞いた。彼は、朝の王者の如く肩を張り胸を張って叫ぶ雄鶏に彼の一観念をゆだねた。それは〝今日の生命の装い〟でなければならぬ。

小賢しい人間の屁理窟は終止を告げねばならぬ。騒しい人間の声音はその深さを持たねばならぬ。はるけき日に人間の精は静かに舞い、その顔は聖母マリヤにも似た和《なご》やかさを抱く。それまでは人間は常に美しく人間であらねばならぬ。〔中略〕

井上、井上だって死へのステップを意識して踏んだことは一度や二度ばかりではなかった筈だ。こんな観念を単なる俺の形而上——こんな言葉を作って威張って見ようか——的遊戯だと笑わないでくれ。井上、井上のいろいろな、殊に一昨年一昨々年の経験の一つ一つを拾ってダイジェストする時、おそらく俺のこの観念をフフーンとうなずいてくれるに違いない。その経験を俺は密林戦における最も貴きものとしたい。それは現在日本にいる井上のみの持ち得る、そしてそれが井上に大いさを加える最も高価なダイヤモンドではないだろうか。現在の俺の脳の中には何もないが、仮に日本の現状を考えたとする。その時躊躇と停滞と恐怖が少からずあるのではないかと思う。殊に日本の政治・経済部門の無力さは誰をか幸福に為し得たであろうか。こんなことを言うと大分思いあがった人間になったと思うだろう。そう考えてくれ。俺は井上の脳作用とその経験による大きさが、逐次日々の生活を彩って行くのを思い、羨ましくてならないのだ。と一寸物まね的に考えて見る。

〔中略〕

これから続々日本人の色々な奪われていたものが暴露されてくるであろう。最近の小説は大分露骨だね。井上がちょっと書いた純詩〝性〟――と思ったが――よりまだひどい。でないかね。ほんに少し日本の雑誌を読んだ。戦争終了後は何も彼も極端だ。唯政治と経済が消極。そしてインフレーションだけが経済の中の唯一つの積極性だ。聞いただけで事実見ても触れても居ないからインフレーションは俺には頭上を過ぎる風に過ぎない。憤慨しないでくれ。

俺にはきっとまだ母も姉も居る筈だ。

「井上、ほんとに何の事もなく書いて行くのだから、たとえそれがおかしなことでも嘲笑しないでくれ。馬鹿げた事でも罵詈《ばり》しないでくれ。憤慨する様な事があっても眉をつり上げたり、井上のあのキンキン声で怒ったりしないでくれ」

少女の名は百合という。年は十七。或日彼女は恋という鳥を胸に抱いて唯何んだか嬉しかった。彼女は貧乏だったと思う。いや裕福でなかったと思う。俺は彼女に関して何も知らぬ。俺は、井上も大体知ってると思うがあの通りの人間、米山さんに言わせると自己満足と自卑自嘲の人間、結局頭の中で恐らくすべての経験を得ようとする種類の人間だという。積極性がないくせに、時たま恐ろしく自分の意志と感情を発揮する。ところがそれが恋愛という実に空想的で将に実感であるものをも最初から最後まで殆んど二年半というものを頭の中でひねくり廻して来た。というと何だかわからないものになってしまう。もう少しはっきり言うと、手紙をやったのは何度か知らぬが一通の返事も得たことはない。世の中は知っての通り実に窮屈だった。電話したことも電話がかかって来たことも何度だったか忘れたが一度としてランデブーと洒落たことはない。実に非現実的な人間は俺だ。それでいて燃えるんだよ。彼女はというとまた面白い。彼女の友達——この友達は恋を失った朗らかでない女だった。そして母は芸者とか——を通じての伝言、其の伝言がまた一度として、ランデブーのＡＢＣと変化したことはなかった。非現実的な人間は非現実的な性格そのものを苦しみそのものの為に苦しまされる矛盾を知って居ながらそれを避け得ない。〔中略〕それでも自分と名づけられた者は飽くまで百合の静かな何か朗らかに見ゆる純粋さを微笑に包んでいた。俺は忘れなかった。燃えた。時々冷めるのを感じてじっと空虚の中にうずくまった。

そして俺は入隊したのだよ。入隊して間もなく手紙を受取った。それは家の住所宛名は俺、母は面会に来て俺に渡した。その手紙が彼女からの最初にして最後の手紙。その手紙が、井上、実に悲惨だったなあ。その手紙の中に何と書いてあったと思う。「一日も早く将校になって帰って来ることを祈ってます」って。実に世の中は悲劇に出来ている様だ。漸く将校になるのをまぬかれたと思ってから暫くしてそれ以上の嫌いな条件が今与えられた。井上、その道程は実に不幸な運命に呪われている。挙句の果は不幸の最も不幸な最後の一瞬間に過ぎない。そして俺はそれを静かなるものとして観じ様として居る。

母のことは幾度か話したことがあるが、俺が十八の時母は看病疲れで貧血で床に就いた。丈夫な母といっただけでは物足りないが兎に角俺の五人家族の中で母丈けが満足な健康を保持していた。その母が床にしばらく就いてまた働かねばならなかった。姉の病は重くなる一方、一体に肺病は食餌療法とオゾンによる外はないのに、それすら不可能であった。何となれば俺の月謝は二十四ヶ月未納となる位だったのだから。姉が昭和十五年一月八日に死亡した。俺は一月九日姉の死亡の次の日、日立に出発した。考えても見給え、父と母の希望は俺に繋っていた。その希望の偉大さ、姉の死の次の日発つことを敢て父は強調したのだ。実に頑固な父と思う勿れ。法律と経済を大学で学んだ父が全く俺の前途を一日も早く祝福したかったという親心なのだ。残った者、父母、上の姉の三人、肉親の一人でも去った時の空虚否寂しさを思え。恐らく三人は泣いたのだ。毎日俺と死んだ姉の噂をした筈だ。姉の死んだ年の半ばと思う、上の姉は「ロクマク」に罹《かか》った。一年を経て全快した。次の年父は「ロクマク」で床についた。老年六十三歳の「ロクマク」は全快する見込はない。そして遂に俺の二十一歳の八月死亡した。それから七ヶ月して二十二歳の三月入隊した。満洲に行った。満洲で上の姉は俺が入隊してから五ヶ月、俺が二十二歳の八月に鮮満国境四辺《あたり》の肥料会社に勤務したということが母から伝えられた。姉去り父去り上の姉去り俺は此処に来た。母は一人だ。現在母は居るか、姉は居るか、それすら俺は知らない。唯母は一人で居ると云う感が深い。若し生きているとすれば。聞くところによると俺の家のある辺は焼けて居ないそうだから生きている可能性はあるとしても現在の内地のインフレーションではそれも覚束なく思われる。俺は「亡び行く家」を書きたかった。希望だけは相変らず持っていたのだが今はそれも果てた。俺の頭脳よりは先に時がそれを書くことを許さないのだ。時は容赦なく経つ。惨酷なる時の支配は絶対権である。今将に夜を迎えようとして忙がわしく時の経過を自覚する。死刑四五分前はアメリカ映画で見た。なげく勿れ。死するものと自覚しても騒がないものだ。〔中略〕

人生は夢の如く過ぎ、夢の如く現れてくる。そして夢以上の実感によってそれを現実化することが出来るに過ぎない。人生は時だ。夢には時がない。時によって総てが支配されるのだ。そして死という時の最後があって、歩一歩《ほいっぽ》徐々に彼の黒いベールを以って覆う。その間に人間は夢のない睡りを感ずるのかも知れない。

瞬間だ、ほんの瞬間だ。そしてその瞬間次に来るものは無だ、睡りではない。永遠でもない。唯その瞬間の中にすべての終結が含まれている。その終結はその瞬間の前後両終結を含んでいる、死は恐ろしいものだと思っていたのは誤解だ。人間の独断だ。死に瀕して居ないものはこの独断を敢てする。死を避けようとするのは人間の好奇心に過ぎない。もっともっと変ったものを、違ったものを、香も味も形も色も影もちょっとでも異ったものを欲する人間の好奇心は死を嫌う。しかし死は恐ろしいものではない。〔中略〕人生は遂に去る。生命は遂に消えて行く。花は散る。そして咲く。生命は一度去りて帰ることをせぬ。生命の去らぬ間に人間は生きねばならぬ。咲かねばならぬ。井上、静かに天上に眼をやりて嘯《うそぶ》く人の子は今亡び行くのだ。静かに亡び行くのだ。人生は唯枯尾花でしかなかった。我々が二十幾年の努力は何であったろう。生きんが為の努力は何んであったろう。単に亡び行く者にのみ与えられた皮肉でのみあったのだろうか。この世界を離れて住み得ぬ人間の努力は自然と人生の矛盾の解決であったろうか。生きんが為にのみ生きるのだろうか。遂に解決はないのだ。こうして人間は人生を去って行く時人間は感傷を去ることが出来ないことを悟らねばならぬ。貧しきものは貧しき儘に考えて満足する安心の境地、貧しきものは貧しき儘に疑問を抱いて解決せんとする掬水《きくすい》の味。貧しき儘に貧しき儘に静かに死までの歩を歩もう。敢て貧しき弱きものがニイチェの真似をして見た所で笑い話となるだけだ。唯俺一個の胸と脳によって静かになれるだけ静かになって逝かんとする時俺はそれを最後の欲望であるとする。ささやかな欲望とこれを俺は呼ぶ。或は一の愛らしき欲望であると名付けて見る。欲望は清らかなものだ。欲望は常にエゴイズムであるとすれば人間は死ぬまで欲望を持っている。

　考える力はない。思う力もない。自分で書いて居ても考えて書くのではない。脳作用による発作的命令によって書いたものだ。記憶は考えなくとも思わなくとも出て来るものだから、俺の書いたものは記憶であろう。だから、つながりもなくまとまりもない。始めもなければ終りもない。例えば夢に見た夢を綴っている様なものだ。脳が分裂作用を起している様に感ずる時もあるが、それが起っていても感ずる力もない。

　それから米山さんとはその後便りしていると思っている。宜しく伝えてくれ。家の方にも宜しく頼みます。お母さんにも書きたいが時間がないし生きているのやら死んでいるのやらわからないし、日立は全焼とか言ってるから手紙をやりたい人が居るやら居らぬのやら。居てもその手紙が着くのやら着かないのやら。

　じゃ井上、さようなら。

　悪性インフレやら道徳的頽廃やら生活が非常に六ヶ敷くなって居ることと思う。殊に井上の偏食ではより以上に苦しいと思う。しかし生き甲斐はそれ等を超越して大きなものであると思う。

　殊に体に気をつけて幸福に暮してくれ。死んでから祈ることも出来まいと思うから生きてる中にせめてもの心を諒としてくれ。

さようなら

高階喜代志

昭和二十二年六月十八日午後四時近く終る。後残るところ生命僅かに四時間。

書きたいこともある様で書けない。素直に書こうと思ったことも変に表現してしまう。唯最後の手紙なる故に書いた様だ。それでも許してくれ。

小窓

よち〳〵歩む嬰児の様に
可愛いい感情が
何の目的もないのだろう
小さな窓に寄り添うて
外界を眺めて居る
嬉しいのやら寂しいのやら
よち〳〵とよろめいて
小窓のカーテンに頬ずりしても

人間というものは
時には諦めたくなるものだが
血と感情に結ばれた外界は
美しい未練に溢れ過ぎている
生きたいのやら生きたくないのやら

息苦しさ

血液も空気も
澱《よど》んだ泥水の様にどろ〳〵して
じっと耐え切ることも出来ない
瀕死の蛇の様に投げ出された足も
小さな丸い木片を握っている指も
世界を創造した筈の頭蓋骨も
皆重くるしく
疲れたものは息吹きさえ力なく
今朝の夢はどんなものだったか
それを思うさえ息苦しい
こんな時の人間は

急に死が与えられても
恐らくは関心もなく
他事の様に重くるしい足どりで
ぼうっと煙った前方の森を
みつめながら歩むだろう
刑場の処刑の恐怖なんか
全く想像することもせず
否全く思い出すことさえも忘れて

死臭

そっとのぞいて見たが
ぶる〳〵っと
寒さに震えた生命

かっと見開いて睨んで見たが
泣きそうになって
眼を覆うてしまった生命

生命は何時も死に敗けて
しょんぼり立ちすくみながら
未知の地平に
贅沢な帆船を浮べて
櫓もないのに漕ごうとあせる
若い魂は愚劣なのか

孤島の土に

酒《さか》井《い》原《ばら》繁《しげ》松《まつ》

東京都。元海軍少将。昭和二十二年六月十九日、「グワム」島に於て刑死。五十二歳。

絶筆

前略、其後御健康如何に候哉。速なる御恢復を祈り上候。貴官には大島島に於て小生の部隊に配属されありし間に戦争犯罪の科《とが》を蒙《こうむ》らる、誠に申訳なし、何卒御容赦被下度《くだされたく》候。降《くだっ》て小生本日死刑執行に御座候。永い間の御労苦に対し謝する言葉も無之候。

御機嫌好う。

敬具

六月十九日

巣鴨拘置所内

酒井原繁松

橘荘一殿

机下

科学者の思慮

上野千里

栃木県出身。元海軍軍医中佐。昭和二十四年三月三十一日、「グワム」島に於て刑死。四十三歳。

好枝どの

とうとう最後の最後まで事件のことを何一つ的確にお伝えする機会もなく来てしまったことは止むを得ぬこと乍ら、まことに申し訳ないと思います。茲に事実を簡単に記します。

昭和十九年六月中のことでした。トラック島基地に対する米軍の空襲によって当時収容中の米軍の五名の捕虜中、三名が即死、二名が傷つき倒れながらも辛うじて生き残りました。二間に三間の小収容所から五米の所への至近弾によってです。時はサイパン戦の真最中、幾度か我々も陸上戦闘用意の声を聞く程激しい連日の空襲のさ中でした。二名の生存者への私の診断注意は出来得る範囲内での充分なものであったと私は信じています。三日目頃のことです。司令、副長は充分打合せの結果私を呼んで「あの二人をすぐ片づけよ」と云われました。医人としての又人間としての私をよく識り深く理解していて下さった御身には何を云わずともその時の私の内心の激しい動揺と努めて冷静を装って答えた言葉のすべてすらもうお判りのことと思います。「私の出来ること、考えていたことは必要な手術のことです。経過に依っては手術をするかも知れません」。病舎への三百米の道を私は内心の乱れと闘いつつ重い足をひきずってたどりました。「殺せと云う命令だ……だが俺には出来ぬ。それより患者の腹部に起りつつある変化が心配だ。診断の結果は手術を要求するかもしれぬ。しかし……殺してしまう程、今手足まといを片づけてしまう程、事態は切迫しているのだろうか、いよ〳〵玉砕の時来るか……」私は然し茲でくど〳〵と一身上の弁明などはしたくないと思います。それは私が正しい意味の戦争裁判の意義を理解し一角〔病舎〕の最高責任者としての責任位置を確然と認識し更に人間としての自己をあくまで反省し、一度運命の命令が私の上に下った以上、たとえ如何に私がそれに反撥を感じ科学者として、医者としての良心に忠実たらんとし人間としての努力に誠実たらんとつとめたのであるとしても、事件一つのすべてをまとめた結果から見て、その途上に存在した重要な一人としての責任ははや動かし難いものであることを悲しくも深くわきまえたからであります。唯、我身を忘れ得ても尚忘れ得ぬ最愛の人々の為に、せめて許された範囲内でもこれ丈けは云い残して行こうと、ずっと思い続けて来ました。病室へ着いてから私が主となって手術を致しました。人命を取扱う一個の外科医として何ら恥かしくない用意と手順に依って遂行しました。何れは殺されるかもしれない人（やはりこんな前例があったと云うことを聞いていました）に対して私の為した準備方式などは凡そその後半から発生した事情からは想像に難《かた》いものとなってしまいました。全身麻酔の上で二つばかりの小さな切開の後にやはり診断切開を腹部に行いました。これ等の事の了り近くに総員集合（司令副長のみの権限）が掛り、その間に患者は急速に他の場所に移されて処刑されてしまったのです。

今や二人の捕虜を処刑したと云うことは消し得べからざる事実として厳然と成立したのです。そしてそれが私に下されたままになっていた命令の後に再び上司から他に下された実行命令によって直接になされた行動とは云え、私が其の一人を斬った者の上官であり斬られた一人の患者としての最も身辺な責任者であったことも厳たる事実でありました。〔中略〕

好枝どの私の申すことをよく〳〵お聞き分け下さい。責任という言葉の持つ意味の重大さは決して他の何ものをしてもおき換え得べきものではありません。戦犯裁判は戦争と云う悪条件の中に発生した事柄を無条件に暗黒裡に葬らずに、公正な眼でふり返って、之は国際法に照し誤った行いである、これは人道的に見て正しくない行いであると認められた事実を明白にし、その責任の所在を追及して、人類の幸せのために公然と裁くのをその本来の趣旨とします。之はひとり米国のため日本のためのみに裁くのではなく全世界全人類のために再び同じ過ちを繰り返さぬよう、また戦争と云う暗幕のもとに汚された正道を浄めるために裁くのですから裁くものも裁かれるものも共に私心を去って人類の正義と幸福のため厳粛なる覚悟をもって少くともこの意味に於ての道を明らかにせねばなりません。不幸にして犠牲となる人々も又人類の新しい一歩のための捨石になる決意で敢然として真実と対処せねばならないのです。今の場合敗れた日本にとって真実を知ると云うことは寧ろ悲しいことかもしれません。しかしいつかは其の時は来るべきでした。私達はすべて、私心を去った大らかな視野の中に明日の日本を、明日の世界を、明日の人類を見つめなければならないのです。〔中略〕

私は上司の拒否と虚偽によって私の立場を正しく理解してもらうべき雰囲気を失いましたが却ってそのために愛する部下をかばいたい一心から或

程度まで斬ったことに対する命令らしきものまで進んで認めました。私はこの時すでに死を覚悟しておりました。手術のことに関しても私は酷《きび》しい裁を受けましたが、このことに関する限り連坐したのは司令と私の二人きりに止めることが出来ました。私は私が重い罰を受けたことよりも多数の部下が始めから起訴すらされなかったことの喜びの方が心の大部を占める自分が嬉しくあります。私の男はこれで死んで生きることができました。部下の多数はトラック島にあった時そのままの私の顔をきっと久しく思い返し、新生日本の一員として私の分まで働いてくれるでしょう。文字に出来ぬ点もあります。お察し下さい。

好枝どの、私は御身を熱愛し、老いたる母を熱愛し、幼き五人の吾子を熱愛す。熱愛す……。さりながら好枝どの、どうか〳〵私にかくも愛する老母妻子のある如く、私のより若き部下達にも亦そうした新生日本に必要な多くの親兄弟妻子のあることをお考え下さい。更に戦地に於て戦中戦後の区別無く彼等がこの至らぬ私をどんなに愛してくれたかということ、その献身的な庇護によってこそ、或は私が戦火に失ったかもしれぬ一身を全うして短い間ながら再び生きてみんなに会うことが出来たのかも知れぬことを思って下さい。彼等は、我が子我が弟のごとくなついてくれました。未だ曾て私は私の部下から唯の一度もそむかれたことがなかった。その故に私も亦、小さき我が一つの身を以て、ひとりトラック島の部下に限らず私の部下であったすべての人々、否、私を愛して下さったすべての人々に応えるのです。許して戴きたい、夫とし父とし子として願い得べからざるこの希いを。唯々あやまります。すみません、すみません。愛する妻子を捨て、愛する老母を捨てても、私には捨てられぬ日本人の魂があった。男の操がありました。永い間優しき妻、賢き母として私の身近く仕えて下すった御身よ、何年かの後、いつかそんな日が来ましたら微笑みつつ五人の子供達に語って下さい。「お父さんは多数の部下のために司令に利用されたおどけものとして笑って死にました」と。しかしどうか上司の名を知りましてもそれを記憶するような不必要な散財はお慎《つつし》み下さい。私は好んで人身攻撃を致すのでもなく、又私一個の不幸を云い立てているのでもありません。寧ろか弱き人間としての上司の苦衷にははた眼にも同情に余りあるものを感じ続けて参りました。唯私はあの位置にありながら「監督不行とどき」の責にすら一言もなし得なかったあの人々が愛する同胞のため、愛する祖国のために残念でなりませんでした。私は人間の理性の限界を偽り多き彼等の職業武士道の姿を目の辺りにまざ〳〵と見せつけられて唯淋しく苦笑せねばならなかったのです。過去の日本のすべてを憎悪する人があるなら、それは全く誤りです。しかし二度とくり返してはならぬ過ちもたしかに少くありませんでした。みんなは徒に他言に迷わされることなくすべてをあくまで冷静に判断して下さい。斯る職業武士道の小智が生み出した巧言に乗って悲惨な戦争に誘い込まれた国民自身も深く自らを省《かえりみ》る必要があるのではないでしょうか。云わんと欲する事多くさりながら云う能わざる事亦多し。すでに紙数も尽きました。

初めて多くを語り得て胸が晴々としました。何も思い残すことはありません。どうか御自愛の上五子と仲よく朗らかに。

遺　書

好枝に

実に御身は誠実の人、真の妻なりき。住みては常に近隣の人々より愛せられ敬せられ留守勝ちと云わんよりはより永き留守を預りて曾て余をして後顧の憂いあらしめず。又誤りなし。五子を抱き何かと拘束多き土地にありて是が教育を誤らず。

五子の純真玉の如き性格、或は常にその属せる級中にても成績頭角を現し来れる、一重に御身の功にして余の深く感謝し来れる所なり。御身も知らん、何時如何なる任地におもむくも余は全く憂いなく隣家に向う如く改まりたる気分になりたる事なかりしは常に一切を御身に頼みて間違いなしと固く信じて来れる故なり。又斯く程までに心意気合致せる人なりき。噫々婚して十七年余、御身の余と共に在りし幾許ぞ。更に見よ、余に亦幾何の私生活ありしや。実に気の毒なる妻たりし御身を今遙かの地に想い久しき別離に入らんとして涙あり。許されよ、一身を国に捧げたる男子の心、その心中に常に御身が心をつくして己を捨てて余に仕えくれる態度に合掌し続けて来れるなり。此の度お別れせしよりこの方並々ならぬ御身の労苦、思うだに涙禁じ得ず。而もよく余の心をお汲みありて近頃の手紙には大慈大悲の神の教えに適いたる心情に接し是亦涙なり。〔中略〕

根を締めて風に吹かるゝ柳かな

その枝の柔軟さとその根のかかえたる巖の強さは共に肝要なり。悪を避くるの力を神に祈り給え。〔中略〕くれぐれも自愛せられ多年の労苦の上、子供成長の日にたおるる等のことなき様留意せられよ。而して余の分まで五子の孝養を受けられよ。神は必ず援け給うべし。余は御身と五子に再び相会うの日あるを確信す。余の半身としての御身に別るるは悲し。されど満腔の謝意を捧げつつ欠くるなきの信頼を持ちて去るを得る。噫々何ぞ幸せなる。五子にとりて温きふところ、光は母なる御身以外にはあらず。怖るることなかれ。神はすべてを知り給う。再び云う、自愛せられよ。

五子に

父は十三歳早くも父母の膝下を離れ爾後概ね異郷にて勉学せり。適切なる例には非ざるも此の上は母に父を見出し徒らに悲しがらず、各々自らの道に向いて努力されよ。すでに今までに多くの言葉を贈れり。皆これ父が御身等への寸志なりし。乞う、ここに再び想い起されよ。唯父は御身等と共に在りし日尠《すく》なかりしことを心残りとす。されば父の短慮より御身等を何時何処にて如何様に叱りしか等をさえ記憶し、一々深く悔あり。されど実に御身等は純真なり、無垢なり。是神の賜《たま》う性なれども又母の測られ又愛情のたまものたることをこそ夢忘るべからず。恩師の俤《おもかげ》を忘るべからず。友の恩を忘るべからず。御身等は未だ母及び其の他の人々に援けらるるの身なれば深く慎みて徒らに他を云々すべからず。されども幼しとて正邪自ら明なれば是を採りて己の道へのかがみとなし、己を磨く神の御援けなりと思われよ。母を心から愛されんことを父は御身等と離るるに際して切に切にお希いす。兄弟姉妹仲よく又援け合われよ。鏡を見よ。そのうつれる姿に父母あり。兄弟姉妹果ては己の声の中にも父母の声あり。又その姿の中に父母の俤ありと見よ。母の言葉の中に父の遺志あり。父を見んと欲せばその遺品の中にも父の影あり。されど特に父を見んとせば神をおそるるの人たれと此処に云い遺さん。将来への道は自由なり。唯今今日の努力が積みて将来の果となることを銘記されよ。但しあせるべからず。遠き道なり。しっかりと足許を見つめて歩まれよ。万事が健康第一なり。母の健康をも屡々省《せい》するを忘れらるるな。健全なる生活（理念）上の常識が是民主主義の真髄なり。母と或時は姉弟の如く楽しく語らい楽しく歌うこと多きを念願す。勇気、誠実、正義、努力、愛、奉仕、素朴、父の好める文字なりき。五子よ！　すべては母に聞かれよ、皆父の声として大切に聴かれよ。愛する五子よ、男は男らしく、女は女らしくすくすく伸びよ。父は神の御援けにより常に御身等の傍らに在り。いじけずくじけず強く生きよ。さらば。

余は特に労働医学（労働者の健康管理）を日本に於て最初にして最大の計画の下に実施に着手せるその第一人者たりしをひそかに自負せり。特に余はその計画実施に当りての主任たりき。大量なる統計類は戦地にて失いたれ共、尚その仕事に対する誇りと数々の経験とは余をして獄中に夢見さすことあり。即ち余は他の人々と異り亡父を人と成して共に若死せる女工たりし亡父の妹二人の霊、余に移りて斯《こ》の道への熱情たらしめたるなり。されどすべて夢となりぬ。他は言わず、御身等心を合せ世の弱く貧しき人々のため縁の下の力となる心意気を常日頃より養われんことを。しかして世の正義の為、真の愛の為、美しき祖国の再建に挺身されよ。

事件の真相につきては別便に簡単に記せし以上に語る自由は許されぬものと思惟す。余は多くを語らず。すべてを許し我が胸の奥深く抱きて旅立たんと欲す。御身等他日必ずこの夫、この父、この子に対する世の人の声を聞かん。その中に余の人となり斯る罪に死するに値するものありや、希くばこの父、この夫のありし日の声に思い姿に見よ。されど云う、余は満足なり。余も亦罪なき人間に非ず。神を信じ、神の審判を確信し、何時の日か勝利の来らんことを思い従容として死におもむかんとするものなり。

日本の敗れたるは当然なり。物資に乏しく科学性に稚《いわけ》なく、人心久しく腐敗し盲目なりしなり。日本の敗戦をこそ神の御摂理、聖なる裁きと心され喜びて新しき祖国の建設に身をもって一石を投ぜられよ。日本人は生れ変るべきなり。今日にありて我も亦楽し。

余は人々に感謝しつつお別れを申上ぐ。唯々四恩の有難きを思いその中に生き来るを得し我が身が嬉しいのである。

母上様、さようなら。老人の冷水をなされず長寿を祈ります。

好枝どの、松寿、富士夫、みどり、千秋、良夫、元気で生きぬいて下さい。さようなら、さようなら、私はもうすぐみんなのところに帰って、それからはいつもみんなと一緒にいます。

私が微笑んで天国に旅立つの日、みんなのやさしさに謝し、手を振って手を振って云う言葉、ありがとう、ありがとう

浮雲の旅にしあれどひとすぢに
人を愛せし我なりしかな

附記　患家《かんか》諸氏には特に宜しくとお伝えありたし
右の通り遺言す　　本人　　上野　千里
昭和二十三年十二月二十八日記

遺　詠
みんなに
悲しみのつきぬところにこそ
かすかな喜びの芽生えの声がある
熱い涙のその珠にこそ
あの虹の七色は映え宿る。

人の世の苦しみに泣いたおかげで
人の世の楽しみにも心から笑える
打たれ踏まれて唇を噛んだおかげで
生れて来たことの尊さがしみじみわかる。

醜い世の中に思わず立ちあぐんでも
見てごらんほらあんなに青い空を
みんなが何も持ってないと人が嘲っても
みんな知っているもっと美しい本当に尊いものを。

愛とまことと太陽に時々雨さえあれば
あとはそんなにほしくない
丈夫なからだとほんの少しのパンがあれば
上機嫌でニコニコ歩きたい。

それから力いっぱい働こう
そうして決して不平は云わずに
何時も相手の身になって物事を考えよう
いくらつらくても決してひるまずに。

どこかに不幸な人がいたら
どんなことでも力になって上げよう
もしすっかり自分を忘れてしてあげられたら
もうそれできっと嬉しくてたまらないだろう。

うつ向いていればいつ迄たっても暗い空
上を向いて思い切って笑ってごらん
さびしくてどうしても自分が惨めに見えたら
さあもっと不幸な無数の人々の事を考えてごらん。

道はどんなに遠くてもお互にいたわりあい
みんな手をとり合って歩いて行こう
悲しい時は共に泣き楽しい時は共に笑い
肩を組み合って神のみ栄えをたたえよう。

朝お日様が昇る時は
あいさつに今日もやりますと叫びたい
夕べお日様が沈む時は
夕焼雲をじっと見つめて坐っていたい。

心には何時もささやかな夢を抱いて
小鳥の様にそっと眠り
ひまがあったら古い詩集をひもといて
ひとり静かに思いにふけりたい。

幸せは自分の力で見出そうよ
真珠のような涙と太陽の様な笑いの中に
今日もまたあしたも進んで行こうよ
きっといつの日か振り返って静かに微笑《ほほえ》める
ように。

偽って生きるよりは偽られて死に
偽って得るよりは偽り得ずに失えと
天国からじっと見守っているお父さんに
手を振ってみんな答えておくれ「おう」と。

何度転んでもまた起き上がればいい
なーんだこれしきのことでと笑いながら
さあ、みんな朗かに元気いっぱい
さわやかな空気を胸に大きく吸いながら。

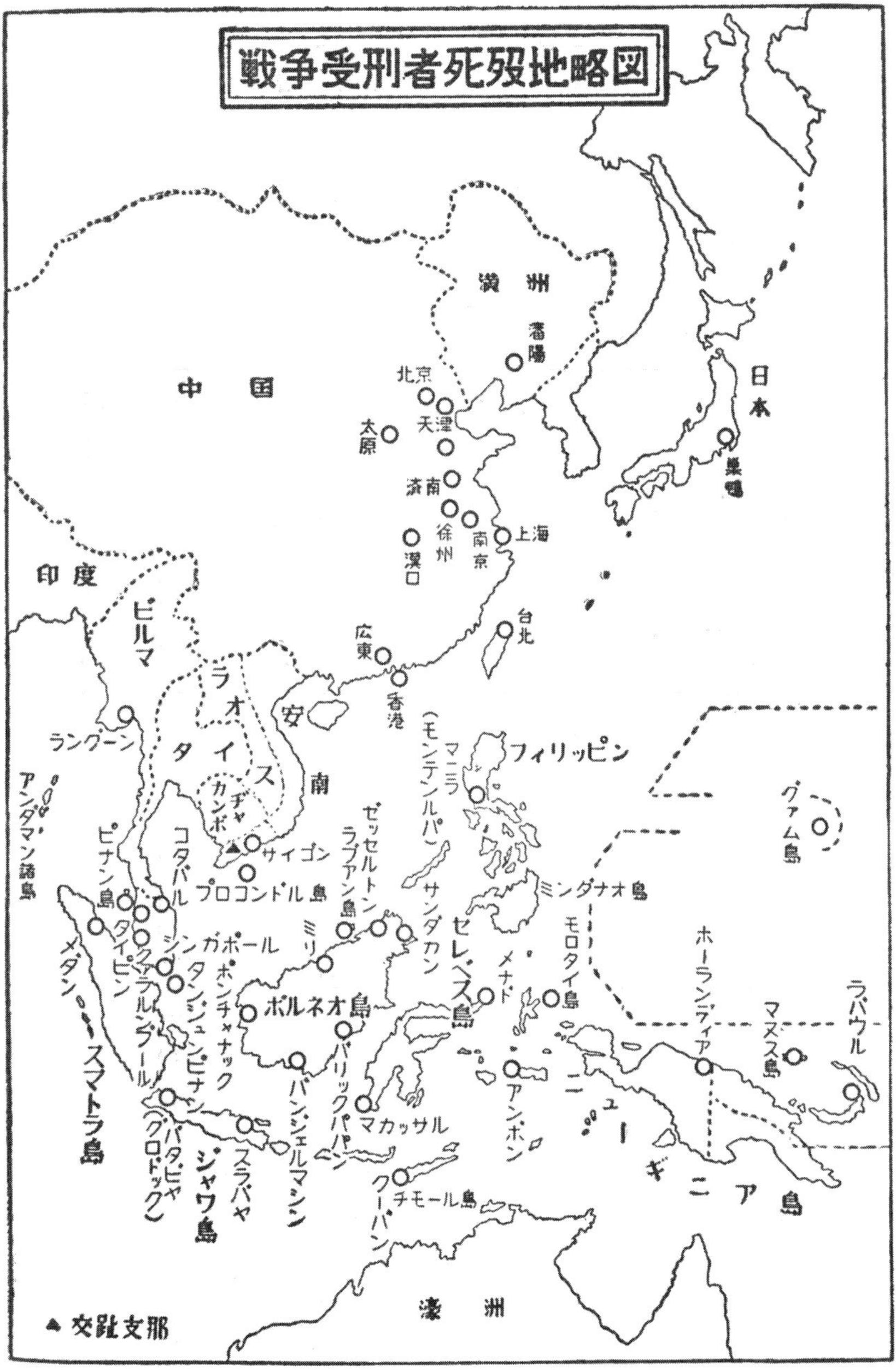

戦争受刑者死歿地略図
満洲
瀋陽
中国
北京
天津
太原
済南
徐州
南京
上海
漢口
日本
巣鴨
印度
ビルマ
ラオス
安南
タイ
広東
香港
台北
ラングーン
アンダマン諸島
カンボヂャ
サイゴン
プロコンドル島
ピナン島
コタバル
タイピン
クアラルンプール
シンガポール
メダン
スマトラ島
ポンチャナック
タンジュンピナン
バタビヤ（グロドック）
ジャワ島
スラバヤ
バンジェルマシン
バリックパパン
ボルネオ島
ミリ
ラブアン島
ゼッセルトン
マニラ（モンテンルパ）
フィリッピン
サンダカン
セレベス島
メナド
マカッサル
ミンダナオ島
モロタイ島
アンボン
チモール島
クーパン
ニューギニア島
ホーランディア
マヌス島
ラバウル
グァム島
濠洲
▲交趾支那

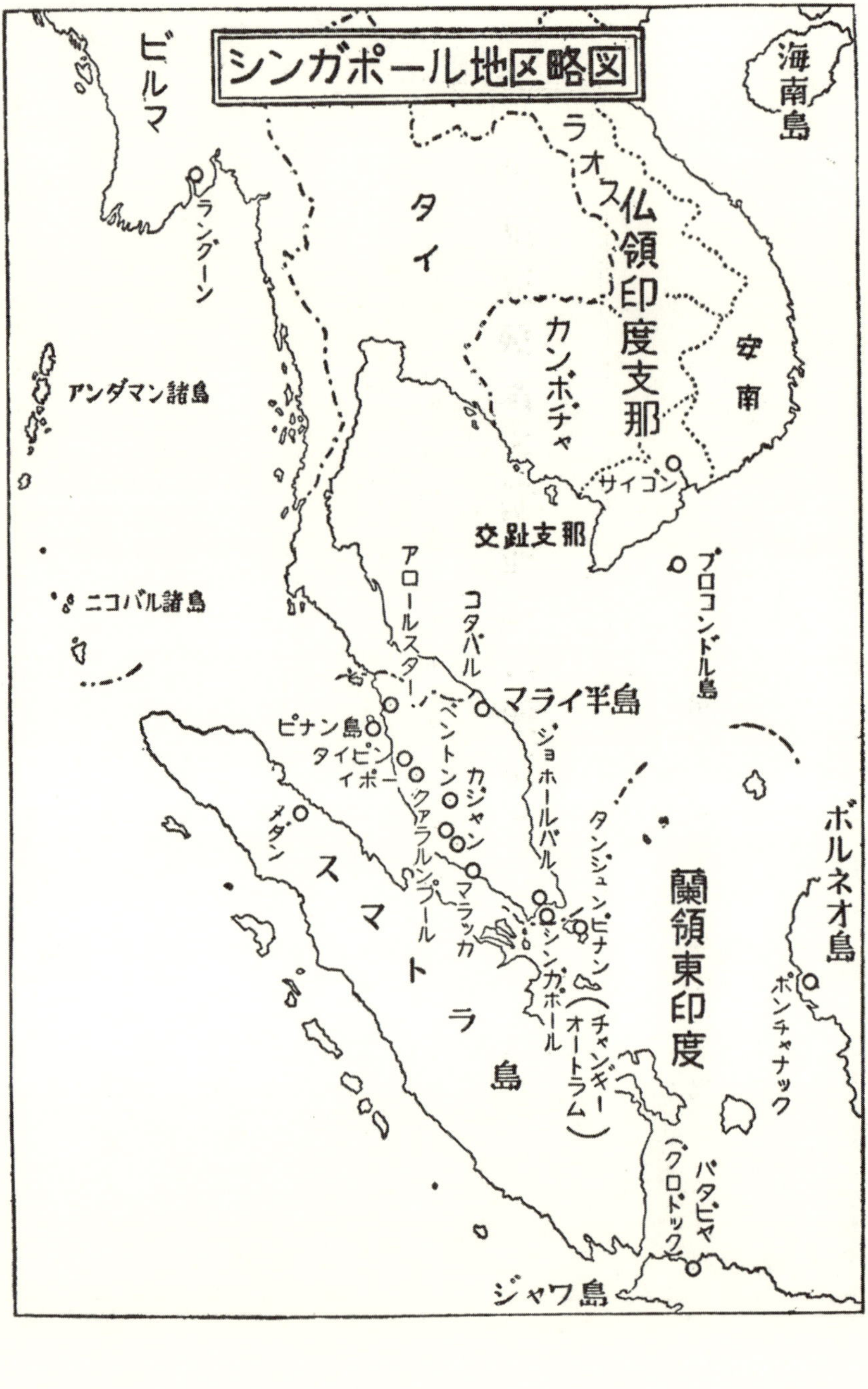
シンガポール地区略図
ビルマ
海南島
ラオス
タイ
仏領印度支那
カンボヂャ
安南
ラングーン
アンダマン諸島
サイコン
交趾支那
プロコンドル島
ニコバル諸島
アロールスター
コタバル
マライ半島
ピナン島
タイピン
イポー
ベントン
カジャン
クァラルンプール
ジョホールバル
メダン
マラッカ
タンジュンピナン
シンガポール
(チャンギー・オートラム)
スマトラ島
蘭領東印度
ボルネオ島
ポンチャナック
バタビヤ
(クロドック)
ジャワ島

後　記（原書）

戦犯者として我々四千人は世界の憎悪の只中に於て或は刑場の露と消え或は八年に亘って内外の獄舎に繋がれて来た。その当非は後世史家の判定に俟《ま》つとして、少くとも戦争に参加し、悲惨なる結果を世に招来した一員として、我々は現在与えられた運命の中に於ても可能な限りの価値を生み世にのこすべき義務があると思う。然るに刑死獄死せる囚友の遺稿を見るに自己の死よりも肉親を思い国家世界を憂えて平和再建への切々たる祈りを遺している。それは亦遥か万里の涯《はて》よりこれに参加せんとの必死の努力に外ならず、これら一千名の悲願を世に伝え将来に生かすことこそ、同じ運命の中に生き残った我々の責任と痛感せざるを得なかった。

この念願より昨廿七年八月同志糾合して遺書編纂会を結成し戦犯遺稿集刊行の企図を全国の遺族に訴えたところ、予期以上の反響を呼び続々と資料が寄せられて、あたかも遺族はこの機会の到来を一日千秋の思いで待たれた感があった。未決拘留中の死没者は正しくは戦犯者と云えないが「戦争裁判のため斃れた人々」と云う意味に於て同様に呼びかけこれまた快く賛同を得たのであった。

戦犯刑務所は巣鴨の外、大陸南方諸島五十余個所に及ぶが、その大半は筆紙の所持を厳禁し、或は筆紙を与えても処刑後遺稿を没収した。また監視の目をくぐって書き遺されたものの、現地に秘匿したまま遂に持ち帰れなかったものもあり、これらの実情より見て集め得る遺稿は多くとも死没者の三分の一と推定していたが、事実は予想の二倍、七〇一篇に達した。これは現在集め得る殆どすべてと云ってよいであろう。この中には最近比島マヌス島よりもたらされたものの外、他の遺稿中に記録されていたもの、原本のまま遺族にも渡されず都内に保管されていたもの等当会に於て発見した数十篇をも含んでいる。これも固より遺族の御賛同のもとに収録したものであって、諒解を得られなかったため割愛したのは四篇に過ぎない。尚韓国台湾出身者の分は遺族との連絡困難な為同郷の在所者と協議の上これを収録したことをお断りして置く。

蒐集した資料は遺書以外に、日記、手記、随筆、詩歌、書翰、伝言等少くとも故人の心を知り得るものはすべてに亘っている。これらは便箋や旧軍用罫紙《けいし》に書かれたものの外、包装紙、トイレットペーパー、莨《たばこ》の巻紙、書物の余白、又余白を截《き》って貼り継いだもの等があり、紙以外にも、敷布の断片、シャツ、ハンカチーフ、板等も含んでいる。その大部分は鉛筆書きであるが、ペン書、墨書、血書等もあって、中には汚にしみ、ボロボロになったものもある。これらを見るとき故人が如何に苦心し、心血を注いで遺志を伝えんとしたか、またこれをひそかに持ち帰るに囚友、教誨師諸氏が如何に苦労したかが明かにうかがわれる。

編纂の方針としては何等特定の色彩方向をもたず、どこまでも個々の意志に忠実を旨とした。この方針より資料の整理選択は㈠誤字脱字は訂正する。㈡意味明瞭な造語、当て字や仮名づかいの不統一等で差支えないものはなるべくそのままとする。㈢紙数多き遺稿はなるべく最期に近いものの中より遺志の最も明確な部分を選ぶ、等によって行った。斯くして数万枚の資料を蒐集整理して原稿用紙約二八〇〇枚に纏めたのであるが、これ迄に一年余を費したのであった。この間最善をつくしたつもりであるが力の及ばなかった点は深くお詫びしたい。

当初の計画ではこれを謄写《とうしゃ》印刷により遺族始め図書館その他主要なる公共機関に配布の予定であっ

たが、この書の重要性に鑑み、又内外からの要望もあって出来得れば活版印刷にすべく腐心していた処、予てより戦犯遺族のため献身的努力を注いで来られた、中村勝五郎氏同正行氏父子が此書の国家的意義に同感され、単なる後援にとどまらず刊行をめぐる諸般の問題につき東奔西走して下さったのであった。また同氏と親交ある信行社々長河野仁一氏は利害をすてて印刷を引請けられ、日本芸術員会員中村岳陵画伯及同審査員東山魁夷画伯より夫々精魂こめた装幀及外装を頂戴し、更に戦犯者の父と仰ぐ田嶋隆純《りょうじゅん》先生より巻頭のことばが寄せられた。斯くして永遠の書に相応しい豪華本として世に送られることとなったのである。思えば当初は謄写配布の資金の目途さえなかったにも不拘《かかわらず》我々の念願が正しい限り必らず道は通ずるとの信念から、遺族にも印刷配布を約して編纂に着手したのであった。途中幾度か道は絶えんとしたが、遂に夢想だにしなかった立派な形で我々の念願が実を結ぶに至り誠に感慨に耐えないものがある。定めて海彼《かいひ》にねむる霊も感泣していることであろう。

尚前記の方々の外刊行事務費の一端にもと後援演奏会を催して頂いた岡晴夫氏及市川市赤十字奉仕団、編纂途上直接間接に御支援を頂いた、永田雅一、児玉誉士夫、中島淳吉、難波経一、大野竜太、瀬越正治、信夫幹一郎、永野護、瀬越憲作等の諸氏、及種々の御協力を賜った両復員局、巣鴨拘置所当局その他に対し厚く御礼中上げる次第である。

最後に此の書の発行部数が予定を超えて余剰金を生じた場合は故人の顕彰又は遺族援護に使用することをお断りしておく。

昭和廿八年九月一日　　巣鴨遺書編纂会

『世紀の遺書』解説――戦後レジームから脱却するため戦前の日本人の声を聞こう

ジェイソン・モーガン（歴史学者、麗澤大学准教授）

虚偽に虚偽を重ねてつくられた戦後日本

戦前、戦中、そして戦後日本ほど誤解されている国は他に存在しない。過去の一世紀半あまりをかけて、昔の日本政府をはじめ、日本の軍隊、一般の日本国民がなぜあの道を歩んだのか、なぜあの大胆な挑戦の道を選んだのか、戦前、戦中の日本の大義は今、世界ではほとんど知られていない。極めて悲しいことに、今生きている日本人でさえ知らない。否、とりわけ今生きている日本人ほど、過去の日本人がいったいなぜああいう偉大なことをしたのか、自分の先祖の素晴らしさを知らない。こんな民族は他にはない。昔の日本人はどれだけ誇るべき存在だったのか、今の日本国民の多くは、無知だ。

その理由は複雑である。日本人が昔のことを知らないのは、例えば日本人の特別な性格、つまり素直さや正直さ、真面目さ、真心などに由来すると思う。日本人はとにかく嘘をつく、嘘をつかれるのが嫌だし、本当のことを告げることでスッキリしたい。正直に本当のことを言うのが、日本文化の基本のキである。なので、今日本の子供が学校で使っているいわゆる「歴史」教科書に載っている記述を、生徒もそのご両親も疑わないでそのまま信じ込む傾向が強いと思う。まさか、教科書を執筆する研究者、教科書を出版する会社、教室で教科書を使って歴史を教える先生などが嘘をついているとは到底思わないし、だから学校で習った「歴史」をすうーっと心で受け止めるのは普通であろう。

一方、日本人が学校などで習ったいわゆる「歴史」の多くが、真っ赤な嘘だと気づいた日本国民が急増している気がする。その覚醒の中でもう一つ、過去の日本について嘘、プロパガンダがあまりも多い理由が見える。それは、私の生まれた国アメリカ合衆国を乗っ取っていて、政界、学界、メディアなどを牛耳っているウソツキことグローバリストが日本人に対して非常に悪質な工作、いわば心理戦を行ってきた、今も行っているということなのだ。そう、日本人の美徳を悪用して日本の本当の歴史を隠蔽しようとしているのが、私の国から来る連中なのだ。今の日本がいまだにワシントンに支配されていることに気づいている日本人の数が増えている中、戦後の日本がずっとワシントンの支配で悶えてきたことにも同時に気づいているわけだ。

戦後まもなく、ウォー・ギルト・インフォメーション・プログラム（ＷＧＩＰ：戦争責任が全て日本人にあると日本国民を洗脳する取り組み）など情報戦の一環として、例えばＧＨＱ（連合国軍最高司令官総司令部）が命令したプレスコードなどで日本人の目と耳に届く情報が厳しく統制されたのだ。戦後日本では、日本人が好む真実、本当のことではなくて、嘘、欺瞞、でっち上げが蔓延《はびこ》るようになった。それは、私の国アメリカの政府が決めたことで、アメリカ政府の責任であり罪でもある。そして、誠に憤るべきことに、一部の日本人が日本を占領している敵であるアメリカに協力して、日本国民が読んでいる新聞や雑誌、聞いているラジオ番組などを検閲していた。日本国民の手紙などを検閲していたのも、ＧＨＱとそれに協力する日本人だった。

こうしてアメリカでも日本でも、ワシントンのグローバリストが情報統制などによって戦前、戦中、そして戦後日本について嘘をつきまくっていた。日本人の誇るべき歴史、とりわけ近現代史が、世の中から消されたのだ。日本人の「心の中の記憶」までが制約されていて、日本人が自分の国に対して肯定的な気持ちを持つことも許されなくなったわけだ。そういった中、日本人はあの大戦で、白人至上主義に基づいて欧米が支配するアジアを植民地から解放しようとした本当の歴史を知るすべがなくなった。それはもちろん意図的な工作だった。アメリカが日本に対して犯した罪の中で、日本人の心の火を消そうとした罪は最も重いものの一つであろう。非常に残酷なことに、本当の歴史が隠蔽されたのも、ワシントンと日本国内の協力者が行ったことなのだ。日本人の過去、つまり日本人のアイデンティティーがワシントンに奪われたのだ。

今もなお、ワシントンと日本国内の協力者——的確にいうとワシントンの独裁者、圧政者と日本国籍を有する売国奴——がついてきた嘘はまだ通用している。この80年近くワシントンのプロパガンダが日本国内で「主流」として流れている。こう考えると、なぜ日本についての嘘が非常に力強いのかわかるだろう。日本の過去、日本の歴史的栄光が意図的に抹殺された。そして、全くのでっち上げの歴史観を押し付けられ、その歴史観の中で戦後の日本人は暮らさざるを得なかったのだ。日本の戦後は虚偽に虚偽を重ねてきた偽りの砦《とりで》に過ぎない。そしてその大きな、且つ虚《うつ》ろで虚《むな》しい砦の中で多くの日本人は現在もなお暮らしているのだ。戦後レジームの本質を研究されていた思想家江藤淳が『閉《とざ》された言語空間』で指摘したように、言語空間が閉ざされたことすらわからない日本国民が日々を過ごしているわけだ。ワシントンの独裁者と日本国内にいるその協力者が築いた偽りの世の中で、たくさんの日本人が生まれ、育ち、年老いて、そして亡くなっているのである。

旧敵国のプロパガンダが今なお蔓延しているのはなぜか？

しかし前述のワシントン発のプロパガンダの説明を認めるとしても、今の日本の世の中で、明治維新以降（もちろん、それ以前もだが）の日本のことがこんなにも誤解されているのは、不思議だと思わないだろうか？　いくらＧＨＱのプロパガンダを理由にしてみても、ＧＨＱに協力した日本国内の戦後の売国奴の影響があったとしても、日本の戦後レジームに対するプロパガンダの大成功について、容易に納得ができるものではない。それは他の国に比較してみればわかるかもしれない。

例えば中華人民共和国では、中国共産党が圧政を敷いて中国全土とチベット、内モンゴル自治区、東トルキスタン、香港などを取り締まっている。中華人民共和国の中で、その圧政を敷く政府について、中国共産党がプロパガンダに輪を掛けたプロパガンダを日々、滝のような勢いで流し続けている。しかしその政府の嘘をいまだに信じている中国人が大勢いると認めても、中国共産党の嘘は流石《さすが》に嘘だとわかっている中国人、ましてや香港人、ウイグル人、チベット人、モンゴル人などが大勢いるわけだ。時々中国国内で燃え上がるデモ隊などだけで判断すれば、中国共産党の嘘が嘘だとある程度わかっている人は、中華人民共和国の人口の過半数を占めているかもしれない。世界の総人口で考えると、中国共産党の嘘を海外で信じている人はやはり少ない。中華人民共和国を含めても、全世界で中国共産党の嘘を信じ込んでいる人は、マイノリティである。ということは、政府が発信するプロパガンダは、オールマイティーではないということだ。

同様に、朝鮮民主主義人民共和国（北朝鮮）の政府が発信しているプロパガンダは、国内でどれほど信じられているか測りにくいところもあるが、脱北者の話などによると、北朝鮮国内でも中央政府の嘘を信じていない人が多くいると言われている。それから、朝鮮民主主義人民共和国以外の国々では、平壌の当局、とりわけ典型的な独裁者、朝鮮労働党総書記、朝鮮民主主義人民共和国の国務委員会委員長でもある金正恩を日々、過剰に絶賛する北朝鮮のテレビニュース番組などを素直に受け入れている人はまずいないだろう。

それではなぜ、日本についてだけ、日本人も外国人も、世界中の数多くの人々はまだ戦後レジームが捏造しているプロパガンダを信じているのだろうか？　この点は極めてわかりにくいと同時に、極めて重要なことなのだ。

米国はプロパガンダに秀でた国だ

日本に関するプロパガンダがここまで通用するようになった謎を解くもう一つの糸口としては、米国政府、米国人が非常にプロパガンダに長けているということが挙げられる。アメリカがプロパガンダに長けているのは歴史的事実であり、それは合衆国の経済的、文化的特徴にも由来している。例えば、大量生産大量消費を世界で初めて経済の基盤に切り替えたアメリカでは、大量生産大量消費という経済モデルを実現するために、一般の人々が必要としている以上、それをはるかに超えるレベルまで商品を売ることが求められる。そこで、一般国民の需要と大手会社が販売したい製品の量との間に存在する大きなギャップを埋め、大量生産大量消費を成功させるのに欠かせないのが「広告」なのだ。つまり、あの製品、この製品を、必要かどうかに関係なく、今欲しいと思うように一般国民を誘導するプロパガンダが必要だった。

そういった意味で、アメリカはプロパガンダの帝国だ。1922年に出版された、ウォルター・リップマンというジャーナリスト、政治評論家、プロパガンダの専門家が書いた『世論』(Public Opinion) は、アメリカ国民や海外の人々に対するプロパガンダ、世論操作を理解する上で必読の一冊だ。

リップマンは、第一次世界大戦当時米大統領であったウッドロー・ウィルソンやウィルソンの顧問である社会主義的グローバリスト、エドワード・マンデル・ハウスのためにアメリカ国民向けのプロパガンダを製作し、プロパガンダの効率的な発信の方法などについて米政府に助言をしていた。経済面だけでなく、政府が実現を望む政策の面においても、アメリカではプロパガンダが絶対に必要だった。言い換えれば、アメリカ人を騙《だま》すことがアメリカの経済界、アメリカの政界の遺伝子なのだ。リップマンが主張するのは、アメリカの一般国民は、時事、歴史などについて事実を詳細に知りたいわけではなく、分析力や思考力に乏しいアメリカの一般国民の考え方を、社会のエリートが形作らなければならない、ということである。

実はウィルソン大統領の前から、アメリカの建国以前まで遡った時点からみても、アメリカではプロパガンダが市民の意見を形作っていて、それがアメリカ史の中の一番重要なファクトの一つであった。例えば大英帝国との戦争が始まろうとする（もっと的確にいうと、アメリカ大陸に住む革命主義者が無理矢理怒りの感情を煽《あお》り、テロ活動を繰り広げて、イギリスとの戦争を勃発させようとする）前、例えば1770年に起きたいわゆるボストン虐殺事件は、アメリカ人が作ったプロパガンダなのだ。アメリカのプロパガンダによると、全く無実のアメリカ人がある日、悪いイギリス人兵士に射殺されたことになっているが、歴史の事実はかなり違う。本当は、ボストンでイギリス兵士数人とアメリカ市民数百人が衝突していた。デモ隊が過剰に暴れ、彼らを鎮圧しようとしたイギリス兵士に石などを投げ付けたことが混乱を拡大した、というのが事実だ。アメリカ人たちがわざと作った混乱の中で、デモ隊の態度に怒ったイギリス人兵士が一発射撃したことが連鎖反応を起こして、他の兵士もパニックになって射撃したようだ。しかしその後、将校が兵士に虐殺を命令したというプロパガンダを、アメリカ大陸に住む一部の過激派が拡散したのだ。アメリカの建国は、このようにプロパガンダ抜きには成し得なかったのだ。

アメリカはプロパガンダに非常に優れている国なのだ。日本に対してアメリカが作ったプロパガンダがまだまだ効力を発揮していることについても、アメリカのプロパガンダの巧みさを日本人は知らなければならない。ハリウッドが誕生したのがアメリカ大陸だというのは、偶然ではない。劇的な嘘をついてアメリカ国民、世界の人々の考え方を操作しようとするのが、アメリカの伝統文化なのだ。今もなお、ワシントンが世界中で行っている工作や行動について、多くのアメリカ人はそれらを調べて確認することはない。むしろアメリカ国民は、政府、メディア、大学など、自称エリートたちによってフェイクニュース、つまりプロパガンダで洗脳されている。アメリカの言語哲学者ノーム・チョムスキーが指摘するアメリカのメディアの構造的な腐敗などは、最近の現象ではない。フェイクニュースがアメリカそのものであると断言できるほど、アメリカ政府や自称エリートたちはプロパガンダに長けているのである。

昔の日本人の声を聞こう

しかし、ワシントンが日本国民に嘘、プロパガンダ、フェイクニュース、偽旗《にせはた》作戦、心理戦、ありとあらゆる情報戦の手段を行ってきて、今も全力で行っていることを認めても、だからといってそのプロパガンダ、情報戦などが外国である日本でも必ずしも大成功するとは限らない。前述したチョムスキーの存在が物語っているように、アメリカ国内でも、いやアメリカ国内だからこそ、ワシントンの嘘を見破っている人が少なくない。リップマン、ウィルソン大統領、ハウスなどアメリカ国民の物事を理解する能力を蔑視する連中がいることを認めても、彼らの企みが100％成功する保証はない。中華人民共和国、朝鮮民主主義人民共和国などプロパガンダが非常に高いレベルにまで到達している各国の中でも、中央政府の嘘を信じない人がいるという事実、そしてそれらの国以外にはそのプロパガンダがほとんど通じないという事実を合わせて考慮すると、アメリカのプロパガンダが優れているという理由だけで、日本、日本史などに関する嘘がまだ日本国内で、アメリカ国内で、そして世界で通用しているということの説明ができない。

遺憾なことに、最近、『ジャパンズ・ホロコースト』という悪質なプロパガンダ本がアメリカで出版された。だがそのプロパガンダ本の内容は、日本国内の学校でも教えられている「歴史」とさほど変わらない。しかもそのプロパガンダが世界でも大体の常識になってしまっているというのは、ただただアメリカのプロパガンダが上手だからそうなっているという短絡な説明では片付けられない。日本史、日本、そして日本人についての嘘がいまだに日本人を含め世界を弄《もてあそ》んでいる「別の理由」を探さなければならない。

先ほど述べたことに話を戻そう。日本では真心、素直さ、正直さ、真面目さが極めて大事だ。社会の上下関係も非常に大切で、上司、先輩などは、部下、後輩などに本当の情報を伝えて、責任感をもって守ることが長年にわたって培《つちか》われてきた文化の一部だ。しかし必ずしも日本人はみんながそうだとは言い切れない。日本の中にいても日本を嫌っている連中は前からいたわけだ。リベラルにせよ、共産主義者にせよ、マルクス主義者にせよ、日本人なのに外国の勢力に謙《へりくだ》って外国の人々に奉仕する連中は、日本国内にもいたわけで、今もそのような人間はいる。戦後まもなく、GHQという、日本国民に対してジェノサイドを繰り返して行った、極めて卑劣な敵に阿《おもね》る潜在的な売国奴（リベラル、共産主義、マルクス主義者など）が、敵に同調して、一般国民に嘘をばら撒いたのだ。

例えばGHQの命令を受けて、学校で使われている歴史教科書の各ページに墨を塗って、日本の本当の姿を生徒から隠すことに協力したことがあった。高野岩三郎というリベラルは、日本人の手紙などをGHQのために検閲して、そのご褒美として日本放送協会というプロパガンダ拠点の会長に任命された。正力松太郎は、中央情報局（CIA）の工作員として、読売新聞の社主、日本テレビ放送網の代表取締役社長などになり、ワシントンを讃え、ワシントンの政策を進めるために日本国民に日々フェイクニュースを発信していたのだ。

また、GHQのために、いわゆる「焚書《ふんしょ》」、つまりワシントンにとって都合が悪い、日本の歴史について本当のことを伝えるものなど7、769冊もの本が回収され、そのさらなる出版が禁止されたわけだ。CIAなどは、日本の政治家に膨大な資金を配り、ワシントンが日本の政界を徹底してコントロールできていたことも事実だ。残酷な検閲制度やフェイクニュース体制の中で、傀儡《かいらい》政権をうまく操って、素直な日本国民の手に届く情報が制限されて、真面目な日本人は、言われるがままに信じていた人が多かったのだ。

人を信じる、人をあまり疑わないことが日本人の非常に誇るべき文化で、嘘が大嫌いという日本文化、日本人の心を高く評価したい。だがしかし、その美しい文化が悪用され、今もなお悪用され続けており、日本人の美点が逆に非常に醜《みにく》い状況をもたらしている。日本でもそして世界でも、唯一ほぼ懐疑的に見られないプロパガンダが日本に関するものという悩ましくも厄介な偽情報蔓延の構図の鍵が、日本人の人を疑わない性質だと思っている。本当のことが知りたい、心から本当のことを伝えたい日本人が、そうできないのは、どうしても真実を知って伝えたいという願望を戦後、ワシントンやその協力者に利用され、日本人の最もよい文化の一つが今も日本人に向けて悪用される武器となっているからである。日本についてのプロパガンダがなぜエンドレスに続くかというと、今生きている日本人が、本当の日本人と会話ができていないからだ。本当の日本人というのは、昔の日本人を指す。今、ワシントンのために日本国民に嘘ばかりをばら撒く偽りの日本人、日本国籍を持っている売国奴からではなくて、昔、命をかけて日本をワシントンから守ろうとした日本人の声がとても大事なのだ。

ワシントンの都合でできている戦後レジームでは、今生きている日本人に昔の日本人の声が聞こえなくなった。日本国内では世代から世代へ歴史の事実を伝えるという好循環がワシントンという敵に断たれて、本当は過去に何が起きていたか、過去の日本人はなぜそのような行動をとったのか、なぜ無謀ともいえる道を歩んだのかについて、日本人が日本人から直接聞く機会が奪われたのだ。過去の日本人が語る本当の歴史の代わりに、外国人、というよりも敵が捏造したプロパガンダが戦後「歴史」と呼ばれ、真実が上塗りされ、過去の事実、そして過去の人物の本当の顔と心が見えなくなってしまった。これこそが今の日本にとって一番深刻で、一番基本的な問題だと確信している。

戦後レジームからの脱却は巣鴨プリズンから始まる

日本国内でも、そして時々海外でも、戦後日本で流布されたいわゆる「歴史」は嘘であり、以前もそして今もそれを正そうとしてきた人々がいる。しかしいくら歴史の真実を過去から掘り起こしてそれらを陳列してフェイクヒストリーと本物で勝負しようとしても、ワシントンと日本国内の協力者が発信するプロパガンダが勝つ傾向が強い。

そういった中、『世紀の遺書』は、戦後日本に蔓延する偽りの歴史を覆す力を持つ一冊であることを知り嬉しく思う。なぜ偽りの歴史を覆す力を持っていると思うかというと、『世紀の遺書』の中に存在する、過去の日本人の本当の顔、本当の声、本当の心が現在に生き生きとして伝わるからだ。戦後日本では敵とその協力者が作ったプロパガンダが絶えずグルグル循環していて、素直に人の話を信じる日本人が思わずそのプロパガンダの渦に巻き込まれて溺れてしまった。この嘘に基づいてできた惨めな構図から脱却して、戦後レジームそのものを倒す能力が十分にあると、『世紀の遺書』を読みながら強く思った。２０２３年に出版され、山岡鉄秀先生が解説を書かれた、重光葵《まもる》元外務大臣著の『巣鴨日記』や、元外務大臣、元大東亜大臣であった東郷茂徳が書いた『The Cause of Japan』（『時代の一面』）など過去の偉大なる著書に並び、『世紀の遺書』はこれからも、失われたと思われた過去から、現代に本当のことを伝えてくれる一冊である。

『巣鴨日記』や『The Cause of Japan』とのもう一つの共通点としては、『世紀の遺書』は、巣鴨プリズンなど連合国軍が設置した刑務所に投獄された人々が書いたものであることが挙げられる。日本の本当の歴史が知りたいと思ったら、プロパガンダに優れていて、どうやって本当の事を世の中から消せればいいかよくわかっているアメリカによって、戦後レジームを作るために刑務所の中に強制的に入れられた人々の声（遺書）に耳を傾けなければならない。

『世紀の遺書』の最初の章は、悪名高い巣鴨プリズンに囚われていた人々がメインになる。戦後、GHQが戦争の時の指導者などを捕らえ、いわゆる「戦犯」として幾つかの軍事裁判などで裁いたが、1946年5月3日から1948年11月12日まで行われた極東国際軍事裁判、いわゆる「東京裁判」の被告人、そして横浜軍事法廷で有罪を宣告された囚人などが巣鴨プリズンの中で囚われていた。戦前、戦中にも巣鴨プリズンがあって、例えばソ連のスパイとして日本で活躍していたリヒャルト・ゾルゲとその協力者尾崎秀実《ほつみ》なども、巣鴨プリズンで絞首刑に処された。

そして、1971年に解体されたため、巣鴨プリズンはもう存在しない。東京都豊島区の中の公園が、かつての巣鴨プリズンの一角である。しかし戦前、戦中、それから戦後の占領期、巣鴨プリズンは相当恐ろしい場所だったに違いない。その恐ろしい場所で、自分の処刑を待つ日本人たちが、今生きている私たちに、歴史について本当の事を語ってくれていた。私たちは『世紀の遺書』のおかげで、戦後80年近く続いてきた戦後レジームという邪魔者を気にしないで、それをストレートに聞くことができるのだ。

囚人らしくない囚人が日本の戦時の大義を物語る

刑務所が恐ろしいのはもちろん巣鴨プリズンだけではない。そこで『世紀の遺書』を読んで面白い比較ができることに気がついた。

どこの国でも、獄中の囚人はとにかくまた外に出たいと願う。その非常に強い願いから、有名なゲーム理論的な考え方が始まった。例えば二人の囚人がいて、共犯の疑いで逮捕されて刑務所に入っているとする。二人が共犯を犯したとしても、刑務所の中で別々に分けられるわけだ。そうすると、共犯者を裏切るインセンティブは高くなる。自分の立場を強くする、自分が受ける刑が軽くなるとか、自分の身が解放されるなどのために、自分が犯した犯罪を全て共犯者のせいにしたりすることが十分に考えられる。たとえ相手が無罪で何の犯罪も犯さなかったにしても、嘘をついて相手のせいにすることがあり得る。なぜなら、もし相手が先に同じように自分を裏切る場合、共犯者が全ての利益を得るからだ。なので、自分から腹を割って全てを当局に語るかどうかというシナリオがある。これは「囚人のジレンマ」という。

しかし『世紀の遺書』を読むと、「囚人のジレンマ」は一切ない。それが重要なポイントの一つだ。軍事裁判で死刑判決を受けた囚人には、他の囚人（日本軍人）のせいにするどころか、逆に自分の方で全て責任をとるから、部下を全員釈放してほしいと願い出る上官がたくさんいた。例えば満淵正明元陸軍大尉が、「幼き子へ」という遺書の中で、こう書いている。

「私は部下の行動の責任をすべて一身に負って法廷でも決してひるまなかった。たとえ判決はどうあろうともそれは当時の敵国としての目から見てのこと、私は日本人として何ら良心にはずるところはない。」(pp. 23-24)

そして井上乙彦元海軍大佐は、連合国軍最高司令官総司令部(Supreme Commander for the Allied Powers〔SCAP〕)ダグラス・マッカーサーに、「歎願書」の形でこう書いている。

「マッカーサー元帥閣下

私は四月七日巣鴨監獄にて絞首刑を受ける元石垣島海軍警備隊司令井上乙彦であります。

私独りが絞首刑を執行され、今回執行予定の旧部下の六名及び既に減刑された人達を減刑されん事を三回に亘り事情を具《ぐ》して歎願致しましたが、今日の結果となりました事を誠に遺憾に存じ乍《なが》ら私は刑死してゆくのであります。

由来、日本では命令者が最高責任者でありまして受令者の行為はそれが命令による場合は極めて責任が軽い事になっています。戦時中の私達の行動は総て其の様に処理されていたのであります。

若《も》し間に合わばこの六名を助命して戴きたいのであります。」(pp. 31-32)

このように、いわゆる囚人のジレンマと真逆のパターンで、自分と同じように共犯で裁かれる人々を裏切って自分だけ助かろうとするのではなくて、自分の身を捧げ、自分と同じように共犯で裁かれる人、共犯などで死刑を受ける人の命を助けるよう嘆願するのだ。

同じように、天皇陛下がなされたことが非常に重要だと思う。当然、巣鴨プリズンに投獄されなかったものの、ワシントンが東京裁判などで押し付けていたいわゆる共同謀議で、戦争が終わる前からも最もターゲットにされていた天皇陛下は、井上大佐が書いた歎願書の宛先でもあるマッカーサー元帥を戦後まもなくお訪れになられて、朕《ちん》の運命は覚悟しているので、日本国民だけは助けてほしい、とご自身の命を捧げようとされた。

『世紀の遺書』を読むと、当時の日本人に、自分を犠牲にして同胞を救おうとすることが、決して珍しいことではなかったとよくわかる。ここで、戦後レジームを作った偽りの日本人と私が呼んだ連中のことを思い出していただきたい。戦後、占領軍の支配下で大きな刑務所、収容所となった日本列島の中では、他の人を裏切って自分が助かろうとした卑怯なリベラル、共産主義者などは、見事に出世した。その連中はいまだに国の体制を握っているわけだ。

水口安俊元陸軍軍医少尉が「混沌の底に」という遺稿の中に書いた通り、「巣鴨の住人が案外一番日本人らしい日本人かも知れない。地方人はもう大部と曲解された民主々義とやらにかぶれておる様だから。―〈中略〉―日本人は何もわからぬオッチョコチョイだから、すっかりもう占領軍になついてしまって要するにうまい具合に飼われているのだ。」(p. 39)

しかしそれらと違って、天皇陛下をはじめ皇軍の方々は、名誉を重んじることを最高の基準として理不尽な獄中状態、絞首刑などに臨んでいたのだ。昔の日本人は、やはり、素晴らしかった。

「此の裁判は明かに復讐なのだ」――軍事裁判の本質を見破った囚人たち

今の日本では、東京裁判はまあどちらかというと判決は正しく、裁判実体も一応正当性があると思っている日本人が少なくない気がするが、『世紀の遺書』の中で、戦前、戦中、そして占領を体験した日本人の声を聞くと、そのお花畑のような戯言《ざれごと》はすぐさま信じなくなるだろう。

先ほど引用した井上乙彦元海軍大佐の言葉をもう一度、『世紀の遺書』の中から引用しよう。井上がマッカーサー元帥に直接に書いている。

「閣下よ。今回の私達の絞首刑を以《もっ》て日本戦犯絞首刑の最後の執行とせられんことを伏して私は嘆願致します。これ以上絞首刑を続行するは米国の為にも世界平和の為にも百害あって一利なきことを確信する次第であります。また神は不公正及び偽瞞ある公判によって刑死者を続出するは好み給わぬと信じます。尚之を押し進めるならば神の罰を被るは必然と信じます。
願くは刑死しゆく私の歎願書を慈悲深く、広量なる閣下の御心に聞き届け給わん事を。
四月六日　　井上　乙彦」(p. 32)

もちろん、理不尽な裁判を受けて納得ができないのが人間だ。自分の部下を救いたい井上大佐は戦略的に歎願書を書いたと想像できるが、歯に衣着せぬ主張をし、責任を拒否する囚人もいた。私は、そういった遺書から、戦勝者が仕掛けた軍事裁判の不公平を最も強く感じ取れた。例えば堀本武男元農林技官、元陸軍大尉は、こう書いている。

「先ず我を生み育み下されし御両親及共に励まし来たれる兄弟、姉妹に感謝すると共に異《と》つ国に於て刑死する恥かしめを御わびす。
事件に就て、本件は全く小生の負うべき件に非ず。罪になりたりとは雖《いえども》、小生最後迄正しき道を誤らず破廉恥なる人間ではなかりし事は皆々安心せられ度。」(p. 99)

『世紀の遺書』の中には軍事裁判を散々に批判する声が多く含まれているが、それにしても、日本人の心の広さが常に恨みなど心の弱さに勝《まさ》っていることにとにかく驚いた。例えば先ほど言葉を引用した満淵正明大尉が自分の子供、昭彦にこう書いている。

「昭彦よ、こんなこと〔つまり、父が戦犯として死刑を受けたこと〕で早く父を失った悲運を徒らになげいていてはいけない。又単純に勝におごる敵をうらむようなせまい考えもいけない。日本には今新しい光がさしているのだ。たとえ武力は有しなくても世界の最高文化国として、アメリカ等も見返すような国になることによってはじめて父の恨ははらせるのであることをどうか覚えていておくれ。」(p. 24)

そして元陸軍軍属鈴木賞博は、「金剛心」という遺書で、妻にこう書いている。

「君は夫が殺されたと思えば怨みもあるであろう。しかし死には何ら変りはないのである故、殺されたと思わずに生あるものは死あると考えて若し夫の仇をとるなら〔子供の〕博明を美しい人間にする事である。」(pp. 34-35)

『世紀の遺書』の中には、アメリカ人を特に責めないで、明るい未来を期待したいという囚人の声もあれば、あの軍事裁判は何ものだったかよくわかるような厳しい書き方もかなり含まれている。先ほど引用した水口安俊元陸軍軍医少尉が書いているように、「此の裁判は明かに復讐なのだ。」(p. 40)

安部末男元陸軍中尉は、もっと厳しい見解を示す。安部はこう書いている。

「日本軍の協力者が社会的迫害を受けて自己の立場を守る為に偽証せざるを得なかったこと。―〈中略〉―人をわけなく絞首刑にすることが出来るのです。云わば合法的殺人を行うことを目的とした復讐裁判と一言で云うことが出来ましょう。」(p. 336)

そして由利敬元陸軍中尉は、「明暗」という遺書の中で、お母さんにこう書いている。

「我れ全絶不滅のものに悟入しつつ、まもなく仏に帰依せんとす。―〈中略〉―只物質なる肉体のみ止む無くポツダム宣言の露と消えん。―〈中略〉―天皇陛下万歳」(p. 36)

バタビヤで銃殺刑を受けた村上博元海軍大尉も軍事裁判の正義を見出せない。

「多分に政策的な意義を含み、且報復的感情や先入主に依って行われた所謂戦犯裁判が実は一方的であり、不公平なものであったということは、恐らく此の裁判を受けた人々の誰しも共通に感ずるところだ。世界平和戦争防止を希求せんが為との美名の下に、白日堂々阿世《あせい》的惨虐行為が行われているのを神は御存知なのか?」(p. 142)

米国など戦勝国が仕掛けた軍事裁判の批判で最も的を射ているのが東條英機元大将だと思う。『世紀の遺書』の中で東條はこう書いている。

「勿論、日本軍人の一部の間に間違を犯した者はあろう。此等については衷心謝罪する。これと同時に無差別爆撃や原子爆弾の投下による悲惨な結果については、米軍側も大いに同情し憐愍《れんびん》して悔悟《かいご》あるべきである。」(p. 49)

アメリカなどが仕掛けた戦後の軍事裁判がただの茶番劇だった、という話をよく耳にした。私はその意見に全く同感である。が、囚人の身になって彼らの考えを生々しく聞くと、「茶番劇」という言葉では、戦後の軍事裁判のひどさを十分に描写できていないことを痛感する。

戦士が語る——アジアの解放が大東亜戦争の目的だった

ワシントンの心理戦の一環として行われてきたプロパガンダが常識となった今日、日本がアジアなどで悪行ばかりをやっていたと思っている日本人も外国人も多くいるように思う。最近そのようなプロパガンダがさらにエスカレートして、日本が「ホロコースト」のような犯罪を犯したという捏造話まで飛び交っている。しかしアジアなどで昔の日本人が具体的に何をやったか、直接日本人の口から聞くと、全く違う現実が見えてくる。『世界の遺書』の中で、昔の日本軍がどういうふうにアジアの人々に貢献したか、改めて知ることができた。

例えば、董長雄元陸軍軍属は、台湾の高雄県に生まれ、玉峰長雄という日本人名も持っていた。玉峰は、「吉武智茄男大尉は立派な人格であり──〈中略〉──山口男爵閣下の尽したる事象は感謝に耐えず。将来日本対朝鮮、台湾の連結に深い深い種を植えつけた。」(p. 204)

欧米人の「正義」を自分の目で見て、自分の体で体験したその玉峰は、最後の最後まで、自分が日本人であることに誇りを持ち、「日本のためを思って終始一貫の信念を守って戦ったのである。そして国家の所属が変っても、本職は日本軍人として死んで行き度いのである。」(p. 203)

ちなみに日本軍の行動を高く評価して、自分が日本人だと誇る玉峰も、裁判の正当性を深く疑っていたようだ。彼はこう書いている。

「若し此の裁判は『正義の為』と言わずして報復と呼称せば本職は死刑に処されても何をか言わん。若し叩いた蹴ったの行為が悪いにしても、それだけで果して死に価するか──彼等は非戦闘員『インドネシヤ』人を射殺しても三年半の刑なり。何等利害関係なき『イ』人を二名射殺して八年ではないか。そして刑務所内に於ける彼等が我々に対する虐待は如何。特に平和時に於てである。何が正義だ！

何が裁判だ！」(p. 204)

『世紀の遺書』の中で、囚人の思い出などだけでなく、軍事裁判の様子を覗くことが時々できる。当時のアジアの人々が、どういうふうに日本軍、そしてその軍事裁判を見ていたか、少し理解できる貴重な資料だと思った。例えば野田毅《つよし》元陸軍少佐は中国の南京で行われた軍事裁判で傍聴している中国人に訴えることにし、そして中国人が「終始静粛」に野田の話を聞いてくれたという。「中国の民衆も耳を傾けて吾々の云う事を聞いていた様で吾々に対する悪い感情という様な雰囲気は別に感じられませんでした。」(p. 76)

吉田保男元憲兵曹長は、中国人に尊敬されていて、中国人が吉田に牢獄から逃げるよう促したという。しかし吉田は「悪い事はして居ないから逃げる必要はなかった」と逃げるのを拒んで、中国の済南で、28歳の若い身で、昭和22年11月4日に処刑された。(pp. 84-85)

向井敏明元陸軍少佐は、「一粒の麦」という遺書の中で、いわゆる南京事件の罪を一切拒否して、中国と日本との間の平和を待ち望んで死を迎えた。向井はこう書いている。

「我は天地神明に誓い捕虜住民を殺害せる事全然なし。南京虐殺事件等の罪は絶対に受けません。—〈中略〉—我が死を以て中国抗戦八年の苦杯の遺恨流れ去り日華親善、東洋平和の因ともなれば捨石となり幸いです。—〈中略〉—中国万歳　日本万歳　天皇陛下万歳　死して護国の鬼となります」(pp. 89-90)

マカッサルで死刑を受けた森国造元海軍中将も、現地の人々に感謝の意を表している。森はこう書いている。

「昨年『マカッサル』に到着して以来、私は総ての人から非常に親切にしてもらい洵《まこと》に気持よく過ごしました。日本人は云うに及ばず『インドネシヤ』の番兵からも、亦和蘭当局からも、――〈中略〉――支那人等から迄も非常な同情を受けました。」(p. 185)

南京で銃殺刑を受けた酒井隆元陸軍中将は、自分の死刑によって「中日がまことの道を歩くこととなり、日本を侵略と言われないですむ道に出れば私の本願です。好きな中国で死んで私はよろこんで逝きます。」(p. 115)

一方、全ての日本兵などが中国の態度を見て、それによい評価を与えていたとは言えない。例えば中国の広東で銃殺刑を受けた市川正元憲兵大尉は、中国の正義感を厳しく問うている。市川はこう書いている。

「惟《おも》うに中国は徳を以て国是となし三民主義を以て理想となし蔣介石は日本軍民に対し報復せずと宣言せるも之等何れも真赤な嘘である。現に広東に於ける戦犯審判の実情は明らかに血に対しては血を以て報ゆる。

この思想を一歩も出ず徹底的な報復裁判に終始し、遂に戦犯大屠殺の暴を敢えてしているのである。

嗚呼斯くして亜細亜に於ける日支両国民族の提携はいつの日であるであろうか。永遠に断じてあり得ない。」(p. 98)

こうしてあまり歴史の中で知られていない、一般将校や兵隊などの言葉を読むと、昔の日本人は、非常に強い正義感があって、敵(欧米)のアジア人に対する蛮行や、その敵が戦後行った軍事裁判は、日本人の正義感とは対局にあることがわかる。

大日本帝国の指導者は極めて優れていた

『世紀の遺書』を読むと、日本人は他のアジア人を差別せず、平等感が強かったことが窺えるが、それと同時に挙げなければならないのは、天皇陛下、皇軍、日本に対する忠誠は、軍において階級の別なく一貫していたことだ。今生きている人が『世紀の遺書』を読んで最も印象を受けるのは、昔の日本軍のリーダーの優秀さかもしれない。例えば、その一つが東條英機が書いた遺書だ。東條英機は、どれだけ優れた人間だったのか、『世紀の遺書』を読んで驚く日本人は、たぶん少なくないだろう。東條について言われてきたプロパガンダが、真実と真逆なのだ。

非常に伝えにくいことだが、私がアメリカで学校に通っていたころ、そんなプロパガンダを鵜呑みにしていた時期もあった。アメリカの歴史教科書の中で東條英機元陸軍大将、元内閣総理大臣は、ナチスドイツのアドルフ・ヒトラーのような独裁者だったというふうに説明されている。戦時、米政府や米軍などが作っていた反日プロパガンダを見ても、東條英機が最悪の人間、いや、人間ではなくて鬼か悪魔かのように描かれたプロパガンダが実に多い。今日においてもそれが、アメリカ人の東條元大将に対する一般的な印象かと思う。

しかし『世紀の遺書』の「北斗」という遺書の中で、東條元大将はやはり抜群の軍人で、優秀な将軍でありリーダーだったことを確認できた。まず、遺書の冒頭で、「開戦当時の責任者として敗戦のあとをみると、実に断腸の思いがする。今回の刑死は、個人的には慰められておるが、国内的の自らの責任は死を以て贖《あがな》えるものではない」と東條は書いている。(p. 45) ニュルンベルク裁判でナチスの元将校は責任転嫁ばかりを図っていて、全てのことを人のせいにしようとし、そしてナチス党をはじめ戦時のドイツ人の一部が全ての社会問題をユダヤ人のせいにした。それに対し、一番最初の一行から、自分の責任を認めてその責任を自らの死でも贖えないとはっきりいう東條元大将は極めて対照的だ。いったい、どこが独裁者だと叫びたくなるほどだ。長年、東條元大将についてアメリカの悪質なプロパガンダを信じてしまい、東條元大将、そしてそのご遺族に申し訳なく思う。

それから、東條は命乞いなどの恥ずかしい行為を一切しないで、「今回の裁判の是非に関しては、もとより歴史の批判に待つ」と裁判を片付けて、天皇陛下をはじめ戦争で苦しんだ人々に対して、「深く謝罪する」と書いている。(p. 46)「東亜の諸民族」にもメッセージを送り、「今回のことを忘れて、将来相協力すべきものである」と励ましている。(p. 46)「東亜民族も亦他の民族と同様この天地に生きる権利を有つべきものであって、その有色たることを寧《むし》ろ神の恵みとして居る。印度の判事〔つまり、ラダ・ビノード・パール判事〕には尊敬の念を禁じ得ない」と続き、温かくて聡明で慈悲深い心を見せる。(p. 46) 全ての戦死傷者、戦災死者などは、「遺族の申出あらば、これを靖国神社に合祀せられたし。出征地に在る戦死者の墓には保護を与えられたし。従って遺族の希望申出あらば、これを内地へ返還せられたし。戦犯者の家族には保護を与えられたし。」(p. 48)

自分のことをほとんど気にしないで、周りの人ばかりに気を配る東條元大将は、素晴らしい。彼の男らしさに私は涙を溢《こぼ》した。実は東條は、マッカーサー元帥と全く同様、「戦争を根絶する」ことを願っていたことは、今生きているアメリカ人または日本人の何割ぐらいが知っているのか、『世紀の遺書』を読んでそう思った。(p. 47) もし東條英機元大将が独裁者だとすれば、マッカーサー元帥もそのカテゴリーに入れなければならない。

『世紀の遺書』の中に、東條英機以外にも歴史的な人物が登場する。そのそれぞれの遺書を読むと、大日本帝国には実に立派な将軍がいたと思わざるを得ない。例えば武藤章元陸軍中将は、三行のみの遺書を残しており、彼の非常に男らしい振る舞いと死に向かう姿勢を肌で感じられた。あと、松井石根元陸軍大将は、70歳の身で巣鴨プリズンで処刑されたが、短い遺書の中にこう書いている。「いけにえに尽くる命は惜しかれど　国に捧げて残りし身なれば」。(p. 50) 板垣征四郎元陸軍大将は、漢文の対聯《ついれん》で遺書を残しているが、その中にあるこのスタンザ〔節〕の一部が気になった。「東亜深患憂」。

（p. 51）土肥原賢二元陸軍大将は、遺書の中で遺族に「耐え難きに耐え」と昭和天皇陛下のお言葉を借りて遺族を励ましている。土肥原大将の崇高な精神に感動した。彼はこう書いている。

「一家に多少の資産も無く今後の生活は極めて苦しかるべき事重々御察ししますが、忍苦一番耐え難きに耐え、世の流れは如何に荒むとも、清貧に甘んじ他を羨まず常に正を履《ふ》んで自ら其衷心に安んずるこそ人生の真価です。ゆめ〳〵違う事勿れ。」（p. 54）

そして木村兵太郎元陸軍大将は、「俺は軍人だからどんな事にも屈するようなことのない精神力を持って居るので彼等〔つまり、アメリカ側〕が何をしても平気さ。何とも思っとらんよ。」（p. 58）

全ての戦争責任を日本の軍隊や政治のリーダーたちに転嫁しようとしていた占領軍だが、日本側のリーダーの言葉を読むと、その精神性においてアメリカ側とは雲泥の差があったことがよくわかる。

天皇陛下は愛されていた

アメリカ側が日本に対して無条件降伏を突きつけたことは有名な史実だが、その無条件という条件の中、日本軍、日本人がその秘めた意識の中でどれほど天皇陛下を愛していたか。『世紀の遺書』を読むと、死刑を目前にしていても、天皇陛下に対するの尊敬と愛が将兵の心から湧いていたことが伝わってくる。例えば牧内忠雄元海軍大佐は、武士そのものだと思った。牧内はこう書いている。

「大東亜戦争に於て、其の緒戦期ボルネオ、タラカンにて草むす屍となるべきを果さず、其の中戦期サイパン戦に於て、水つく屍となるべき身を果さず、生き永らえて遂に終戦の大詔《たいしょう》を朝鮮に於て拝命す。正義の戦も利あらず、皇国遂に外敵に降るの秋、身を皇軍の将校に置く者、いかで一死以て大君に謝罪し奉らんとこそ願わざる。三度死地にありて死するを得ず、茲に二歳九ヶ月、昭和二十三年五月二十一日元敵国政府より死を宣せらる、嗚呼、之天命哉。」(p. 145)

それからビルマ・ラングーンで28歳で処刑された神野保孝元陸軍中尉は、「大君」のために戦死した戦友たちを讃え、天皇陛下に一身を捧げることを誇りとしつつ、こう書いている。

「此の時につけこむ敵の仇《あだ》な情《なさけ》に心を奪われる事なく必ず日本古来の伝統に生き国体を護持し、真の日本人としての力強き信念を養い国民一致協力して此の苦境を楽しく明るく突破せられ輝かしき祖国の再建に向って邁進せられん事を祈ってやみません。」(p. 211)

天皇陛下がおられるからこそ死に直面した元兵士が希望を持てたのであろう。例えばフィリピンのマキリン山麓で処刑された小野哲元陸軍大尉は、こう書いている。「家、国を思う心は尽きなく湧いています。死の直前の今猶、皇国及父母、親族御一同の幸福を熱望しています。」(p. 325)

そして同じくフィリピンのマニラ近郊で処刑された本間雅晴元陸軍中将は、「日本は必ず復活して新らしく立ち直る。日本帝国万歳　さようなら」と書いている。(p. 331)

そして、天皇陛下に対する尊崇の念が薄れ、戦前戦中の大義が失われていくかもしれない戦後の日本を憂う軍人も、刑務所の中で嗚呼と溜め息をついていた。前田利貴元陸軍大尉は、クーパンで処刑された。前田の嘆きは心を打つ。「兄弟へ」との遺書の中で彼はこう書いている。

「将来故国の様を想像するに、それは余りにも悲惨なものです。既に復員された戦友からの手紙により其の一部は兄にも解って居りますが、自由快楽主義のその中には必ずふしだらと懶惰《らんだ》とがつきものです。故に皆は特に子供達の教育に細心の注意をし日本古来の美徳を忘れぬ様、決して骨抜きにされぬ様御留意下さい。之なくして故国の再建があるべき筈がありません。」(p. 177)

同様に、元陸軍中将岡田資は遺書の中で、日本が大東亜戦争でアメリカに敗れてどういう損失を被るかをよく説明している。

「極悪の諸条件に取り巻かれて了《しま》う。日本民族の大きな拠点であった国体に大亀裂を生じた。―〈中略〉―頼むものは唯一つ我のみ。真に我自身の覚悟だけである。」(p. 61)

そして東條英機元大将も、同じようなことを書いている。日本の青少年に対して東條は、「占領軍の影響から来て居るものが少くない。この点については、我国の古来の美風を保つことが大切である」と注意を勧告する。(pp. 48-49)

アジア、アフリカなど全世界を長年にわたって苦しめてきた欧米の帝国主義者、植民地主義者はどういうふうに国に侵略して、どういうふうに外国の人々の精神、文化を堕落させるのかよくわかっていた昔の日本軍人の声に耳を傾ける機会があれば、恥じ入る日本人は今もかなりいるように思う。私も、以上のような声を心で受けとめると、自分が送っている毎日、心地よくぼんやりと過ごす毎日を猛反省して、昔の人々は何のために命をかけて戦ったかもう一度考えるようになった。

戦後レジームが終われば……

今もなお、ＧＨＱとその協力者が作った戦後レジームは強力で、日米の思想的な主流となっている。一刻も早くその偽りの体制を壊して、日本とアメリカがワシントンの支配から自由になるように願っているが、それには具体的にどうするのか、それはどういうことを意味するのか。ワシントンの都合で戦後の軍事裁判などで殺された人々の生の声を聞けば少しはわかるだろう。根本的に今の体制を覆すということは、大東亜戦争を再び行う覚悟を必要とするのである。これは言い過ぎではない。

今の日本の中に、昔の優れた人間がもう一度現れたらどうなるだろうか。そのヒントとなる、過去のヒーローと現在の堕落とのコントラストを強調した場所と時代を見てみよう。

古代ギリシャの劇作家ソポクレスは、『アンティゴネ』という劇を作った。『アンティゴネ』は、戦後日本の様子を説明してくれると考えている。戦後日本の有様を考えていた思想家福田恆存《つねあり》は、『アンティゴネ』を靖国神社の境内で発表したいという願望があったと言われている。なぜなら、『アンティゴネ』では、戦死者を葬ってはいけないとアンティゴネが王から言われたのに、人間の理不尽な命令などよりも神々の掟に従って、敵軍の兵士として戦って亡くなった身内を埋葬することにしたからだ。『アンティゴネ』を靖国神社で発表したいという福田の言いたいことは、靖国神社に祀られておられる英霊に思いを馳せ、英霊に尊崇の念を表すことが戦後レジームの中で禁じられているが、人間の理不尽な命令より神々の掟に従って戦死者の名誉を大切にすべきだ、とのことだろう。

劇作家ソポクレスは、もう一つの劇『アイアース』を制作した。『アイアース』はどういう話かというと、解釈はさまざまだが、私の考えでは、アイアースという人物が古い時代の人間を代表する存在だと思う。ソポクレスが住んでいた当時のアテネは、非常に裕福で力強くなっていた。哲学、民主主義など、新しいインテリの気風に満ち、割と快適な暮らしができていた。もちろん、ペロポネソス戦争もあり、アテネの楽観的な考えが長続きしなかったものの、ソポクレスが強調したかったのは、現在のアテネでは過去に比べて明らかによい生活ができているのに、大昔のトロイア戦争の話、つまり『イーリアス』や『オデュッセイア』（共にホメロス作）などの話をまだ大切にしていることに何らかの意味があるかもしれない、ということだと思う。

アイアースは、『オデュッセイア』などに登場する人物アキレウスに次いで最も優れた戦士だった。しかしアイアースは、ソポクレスが生きているアテネから見れば、非常に古くさい印象があったと思われる。『アイアース』の劇の中で、アイアースという戦士が、戦いの後、その戦場の名誉が欲しくて、アキレウスがその戦いで戦死したので、自分、アイアースにはアキレウスの鎧《よろい》をもらえるはずだと考えていた。しかしアガメムノーンとメネラオースというギリシャの王は、アイアースにアキレスの鎧を渡さない。アイアースは怒り暴れてアガメムノーンとメネラオースを殺すことにするが、アテーナーというアテネの保護女神がアイアースに幻覚を見せ、アイアースはアガメムノーンとメネラオースではなく、家畜を殺してしまう。面目を失ったアイアースは、恥辱から逃れるために、自決してしまう。『アイアース』という劇でソポクレスは、裕福なアテネに住む市民にある問いかけをしていると思う。アイアースという何よりも名誉を大切にする大昔の人物に、どこまで順ずることができるか、という問いであろう。それから、アイアースなどトロイア戦争の人物を口では称えるアテネの市民だが、本当に、どこまでアイアースという名誉を大切にしていた人物を尊敬しているのか、昔のヒーローが蘇ったら喜ぶのか、それとも困るか、ということをも、ソポクレスが『アイアース』という劇を見にきてくれた観客に問いかけていたと考えている。

『世紀の遺書』の中で最も印象を受けたのは、アイアースのような人間、近藤新八という元陸軍中将が書いた遺書だ。近藤中将は、私たち戦後日本に住む現代人にとって、アイアースのような存在ではないかと考えている。「荒魂」という遺書の中で近藤中将は、こう書いている。

「私は死んで仏になり極楽に行く、或は死んだら父母の許に帰るという様な通り一遍なことは毛頭考えていない。否死して靖国神社に祀られ単に護国の神となって鎮まるという丈けでは満足出来ない。私の真の魂魄は天翔って此の敗戦の復讐を遂げねば満足しないのである。御承知の如く人の霊魂には和魂《にぎみたま》と荒魂とがある。私の和魂は靖国神社に鎮まるであろうが私の荒魂は復讐を成し遂げるまでは鎮まる事は出来ない。皇国再建とは何か。米国を亡し支那を平げることである。再建を只単に戦前の日本に復興する位に考えていては真の再建とは言えない。

再び米国や支那に圧迫せらるる様な中途半端な復興では大日本の世界的使命を果したとは言えないのである。真の皇国再建は復讐戦に勝つことであることを深く念頭に刻み付けて貰い度い。此の意味に於て私は死んでも私の霊魂は更に強く活動し度いのである。私の此の精神に同意して呉れる人が一人でも多ければ多い程私の霊魂は愈々不滅となるからである。」(pp. 94-95)

近藤中将の「荒魂」は、本の中に収まっている限り、その魂を讃えることが簡単にできるかもしれない。昔の日本人は、男らしく、潔く、欧米の白人主義者、植民地主義者などに立ち向かって勝負した。それは、あっぱれだ。よくぞ戦った。しかしもしも、何よりも名誉を大切にする昔の戦士が突然、再びこの世に現れたら、私たちは、どう思う？

ワシントンとその日本国内の協力者が80年近く仕掛けてきたプロパガンダ、嘘、フェイクヒストリーなどは、一刻も早くそれを信じるのをやめて、目を覚まして、腐った戦後レジームから脱却することを切に願っている。しかしそうするためには、昔の戦士、昔の英雄の魂が必要になる。そしてその魂は、東洋の諸民族に対する愛情に満ちていて、天皇陛下に対する愛情と尊敬で満ち溢れていて、正義感が鉄の棒のようにしっかりしていて、「民主主義」など戦後の軽率なキャッチフレーズに非常に懐疑的で、欧米の企みや悪質な謀略に対する怒りに満ちていて、肉体的な快楽を拒否して精神的な清らかさを重視して、そして、何よりも、何よりも、名誉と皇国を大切にする。その魂、その荒くて極めて強い魂は、つまり、『世紀の遺書』の中でページを捲《めく》るたびに出会うその美しくてワイルドな魂は、受け入れられるのか。言い換えれば、『世紀の遺書』は私たちにこのことを問いかけているのだ。

私たちはすべてをかけて戦ったが、私たちの存在を今まで忘れていたあなたは、本当に、戦後日本の独立を望んでいるのか――。

『世紀の遺書』について

先の大戦終結後、“戦争犯罪人”の烙印を押され、戦勝国によって処刑された、あるいは収監中に獄死した日本人は千人以上に及ぶ。7ヵ国、50ヵ所の法廷で裁かれ、多くの刑死者を出した一連の理不尽な裁判は、戦勝国の復讐の意志が貫かれたものであり、戦後なお“戦争”は継続中であったと言えよう。死囚となった彼らは自己の死よりも戦友や残される家族を思い、祖国日本の再建と繁栄を願いつつ、刑場の露と消えていった。昭和27年、サンフランシスコ講和条約発効後も巣鴨プリズンに収監されていた有志が「巣鴨遺書編纂会」を結成、いわれなき“戦犯”刑死者らの、死を前にした究極の叫びを歴史的な証言として後世に残そうと、その翌年、701篇もの遺書遺稿集『世紀の遺書』を発行した。『世紀の遺書』とは二十世紀が後世に遺す遺書という意味である。本書は、その中の85篇を収録したものである。本書には、かつての日本人が有していた崇高な精神が凝集されている。

［解説］ジェイソン・モーガン（Jason M. Morgan）

麗澤大学国際学部准教授・モラロジー道徳教育財団道徳科学研究所客員研究員。1977年アメリカ合衆国ルイジアナ州生まれ。2014～2015年フルブライト研究者として早稲田大学大学院法務研究科で研究。2016年ウィスコンシン大学で博士号を取得。2022年Holy Apostles College and Seminaryから修士号（キリスト教哲学）を取得。著書は『私はなぜ靖国神社で頭を垂れるのか』（方丈社）など。

編集協力：和中光次

［新字体・現代仮名遣い版］世紀の遺書 ―愛しき人へ

令和6年10月23日　第1刷発行
令和7年 6 月14日　第3刷発行

編　者　巣鴨遺書編纂会
発行者　日高 裕明
発　行　株式会社ハート出版

〒171-0014 東京都豊島区池袋 3-9-23
TEL03-3590-6077　FAX03-3590-6078
ハート出版ホームページ　https://www.810.co.jp

Printed in Japan　ISBN978-4-8024-0185-2　C 3021

印刷・製本　ディグ

［復刻版］**初等科国史**
GHQが廃止した我が国最後の国史教科書
三浦 小太郎 解説　矢作 直樹 推薦
ISBN978-4-8024-0084-8　本体 1800 円

［復刻版］**初等科修身**［中・高学年版］
GHQが葬った《禁断》の教科書
矢作 直樹 解説・推薦
ISBN978-4-8024-0094-7　本体 1800 円

［復刻版］**国民礼法**
GHQに封印された日本人の真の礼儀作法
竹内 久美子 解説
ISBN978-4-8024-0143-2　本体 1400 円

［復刻版］**初等科理科**
科学立国日本の土台を築いた革命的教科書
佐波 優子弘 解説
ISBN978-4-8024-0184-5　本体 2300 円

［復刻版］**高等科国史**
世に出ることのなかった“幻の教科書”
三浦 小太郎 解説
ISBN978-4-8024-0111-1　本体 1800 円

［復刻版］**高等科修身**［男子用］
今の日本だからこそ必要な徳目が身につく
高須 克弥 解説
ISBN978-4-8024-0152-4　本体 1500 円

［復刻版］**中等修身**［女子用］
神代から連綿と継がれる女子教育の集大成
橋本 琴絵 解説
ISBN978-4-8024-0165-4　本体 1800 円

［復刻版］**女子礼法要項**
日本の女子礼法教育の集大成
竹内 久美子 解説
ISBN978-4-8024-0173-9　本体 1400 円

［現代語訳］**是でも武士か**
残虐宣伝の不朽の名著
J・W・ロバートソン・スコット 著　大高 未貴 解説
ISBN978-4-8024-0175-3　本体 2200 円

［新字体・現代仮名遣い版］**巣鴨日記**
獄中から見た東京裁判の舞台裏
重光 葵 著　山岡 鉄秀 解説
ISBN978-4-8024-0157-9　本体 2500 円

日中戦争 真逆の真相
誰が仕掛け、なぜ拡大し、どこが協力したのか？
茂木 弘道 著
ISBN978-4-8024-0174-6　本体 1500 円

禁断の国史
英雄 100 人で綴る教科書が隠した日本通史
宮崎 正弘 著
ISBN978-4-8024-0181-4　本体 1500 円

ルーズベルトの戦争犯罪
普及版 ルーズベルトは米国民を裏切り日本を戦争に引きずり込んだ
青柳 武彦 著
ISBN978-4-8024-0180-7　本体 1200 円

慰安婦性奴隷説を
ラムザイヤー教授が完全論破
ジョン・マーク・ラムザイヤー 著　藤岡 信勝 他 訳
ISBN978-4-8024-0172-2　本体 1800 円

アメリカ人が語る **内戦で崩壊するアメリカ**
普及版 アメリカ人が語る 日本人に隠しておけないアメリカの“崩壊”
マックス・フォン・シュラー 著
ISBN978-4-8024-0163-0　本体 1200 円

日本よ、歴とした独立国になれ！
アメリカの戦勝国史観から脱却する時は令和（いま）
山下 英次 著
ISBN978-4-8024-0164-7　本体 1800 円